POEMAS ESCOLHIDOS

ELIZABETH BISHOP

Poemas escolhidos

*Seleção, tradução
e textos introdutórios*
Paulo Henriques Britto

5ª reimpressão

Copyright © 2011 by the Alice H. Methfessel Trust
Publicado mediante acordo com Farrar, Straus and Giroux, LLC, Nova York

*Grafia atualizada segundo o Acordo Ortográfico da Língua Portuguesa
de 1990, que entrou em vigor no Brasil em 2009.*

Título original
Poems

Capa
Jeff Fisher

O fac-símile da página 396 foi reproduzido com permissão de Vassar
College Libraries, Special Collections, e fundo Alice H. Methfessel.

Revisão
Ana Maria Barbosa
Adriana Cristina Bairrada

Dados Internacionais de Catalogação na Publicação (CIP)
(Câmara Brasileira do Livro, SP, Brasil)

Bishop, Elizabeth, 1911-1979.
Poemas escolhidos / Elizabeth Bishop ; seleção, tradução e tex-
tos introdutórios Paulo Henriques Britto. — 1ª ed. — São Paulo :
Companhia das Letras, 2012.

Título original: Poems.
ISBN 978-85-359-2143-4

I. Poesia norte-americana I. Título.

12-07401	CDD-811.3

Índice para catálogo sistemático:
1. Poesia : Literatura norte-americana   811.3

[2021]
Todos os direitos desta edição reservados à
EDITORA SCHWARCZ S.A.
Rua Bandeira Paulista, 702, cj. 32
04532-002 — São Paulo — SP
Telefone: (11) 3707-3500
www.companhiadasletras.com.br
www.blogdacompanhia.com.br
facebook.com/companhiadasletras
instagram.com/companhiadasletras
twitter.com/cialetras

Sumário

11 Sobre esta edição
13 Elizabeth Bishop: Os rigores do afeto
31 Bishop no Brasil

NORTE & SUL
NORTH & SOUTH
(1946)

73 O Mapa *The Map* 72
75 O Iceberg Imaginário *The Imaginary Iceberg* 74
79 Chemin de Fer *Chemin de Fer* 78
81 O Cavalheiro de Shalott *The Gentleman of Shalott* 80
85 Uma Pintura Grande e Feia *Large Bad Picture* 84
89 O Homem-Mariposa *The Man-Moth* 88
93 O Amor Dorme *Love Lies Sleeping* 92
99 Um Milagre Matinal *A Miracle for Breakfast* 98
103 A Erva *The Weed* 102
107 O Incréu *The Unbeliever* 106

109 O Monumento *The Monument* 108
115 Paris, 7 da Manhã *Paris, 7 A.M.* 114
119 Quai d'Orléans *Quai d'Orléans* 118
121 Dormindo no Teto *Sleeping on the Ceiling* 120
123 Cirque d'Hiver *Cirque d'Hiver* 122
125 Flórida *Florida* 124
129 Galos *Roosters* 128
139 Pequeno Exercício *Little Exercise* 138
141 O Peixe *The Fish* 140
147 Noturno *Late Air* 146
149 Cootchie *Cootchie* 148
151 Canções para uma Cantora de Cor *Songs for a Colored Singer* 150
    151 I 150
    153 II 152
    155 III 154
    157 IV 156
161 Anáfora *Anaphora* 160

UMA PRIMAVERA FRIA

A COLD SPRING

(1955)

165 Uma Primavera Fria *A Cold Spring* 164
169 Mais de 2000 Ilustrações e uma Concordância Completa
    Over 2,000 Illustrations and a Complete Concordance 168
175 A Baía *The Bight* 174
179 Sonho de Verão *A Summer's Dream* 178
183 No Pesqueiro *At the Fishhouses* 182
189 Cape Breton *Cape Breton* 188
193 Insônia *Insomnia* 192
195 O Pródigo *The Prodigal* 194
197 Varick Street *Varick Street* 196
201 Quatro Poemas *Four Poems* 200
    201 I Conversação *Conversation* 200
    203 II Chuva na Madrugada *Rain Towards Morning* 202

205 III Enquanto Alguém Dá um Telefonema *While Someone Telephones* 204
207 IV Fôlego *O Breath* 206
209 Convite a Marianne Moore *Invitation to Miss Marianne Moore* 208
213 O Banho de Xampu *The Shampoo* 212

QUESTÕES DE VIAGEM
QUESTIONS OF TRAVEL
(1965)

217 BRASIL *BRAZIL* 217
219 Chegada em Santos *Arrival at Santos* 218
223 Brasil, 1º de Janeiro de 1502 *Brazil, January 1, 1502* 222
227 Questões de Viagem *Questions of Travel* 226
233 Filhos de Posseiros *Squatter's Children* 232
237 Manuelzinho *Manuelzinho* 236
247 Canção do Tempo das Chuvas *Song for the Rainy Season* 246
251 O Tatu *The Armadillo* 250
255 O Ribeirinho *The Riverman* 254
265 O Ladrão da Babilônia *The Burglar of Babylon* 264

279 OUTROS LUGARES *ELSEWHERE* 279
281 Sextina *Sestina* 280
285 Primeira Morte na Nova Escócia *First Death in Nova Scotia* 284
289 Posto de Gasolina *Filling Station* 288
293 Maçarico *Sandpiper* 292
295 Visitas a St. Elizabeths *Visits to St. Elizabeths* 294

OBRAS DISPERSAS
UNCOLLECTED WORK
(1969)

303 Tempo das Chuvas; Subtrópicos *Rainy Season; Sub-Tropics* 302
303 Sapo Gigante *Giant Toad* 302
305 Caranguejo Desgarrado *Strayed Crab* 304

307 Caracol Gigante *Giant Snail* 306
309 Ida à Padaria *Going to the Bakery* 308
313 Pela Janela: Ouro Preto *Under the Window: Ouro Prêto* 312

GEOGRAFIA III

GEOGRAPHY III

(1976)

321 Na Sala de Espera *In the Waiting Room* 320
327 Crusoé na Inglaterra *Crusoe in England* 326
339 Cidade Noturna *Night City* 338
343 O Alce *The Moose* 342
355 Jornal da Meia-Noite *12 O'Clock News* 354
359 Poema *Poem* 358
363 Uma Arte *One Art* 362
365 Fim de Março *The End of March* 364
369 Cinco Andares Acima *Five Flights Up* 368

POEMAS NOVOS E DISPERSOS

NEW AND UNCOLLECTED POEMS

(1978-79)

373 Santarém *Santarém* 372
379 North Heaven *North Heaven* 378
383 Cadela Rosada *Pink Dog* 382
387 Soneto *Sonnet* 386

POEMAS DISPERSOS

UNCOLLECTED POEMS

(1983)

391 Chapéus Trocados *Exchanging Hats* 390

395 APÊNDICE I: POEMA INÉDITO EM MANUSCRITO
395 *APPENDIX I: UNPUBLISHED MANUSCRIPT POEM*

397 "É Maravilhoso Despertar Juntas..."
"It is Marvellous to Wake Up Together..." 396

399 Notas do tradutor

Sobre esta edição

A presente antologia é uma versão ampliada de *O iceberg imaginário e outros poemas*, a qual, por sua vez, incluía todos os poemas anteriormente publicados em *Poemas do Brasil*, com alguns retoques nas traduções. Foram acrescentados dezessete poemas aos que já constavam em *O iceberg*; todos os textos foram revistos, sendo que duas das traduções ("Crusoé na Inglaterra" e "O alce") sofreram modificações mais extensas. Esta seleção inclui a maior parte dos poemas que a autora resolveu publicar em vida. Ficaram de fora umas poucas peças que considero menos importantes; além disso, o poema "Twelfth morning; or what you will" não foi incluído por não ter eu conseguido achar uma solução satisfatória para um problema de tradução. Dos poemas publicados postumamente incluí apenas um, que a meu ver permaneceu inédito enquanto a autora era viva não porque ela o considerasse inacabado ou inferior (como parece ser o caso da maioria dos outros), mas sim por ele abordar a sexualidade de modo mais direto do que é costumeiro na obra de Bishop.

Esta edição reproduz os dois ensaios incluídos nas antologias anteriores. "Os rigores do afeto", um estudo da poesia de Bishop, saiu originalmente em *O iceberg* como posfácio, e "Bishop no Brasil" apareceu como introdução em *Poemas do Brasil*. Os dois textos foram revistos e corrigidos. As notas originais também passaram por uma revisão, e foram acrescentadas algumas notas referentes a poemas não incluídos nas duas coletâneas anteriores.

P.H.B.

Elizabeth Bishop: Os rigores do afeto

Elizabeth Bishop nasce em 1911 em Worcester, perto de Boston, mas com a morte do pai e a internação da mãe num hospital psiquiátrico passa a ser criada por uma sucessão de parentes. Entre 1916 e 1917 vai viver com os avós maternos em Great Village, um vilarejo na Nova Escócia; praticamente todas as lembranças agradáveis de sua infância datam desse breve período. Depois que volta para Massachusetts, recolhida pela família do pai que jamais conheceu, a menina se vê cercada de estranhos que não lhe dão afeto; começa então a padecer da asma implacável que, com o alcoolismo, a atormentaria pelo resto da vida. A sensação de orfandade, de não ter um lugar que possa chamar de seu, levará Bishop a empreender uma série de viagens. Além disso, a descoberta de sua homossexualidade, ainda na adolescência, terá desde cedo contribuído para fazê-la sentir-se um ser dividido e precariamente instalado no mundo.

Terminada a faculdade, sem lar nem família, sua sobrevivência garantida pelo pecúlio legado pelo pai, Bishop vai para Nova York e começa sua vida adulta, que será sempre marcada pela ameaça constante da solidão. Estar só no mundo — literalmente, sem pai nem mãe — é para a poeta ao mesmo tempo uma liberdade e um estigma. A possibilidade de viajar, conhecer lugares e pessoas é o lado positivo da condição solitária: entre 1934, data de sua formatura, e 1938, quando se fixa por nove anos em Key West, Bishop viaja pelo Canadá, França, Inglaterra, Itália, Marrocos e Espanha. Durante o período em que vive na Flórida, conhece o México e o Haiti. Publica seu primeiro livro, *North & South,* em 1946, e recebe o primeiro de uma série de prêmios literários. Passa um período na colônia de escritores de Yaddo (interior de Nova York) e, em seguida, reside em Washington, D. C., ocupando o prestigioso cargo de consultora de poesia na Biblioteca do Congresso. Nessa época a depressão e o alcoolismo por pouco não a levam ao suicídio.

Em 1951, com o dinheiro de uma bolsa, Bishop empreende uma viagem de circum-navegação em torno da América do Sul, que é interrompida no Rio de Janeiro, quando ela sofre uma forte crise alérgica. Recuperando-se na casa de Maria Carlota Costallat de Macedo Soares (Lota), as duas se apaixonam e passam a viver juntas na propriedade de Lota em Samambaia, perto de Petrópolis. Pela primeira vez desde os tempos de Great Village, Bishop sente que tem um lar de verdade e que é amada; mergulha nas lembranças da infância e começa a escrever uma série de contos de fundo autobiográfico. Em 1955 publica seu segundo livro, *Poems,* reunindo o já editado *North & South* e os poemas novos de *A cold spring.* Viaja pelo Brasil, conhecendo a Amazônia e Ouro Preto; traduz do português poemas de Drummond, Cabral e Vinicius, entre outros, além de *Minha vida de menina,* de Helena Morley. Ganha o prêmio Pulitzer em 1956; o National Book Award virá mais tarde, em 1969.

Em 1960, Carlos Lacerda é eleito governador da Guanabara e nomeia sua amiga Lota para o cargo de coordenadora das obras do parque do Aterro do Flamengo. Lota e Bishop passam a morar no apartamento de Lota no Leme e só vão a Samambaia nos fins de semana. A partir daí as relações entre as duas tornam-se cada vez mais tensas. Bishop publica seu terceiro livro *Questions of travel;* compra uma casa colonial em Ouro Preto e começa a reformá-la; viaja muito, cada vez mais sem a companheira, e pela primeira vez trabalha como professora de literatura, numa universidade em Seattle. Quando volta ao Brasil, constata que Lota tem sérios problemas de saúde, agravados pelos intensos conflitos no trabalho. Em 1967 está em Nova York quando Lota, de quem já está praticamente separada, vem visitá-la e suicida-se, morrendo em seus braços.

Em sua última década de vida, Bishop depende cada vez mais de seu salário como professora, trabalhando em várias universidades, inclusive em Harvard. Passa temporadas em Ouro Preto, na casa por fim reformada, com sua nova companheira, uma jovem americana; porém também essa relação termina numa crise grave, com a internação da jovem num hospital psiquiátrico em Belo Horizonte. As estadas em Ouro Preto rareiam, e Bishop termina comprando um apartamento em Boston. Continua lecionando. Em 1976, pouco após receber o terceiro grande prêmio literário de sua vida, o Neustadt, publica seu último livro, *Geography III*, uma pequena coletânea que contém algumas de suas obras-primas. Morre de repente de aneurisma cerebral, no apartamento de Boston, em 1979. Sua poesia completa é publicada em 1983; a prosa reunida é editada em 1984; uma seleção de suas numerosíssimas cartas é publicada em 1994. Em 2010, a correspondência completa entre Bishop e Lowell sai em livro.

Em 1934, quando estava no último ano do curso do Vassar College, estudando literatura inglesa, Elizabeth Bishop descobriu a poesia de Marianne Moore. Fascinada, leu todos os poemas que conseguiu encontrar em revistas e, em seguida, o primeiro livro da autora, *Observations,* que lhe foi emprestado pela bibliotecária da faculdade. Por intermédio dela Bishop conheceu Moore pessoalmente e tornou-se sua amiga, apesar da diferença de idade entre as duas — Bishop tinha 23 anos, Moore, 47.

Bishop pertencia à primeira geração de poetas de língua inglesa para quem as conquistas do modernismo já representavam um fato incontestável, para quem T. S. Eliot, Ezra Pound, Wallace Stevens e a própria Moore eram menos figuras revolucionárias que mestres cuja obra era preciso estudar, emular e — quando chegasse a hora — deixar para trás. Em Vassar, o currículo incluía não apenas Shakespeare e os metafísicos do século XVII (um deles, George Herbert, se tornaria o poeta favorito de Bishop), mas também Gerard Manley Hopkins e os modernos; além disso, escritores contemporâneos, como Eliot, davam conferências para as alunas. Assim, a jovem poeta que foi se encontrar com Moore na antessala do salão de leitura da Biblioteca Pública de Nova York já estava plenamente familiarizada com todo o arsenal técnico e imagístico da poesia moderna. O que salta à vista num confronto entre a poesia de Moore e a de Bishop é o contraste entre o rigor programático que caracteriza vários dos poetas que fizeram a revolução modernista — rigor esse, no caso específico de Moore, reforçado por certo puritanismo nas esferas da religião e dos costumes — e a atitude mais relaxada, mais livre, inspirada pela sensação de que toda a poesia do passado e do presente forma um tesouro a ser livremente explorado por quem tiver ousadia e competência para tal, que é a marca do artista pós-modernista.

Esse contraste pode ser exemplificado pelos sentidos diferentes que o conceito de "objetividade" adquire para as duas poetas. Por muito tempo Bishop foi elogiada acima de tudo por sua capacidade de observar e descrever a textura do mundo, lugares e animais, de que são exemplo poemas como "The fish", "The bight", "The sandpiper", "The armadillo" e tantos outros. Hoje, porém, parece claro que essa é menos uma característica individual da poeta do que uma marca do modernismo norte-americano, do qual ela é herdeira imediata. Como observa David Kalstone, em sua perspicaz análise das relações entre Bishop e Moore, desde o início Bishop aborda seus temas com "um interesse interiorizante", "uma inclinação psicológica e subjetiva que Moore dificilmente manifestaria" (Kalstone, 1989, p. 12). Moore é, no modernismo anglo-americano, a "poeta das coisas" por excelência; sua despersonalização, sua neutralidade na contemplação de um objeto externo representou um ideal de negação do eu para toda uma tendência antissubjetivista da poesia do século xx. Não admira que João Cabral de Melo Neto tenha dedicado vários poemas a Moore; num deles, "O sim contra o sim", ele louva o método "cirúrgico" da poeta americana:

> *E porque é limpa a cicatriz,*
> *econômica, reta,*
> *mais que o cirurgião*
> *se admira a lâmina que opera.*[1]

Talvez uma análise mais detalhada de dois poemas sobre animais, um de Moore e outro de Bishop, deixe claro o que as duas poetas têm em comum e o que as separa. Os poemas têm precisamente o mesmo título — "The fish" — e ambos são de presença obrigatória nas antologias.

No poema de Moore, a expressão "The fish" (entendida como plural, "Os peixes") é ao mesmo tempo título e parte integrante da primeira oração do texto — uma estratégia frequente na sua poesia. Na tradução de José Antonio Arantes, que reproduz escrupulosamente os recursos formais do original, o poema começa assim:

OS PEIXES

vade-
ando negro jade.
Das conchas azul-corvo, um marisco
só ajeita os montes de cisco;
no que vai se abrindo e fechando

é que
nem ferido leque.
Os crustáceos que incrustam o flanco
da onda ali não encontram canto,
porque as setas submersas do

sol,
vidro em fibras sol-
vidas, passam por dentro das gretas
com farolete ligeireza —[2]

À medida que avança, o texto se afasta progressivamente dos peixes do título, que constituem apenas um ponto de partida, passando pelos crustáceos e pelos raios de sol, caranguejos e águas-vivas, terminando com os fungos e detalhes de textura e cor da superfície de um rochedo submerso. Esse movimento dos peixes para a rocha configura um afastamento progressivo do reino animal para o mineral, para onde a identificação antropomorfizante com o objeto da observação é mais difícil. Também a forma do poema pode ser entendida como um esforço de distanciamento: pois na poesia inglesa, em que o "natural" é a contagem de pés,[3] a opção pela contagem estrita de sílabas, num padrão francamente arbitrário (a escansão dos cinco versos de cada estrofe, no original, nos dá uma, três, nove, seis e oito sílabas por verso), parece ter a intenção de dificultar a percepção orgânica do ritmo. (Um paralelo seria a música dodecafônica de Schoenberg, a qual parece ter o objetivo de impedir que o ouvinte encontre qualquer solução harmônica "natural".)

Examinemos agora "The fish" ("O peixe") de Bishop (pp. 140-5). A primeira palavra do texto original é o pronome da primeira pessoa do singular: desde o início temos a presença do eu lírico lado a lado com o objeto da percepção — o que já assinala uma diferença importante com relação ao poema de Moore. Daí em diante, boa parte do poema consiste em descrições detalhadas de aspectos específicos do peixe, com farto emprego de símiles que poderiam perfeitamente figurar num texto de Moore: se, no poema da autora mais velha, os raios de sol são de "vidro em fibras sol-/ vidas", no de Bishop a pele do peixe lembra papel de parede. Porém os dois poemas seguem trajetórias rigorosamente opostas. Em Moore, partimos dos peixes em movimento e terminamos com a superfície estática e atemporal do rochedo, enquanto em Bishop a descrição física do peixe (cuja objetividade, é bom repetir, é comprometida desde o início pela presença explícita do eu lírico) vai pouco a pouco acentuando a identificação da poeta com o peixe como ser vivo. Mais perto do final do poema, as imagens inanimadas de papel de parede e mica dão lugar a uma clara antropomorfização — os anzóis espetados na boca do peixe, de onde ainda pendem restos de linhas de pesca, são primeiro comparados a "medalhas com fitas/ desfiadas" e logo em seguida igualados a uma "barba austera" num "queixo sofrido". Há uma epifania, em que a identificação entre sujeito observador e objeto observado é assinalada por um tradicional símbolo de união entre o elevado e o baixo — o arco-íris, visto na mistura de água e óleo no fundo do barco. Em seguida, temos o verso final: "E deixei o peixe ir embora".

Numa carta a Moore, Bishop manda o texto de "The fish" e comenta: "Estou lhe mandando um poeminha bem bobo. Acho que ele é muito ruim, e se não parece Robert Frost talvez lembre Ernest Hemingway! O último verso é para ver se ele fica diferente, mas não sei, não [...]" (Bishop, 1995, p. 93). Tanto Frost como Hemingway são escritores profundamente "masculinos", caracterizados pela limpeza do texto, pela adjetivação parca e pelo distanciamento do olhar. Mas o comentário sobre o último verso simplesmente não pode ser levado a sério: não se trata de um acréscimo gratuito, e sim de uma consequência rigorosamente lógica do que o precede. Todo o poema caminha para o momento da identificação, para o gesto "feminino" de lançar o peixe de volta no mar.

Porém esse fato tem passado despercebido mesmo para leitores tão lúcidos quanto Kalstone, que analisa o poema basicamente em termos da "tensão do ato de ver" (Kalstone, 1989, p. 87), e Cabral, que em "Sobre Elizabeth Bishop" comenta que a "lente especial" da poeta "não agranda e nem diminui", e sim "filtra o essencial", de modo que consegue "conservar aceso num livro/ o aço do peixe inaugural" (Melo Neto, 1994, p. 561). Assim, pelo menos nessa primeira fase de sua carreira, Bishop é lida mesmo por seus melhores leitores como seguidora de Moore e legítima herdeira da tradição dos imagistas. No entanto, os sinais de que o "famoso olho" de Bishop é apenas o ponto de partida de sua poética e não o que a diferencia e singulariza estão espalhados por toda parte nos poemas que ela publicou ao longo das décadas de 1930 e 1940. À luz da produção posterior da autora, esses poemas "imagistas" — como também os "surrealistas" da mesma época — têm em comum uma tensão entre, de um lado, a objetividade aparente do olhar, a secura da linguagem, a disciplina da forma, e, do outro, um conteúdo fortemente emocional — júbilo, no caso de "The fish", mas com mais frequência angústia, desespero, pânico —, mantido em segundo plano por efeito de uma técnica apurada.

Examinemos em seguida alguns dos poemas "surrealistas", começando com o que é talvez o mais famoso deles, "The man-moth" (pp. 88-91). Aqui o tom mantido na superfície não é exatamente a "objetividade" de "The fish", e sim um humor caprichoso, levemente irônico. A nota de rodapé puxada do título tranquiliza o leitor: o que se segue não passa de um *jeu d'esprit* sugerido por um erro de tipografia. A linguagem é neutra e descritiva, quase etnográfica; a figura do homem-mariposa é cômica, uma espécie de Buster Keaton ou Harold Lloyd, que "Pensa que a lua é um furo pequeno no céu" e "Tem de andar sempre / com as mãos nos bolsos", e cujos tombos não têm maiores consequências: "cai, assustado, mas ileso". Entretanto, a imagem final — a lágrima que é o "único pertence" do personagem — é um elemento perturbador, que ao introduzir no texto uma marca de emoção nos leva a reinterpretar tudo o que foi lido até então: o homem-mariposa, esse ser híbrido e ridículo, sofre. Como sofre também o cavalheiro de Shalott ("The gentleman of Shalott", pp. 80-3), que vive partido ao meio; segundo a voz impessoal que o descreve, ele "aceita sem problema / a parcimônia do esquema". Mas como acreditar nessa voz se o próprio título do poema remete à personagem do poema "The lady of Shalott", de Tennyson, que vive sob a ameaça de uma maldição cujo próprio sentido ela desconhece?[4] Claramente, o predomínio nesses poemas de seres híbridos, ou partidos ao meio, ou dormindo precariamente equilibrados no alto de um mastro ("The unbeliever") ou no teto ("Sleeping on the ceiling"), aponta para uma insegurança fundamental que é constantemente negada pela aparente neutralidade ou frivolidade do tom.

O tema do eu partido, aliás, é uma constante na poesia de Bishop, em todos os seus momentos. Muitas vezes (mas nem sempre) ele aparece associado à questão do gênero e dos papéis sexuais. No primeiro livro, essa associação pode ser encontrada no já mencionado "The gentleman of Shalott" e em "Cirque d'hiver": no primeiro temos a menção ao personagem de Tennyson; no segundo, um brinquedo cujas duas metades, cavalo e bailarina, são de sexos opostos. No terceiro livro, temos o homem-peixe do "poema amazônico" "The riverman"; no quarto e último livro, "In the waiting room" e "Crusoe in England" dramatizam de modo explícito a questão da aceitação da feminilidade e dos dilemas do amor homossexual, respectivamente. O tema da "inversão sexual", que aparece de maneira enviesada e disfarçada em "Insomnia", no segundo livro, é tratado de modo bem mais direto em "Exchanging hats", publicado numa revista em 1956, porém jamais reeditado pela autora em nenhuma de suas coletâneas de poemas. O motivo do espelho — essa superfície que nos revela um outro eu invertido — surge pela primeira vez em "The gentleman of Shalott", reaparece em "Insomnia" e por fim em "Sonnet", um dos últimos poemas concluídos por Bishop; tanto "Insomnia" como "Sonnet" aludem de modo sutil à condição homossexual. Claro está, pois, que a identidade feminina e a opção sexual da autora são questões importantes na obra de Bishop; não se segue, por outro lado, que seria apropriado caracterizá-la como *woman poet* ou *gay poet*. Não se trata apenas de respeitar a vontade da poeta, que sempre se recusou a ser incluída em antologias de *women poets*, que detestava elogios do tipo "a maior poetisa de sua geração": é, mais que isso, o reconhecimento de que tal classificação seria por demais limitadora. Para Bishop, o problema de ser mulher é apenas um aspecto da questão maior de ser um indivíduo; e o amor homossexual é, acima de tudo, uma das variedades da paixão amorosa. Como todo poeta lírico, Bishop toma sua própria experiência individual como matéria-prima; como todo artista maior, com base nesse material pessoal ela cria obras cujo interesse vai além do puramente autobiográfico e pessoal.

O desenvolvimento artístico de Elizabeth Bishop se dará, como já vimos, no sentido de introduzir na descrição do mundo físico elementos que o tornam mais complexo: desde o início temos a presença da subjetividade; em seguida são introduzidos os temas do tempo e da memória. E nesse ponto nada é mais esclarecedor do que o episódio que, seguindo a análise de Kalstone (1989, pp. 79-85, 265-9), podemos chamar de declaração de maturidade poética de Bishop, ocorrido em 1940. Até então, a poeta tem o hábito de enviar seus poemas para Marianne Moore para que ela e a mãe os comentem e sugiram mudanças, e a maioria das sugestões costuma ser aceita. Quando, porém, Bishop submete "Roosters" — o poema mais ambicioso que ela já havia escrito até então — à apreciação das amigas, a reação das duas é de rejeição categórica. Moore e a mãe ficam acordadas até tarde revendo o poema, e o texto que devolvem à autora é uma completa desfiguração do original. Em primeiro lugar, a forma cuidadosamente estruturada do poema — estrofes de três versos, cada um mais longo que o anterior, todos rimando entre si (aaa bbb ccc etc.) — é destruída: tanto a regularidade da estrofação como a da rima são prejudicadas. Além disso, na versão revista todos os elementos "desagradáveis" — eróticos, escatológicos ou violentos — são eliminados, como por exemplo as referências à poligamia dos galos, à titica e às penas ensanguentadas dos galos mortos. Mas, como observa Kalstone, há ainda uma outra diferença, que é a que mais nos importa aqui: a versão revista por Moore é menos psicológica e menos humana; Moore tenta eliminar os "elementos interiorizantes" do poema e mantê-lo "a uma distância satírica uniforme com relação ao tema" (Kalstone, 1989, p. 82). Ao rejeitar as emendas propostas, Bishop afirma sua maturidade artística e seu propósito de usar a observação dos detalhes de superfície como ponto de partida para uma investigação do eu subjetivo, e dissocia-se claramente da atitude de Moore, para quem a subjetividade é quase uma forma de vulgaridade ou mesmo de obscenidade.[5]

O passo seguinte que se dá na poética de Bishop é a associação entre a corporalidade — que já estava presente desde "Roosters", ao menos — e a subjetividade, sob o signo da paixão. Essa intensificação do pessoal e do passional pode ser atribuída a dois fatores importantes, um no plano coletivo e outro no individual. No plano coletivo, o desenvolvimento da poesia norte-americana sofre uma guinada a partir da década de 1950, afastando-se abruptamente da postura despersonalizante proposta por Eliot e caminhando no sentido de um expressionismo neorromântico. No plano pessoal, Bishop encontrou, nessa mesma época, o lar que tanto procurava na casa de Lota de Macedo Soares, e com ela conheceu a paixão amorosa que se tornaria o elemento central de sua vida emocional adulta.

Examinemos esses dois fatores. Na primeira metade do século xx, a dicção classicizante de Eliot tornara-se o principal idioma da nova poesia norte-americana, gerando toda uma coorte de epígonos, como Allen Tate e Robert Penn Warren. Apesar de outros grandes nomes — como Ezra Pound, Wallace Stevens e William Carlos Williams — também serem referências centrais para essa geração, não será exagero afirmar que, durante algumas décadas, Eliot foi o polo de influência central para toda a poesia de expressão inglesa. Na década de 1950, porém, começou a esboçar-se uma reação a essa ortodoxia. A nova tendência recebeu o nome de "confessionalismo"; seus praticantes mais extremos foram os poetas *beat,* cujo representante maior é Allen Ginsberg. Mas para nós o nome que é particularmente relevante nesse contexto é o de Robert Lowell, o poeta contemporâneo que — depois de Marianne Moore — maior impacto teve sobre Bishop, de quem foi amigo íntimo e correspondente contumaz.

Também Lowell foi de início um seguidor fiel da ortodoxia eliotiana. A partir de *Life studies* (publicado em 1959), no entanto, sua poesia torna-se desavergonhadamente pessoal e íntima, abordando temas como sua prisão no tempo da Segunda Guerra (como pacifista, Lowell recusara-se a prestar serviço militar) e a internação num hospital psiquiátrico durante um surto maníaco. No clima intensamente romântico da década de 1960, a poesia de Lowell vai se confundindo cada vez mais com sua vida. Em suas cartas, Bishop adota uma atitude crítica com relação aos poetas confessionalistas, apesar de sempre ressaltar que aprova o trabalho de Lowell em particular. Mas quando, em 1972, Lowell começa a utilizar nos seus poemas colagens de trechos de cartas muito dolorosas enviadas por sua ex-mulher na fase da separação, Bishop reage horrorizada; escreve a Lowell uma longa carta em que diz com todas as letras que a publicação desses poemas seria um ato indigno de um cavalheiro (Bishop, 1995, pp. 627-31).

No entanto, apesar de todas as suas restrições ao uso mais direto de material íntimo na poesia, Bishop também vai evoluindo cada vez mais nessa direção a partir da década de 1950, embora o nível de revelação pessoal em sua obra nunca seja tão direto nem tão intenso quanto em Lowell ou nos *beats.* E o evento decisivo nessa evolução é a paixão amorosa. Para Bishop, a casa de Lota em Samambaia representa ao mesmo tempo o reencontro do lar perdido — a Nova Escócia de seus avós maternos — e a realização da paixão amorosa, uma combinação de domesticidade e sexualidade que ela jamais tinha vivenciado. É somente no Brasil que Bishop conseguirá escrever sobre suas experiências pessoais de modo menos indireto. Num primeiro momento, essas recordações são elaboradas em prosa, do que resultaram textos entre memorialísticos e ficcionais; destes, o mais conhecido é "In the village",[6] uma esplêndida evocação da infância em Great Village, em que a pequena Elizabeth, vivendo num ambiente quase idílico, confusamente se dá conta da perda da figura materna — pois a mãe acaba de sofrer o surto que a condenará ao hospício pelo resto da vida. Em seguida, Bishop passa a tematizar na poesia sua vida passada e presente. O mesmo momento recriado no conto "In the village" é retomado poeticamente em "Sestina", que isola as personagens da menina e da avó na cozinha da casa de Great Village. O presente de Bishop — a vida com Lota em Samambaia — dá origem a um punhado de poemas que figuram entre as melhores obras da autora. "The shampoo", como observa Millier, contrasta vivamente com as incursões anteriores de Bishop no campo da lírica amorosa "por encontrar um lugar para a celebração em meio aos conflitos e às perdas potenciais do amor" (Millier, 1993, p. 248). As "estrelas cadentes" nos cabelos negros de Lota — os fios grisalhos, a própria marca da transitoriedade da existência — são a imagem central de um poema que é, no entanto, uma comemoração do amor. Ainda que esteja tão visível o prenúncio da velhice e da morte, diante da paixão amorosa a possibilidade do fim é tão remota quanto o encontro entre o halo em torno da lua e os liquens nas pedras. A afirmação do amor diante da natureza efêmera da vida humana também vai caracterizar outras peças líricas com referências específicas ao sítio de Lota em Samambaia. Em "Song for the rainy season", em meio às chuvas abundantes e à natureza em pleno cio, antevê-se um futuro em que a rocha estará seca e morta; e em "The armadillo" o casal de corujas é desalojado pelo incêndio que o balão junino causou na encosta.

Assim, o corpo, lugar do amor, é infinitamente vulnerável e perecível. Mas é também grotesco. O processo de corporalização que encontramos na poesia de Bishop a partir da década de 1950 inclui os aspectos complementares da existência física: o trágico e o ridículo. Em "Manuelzinho" o impacto do grotesco é suavizado até certo ponto pelo distanciamento que a poeta faz questão de assinalar de todos os modos possíveis — a voz lírica pertence a "uma amiga da escritora", e Manuelzinho, além de homem, é brasileiro; são três graus de afastamento, por assim dizer. Além disso, trata-se de uma figura cômica, inofensiva, o que pode ser visto como mais um recurso de que Bishop se vale para proteger-se. Porém em poemas posteriores o distanciamento vai diminuindo, ao mesmo tempo que o tom de comicidade leve é substituído por uma ferocidade crescente. Em "In the waiting room" (pp. 320-5) as negras de peitos medonhos, associadas por contiguidade aos antropófagos, são tão reais quanto o grito da tia Consuelo no consultório do dentista: "você é uma *Elizabeth*, / você é uma *delas*", diz a menina para si mesma. Também a "puta ainda menina" e o negro bêbado e chaguento de "Going to the bakery" (pp. 308-11) representam esse outro lado da corporalidade, o lado demoníaco, que a miséria humana do Rio de Janeiro traz sempre à consciência, chegando a um clímax em "Pink dog" (pp. 382-4), em que o horror da identificação com a cadela sarnenta e sem dono é intensificado ainda mais pelo tom de humor negro quase histérico.

Existe, portanto, uma linha nítida de desenvolvimento na trajetória poética de Bishop. Em suma, temos um primeiro momento em que há ao menos uma tentativa de observar alguns princípios do alto modernismo — reticência, impessoalidade, objetividade; elementos imagistas e surrealistas convivendo com uma forte tensão emocional. Aos poucos, sem que a atenção aos detalhes visuais seja deixada de lado, a vocação subjetivista da autora vai se fazendo impor de modo mais explícito, e a obscuridade esquiva dos primeiros poemas dá lugar a uma voz mais pessoal e emocionada. Por fim, temos a irrupção do corpóreo, sob os aspectos opostos e complementares da paixão amorosa e do grotesco. A reticência original jamais é abandonada de todo: não é por acaso que os poucos poemas francamente eróticos de Bishop não foram por ela jamais publicados, mesmo quando é evidente que a autora trabalhou neles até deixá-los em ponto de bala.[7] Mesmo assim, há todo um mundo de diferença entre a contenção e obliquidade de um poema da primeira fase como "The weed" e a franqueza direta de uma peça tardia como "In the waiting room".

No que diz respeito à forma, Bishop também se diferencia bastante da geração do alto modernismo. De modo geral, os grandes poetas norte-americanos que a antecederam imediatamente desenvolveram cada um seu próprio idioma formal mais ou menos definido, atendo-se a ele a maior parte do tempo. Para Frost, o menos "moderno" de todos, o uso da dicção coloquial ianque era o que bastava para a criação de um idioma poético americano de seu tempo; no mais, ateve-se ao repertório de formas da poesia inglesa clássica. Mais ousados, nem por isso Stevens e Eliot sentiram necessidade de afastar-se muito do pentâmetro jâmbico — o verso de cinco pés (o que implica, na maioria das vezes, dez sílabas) —, que é a espinha dorsal do verso inglês. No caso específico de Eliot, o aparente contraexemplo de "The waste land" explica-se pelo fato de que, como a publicação dos rascunhos deixou clara, o texto original de Eliot sofreu nas mãos de Pound uma revisão tão radical que quase se pode dizer que o texto final é um caso de coautoria; na obra-prima de sua maturidade, os *Four quartets,* Eliot reaproxima-se dos recursos tradicionais da versificação inglesa. Os poetas que mais rompem com o pentâmetro — coisa que Pound julgava ser o primeiro passo fundamental — são o próprio Pound, Williams e Moore. Porém cada um deles trata de desenvolver uma forma que possa substituir o metro básico do idioma; os três demolidores do pentâmetro jâmbico, cada um a seu modo, são como esses rebeldes religiosos que rompem com a Igreja de seus pais apenas para fundar uma nova seita. Moore, como já vimos, cria um sistema todo pessoal, fundado na contagem de sílabas, para nele criar sua obra pouco extensa, mas densa e fecunda. Williams, em suas tentativas de teorizar uma prática poética abundante e influente, termina caindo no beco sem saída do "pé variável", um conceito logicamente tão inconcebível, como tantos já observaram, quanto uma fita métrica que esticasse ou encolhesse conforme o objeto a ser medido. E Pound, por fim, ao livrar-se por completo de qualquer padrão formal, qualquer critério de unidade e coerência que não fosse sua própria vontade onipotente, mergulhou num delírio megalomaníaco de que foi salvo, paradoxalmente, pela humilhação da captura, prisão e internação no hospital psiquiátrico; são justamente os *Pisan cantos,* frutos dessa experiência amarga, porém humanizadora, que redimem uma obra que parecia perigosamente ameaçada de desabar sob seu próprio peso desmesurado.

Os impasses a que Williams e Pound foram levados pelo radicalismo de suas propostas não os impediram nem de escrever poesia da primeira ordem nem de exercer uma influência enorme sobre os poetas mais jovens. Entretanto, para uma artista como Bishop, cujas pretensões artísticas eram bem mais modestas e cuja sensibilidade era mais lírica que épica, os exemplos dos grandes experimentalistas provavelmente lhe serviram acima de tudo de alerta. Por outro lado, também não lhe interessava o projeto de desenvolver um veículo que lhe servisse para todos os fins, como o quase-pentâmetro de Stevens e Eliot ou o verso silábico de Moore. Em vez disso, aprendeu a dominar um amplo repertório de formas — desde o soneto ao poema em prosa, passando pela vilanela, a sextina e o verso livre, incluindo formas *ad hoc,* inventadas ou então emprestadas de poetas tão díspares quanto Crashaw e Neruda, Herbert e João Cabral — para explorar por intermédio deles um território rigorosamente limitado: o eu. A geografia — os mapas, os nomes de lugares em tantos continentes diversos — é para Bishop o reflexo da impossibilidade de sair de si: "Continent, city, country, society:/ the choice is never wide and never free" ("Continente, cidade, país: não é tão sobeja/ a escolha, a liberdade, quanto se deseja"), observa ela em "Questions of travel" (pp. 226-31).

Assim, vamos encontrar na obra de Bishop uma grande variedade de recursos formais, e a escolha de uma dada forma é com frequência determinada pelas necessidades do poema específico. Em muitos casos a relação entre forma e conteúdo é perfeitamente evidente, prescindindo de maiores explicações. Em "The burglar of Babylon" é natural que a história de Micuçu, o bandido perseguido e morto pela polícia, seja relatada como uma balada popular, uma forma muitas vezes utilizada na literatura inglesa para narrar histórias de crime. Se nessa balada Bishop valeu-se apenas de versos de três pés — em vez de usar quatro pés nos versos ímpares e três nos pares, como é mais comum na tradição anglófona —, foi muito provavelmente por influência de *Morte e vida severina,* de Cabral, poema que ela havia traduzido em parte pouco antes de escrever "The burglar of Babylon", como observa Regina Przybycien (Przybycien, 1993, pp. 246-7). (Do mesmo modo, Helen Vendler observa que os versos de três pés de "In the waiting room" provavelmente refletem o impacto de alguns dos poemas em heptassílabos de Carlos Drummond de Andrade que Bishop traduziu — "Viajando na família" e "A mesa" [Vendler, 1983].) E não podia ser mais direta a relação entre formas que evocam letras de canções populares e o teor das "Songs for a colored singer".

Exemplo um pouco menos óbvio de adequação de forma a conteúdo nos é dado por "Visits to St. Elizabeths", em que a evocação de poemas infantis de forma cumulativa, do tipo de "The house that Jack built",[8] é particularmente feliz, na medida em que põe em foco o problema levantado pelo fascismo de Pound.[9] Os loucos, como as crianças, estão além dos julgamentos sobre bem e mal; mas Pound será mesmo louco, ou terá sido o diagnóstico de loucura apenas um recurso a que chegaram as autoridades americanas para não ter de executar por alta traição um dos maiores poetas do país? Um caso ainda mais notável é uma das obras-primas da maturidade de Bishop, "One art", em que a insistência repetitiva da vilanela é utilizada como recurso dramático de importância vital. Bishop atribui uma significação pungente a um elemento formal que, nas mãos de um poeta menos hábil, poderia não ser mais do que uma convenção mecânica. A reiteração de "the art of losing isn't hard to master" ("a arte de perder não é nenhum mistério") e "is no disaster" ("não é nada sério") (pp. 362-3) atua como a tentativa obstinada da poeta de consolar-se convencendo a si própria de uma proposição que, como ela sabe muito bem, é claramente falsa.

Vejamos agora alguns casos menos evidentes de interação entre forma e significado. Em dois poemas que tematizam a condição de divisão interior, um escrito no início de sua carreira, outro bem no final, Elizabeth Bishop usa versos de dois pés: de modo irregular em "The gentleman of Shalott" e regularmente em "Sonnet". Como na poesia inglesa o verso de dois pés tende a ser encarado como excepcionalmente curto, a impressão imediata que ele causa no leitor é precisamente a ideia de incompletude, como se metade do verso estivesse faltando — o que torna essa forma particularmente adequada a poemas que tratam de seres divididos em dois. A ideia de incompletude é ressaltada pelo uso do *enjambement* em ambos os poemas: por exemplo, "of leg and leg and/ arm and so on" (p. 80), em "The gentleman of Shalott", e "Freed — the broken/ thermometer's mercury" (p. 386), em "Sonnet".

Em "Roosters" e "Pink dog", temos novamente dois poemas escritos em momentos muito distantes da carreira de Bishop que, no entanto, apresentam características comuns importantes. "Roosters", como já vimos, foi concluído em 1940, assinalando um momento decisivo no desenvolvimento artístico de Bishop; e "Pink dog", concluído em 1979, foi, segundo Brett Millier, o último poema concluído pela poeta (Millier, p. 343). Entre os dois textos há, portanto, um intervalo de quase quarenta anos. São poemas sobre animais, mas neles o animal não é visto de fora, em sua alteridade, como acontece em "The fish" e "The moose". Os galos e a cadela representam aspectos odiosos e desprezíveis da humanidade, com fortes marcas de gênero: num, o homem é o agressor irracional; no outro, a mulher é a pária estéril, solitária, sem amor. Formalmente, os dois poemas têm em comum o emprego de estrofes de três versos com rima em *aaa, bbb, ccc* etc. O fato de que os três versos de cada estrofe terminam com a mesma rima, o que é relativamente raro na poesia inglesa, tende a ser encarado pelo leitor como uma repetição excessiva. A sensação de excesso contribui para a atmosfera geral de grotesco que caracteriza os dois poemas, sendo enfatizada pela utilização de rimas forçadas ou insólitas como "sallies", "alleys", "Rand McNally's" (p. 130), em "Roosters", ou *"fantasia"*, "to be a-", "ever see a" (p. 384), em "Pink dog".[10]

Examinemos em maior detalhe um poema em que é particularmente feliz a utilização de elementos formais para expressar significados: "Cirque d'hiver" (pp. 122-3), uma peça do início da carreira da autora que, como tantas outras, nos apresenta um ser dividido. Aqui Bishop utiliza uma curiosa forma inventada, em que cada estrofe tem cinco versos, todos em pentâmetro jâmbico aproximado, menos o quarto, em trímetro (ou seja, três por verso), sendo o padrão rímico de cada estrofe *aBcbB*, o segundo e o quinto versos terminando com a mesma palavra ou expressão. As repetições acentuam a artificialidade patente da forma, que não poderia ser mais adequada a um poema que gira em torno da imagem de um brinquedo mecânico como metáfora do ser dividido, um poema que nos apresenta um mecanismo dotado de alma. O que é ainda mais surpreendente em "Cirque d'hiver", porém, é o modo como o significado é expresso não apenas pela *atuação* das regras formais, mas também por aquelas passagens em que ocorrem *violações* dessas regras.

Como vimos, uma das regras formais de "Cirque d'hiver" é a repetição do elemento *B* — a palavra ou palavras finais — no segundo e quarto versos de cada estrofe. Essa regra tem o efeito de dar uma ênfase toda especial às palavras repetidas, as quais estão quase sempre associadas aos motivos centrais do poema. Assim, na segunda estrofe *B* é a expressão "artificial roses" que ressalta a artificialidade do brinquedo e da própria forma do poema. Na terceira estrofe, *B* é "soul" ("alma"), o que enfatiza a ideia contraditória e complementar de que o brinquedo, flagrantemente artificial, é também de algum modo dotado de alma — o que, mais uma vez, também se aplica ao poema em si. Mas na quarta estrofe a regra referente a *B* é violada: a palavra "key" ("chave") não reaparece no último verso, sendo substituída por "me". O impacto dessa transgressão, porém, é dar mais proeminência à palavra "me", chamando nossa atenção para o fato de que esta é a primeira ocorrência do pronome da primeira pessoa no poema. É nesse ponto que a poeta afirma sua presença no texto, como personagem do poema (ao contrário do que se dá em "The fish", em que desde o início a presença do eu lírico está expressamente assinalada). Isso tem o efeito de fazer com que o cavalo de brinquedo se torne interlocutor da poeta — o poema termina com um diálogo entre o cavalo e ela —, contribuindo ainda mais para o efeito de humanização do brinquedo mecânico que fora obtido antes pela repetição de "soul", o elemento *B* na terceira estrofe. Desse modo, tanto a obediência à regra como a única exceção a ela têm o mesmo resultado, reforçando-se mutuamente.[11]

Análises semelhantes poderiam ser propostas para outros poemas pertencentes aos momentos mais diversos da carreira de Bishop. Neles encontraríamos a mesma tendência a adotar uma forma rigorosamente adequada ao propósito específico da peça em questão. Essa exigência de funcionalidade plena de todos os elementos do poema explica por que era tão lento o processo de composição da autora, que por vezes levava anos para concluir um texto curto: como Bishop não partia de um repertório formal definido, a seleção dos recursos se dava aos poucos; metros, esquemas de rimas, imagens eram sucessivamente testados e descartados até que se chegasse a uma solução de tal organicidade que o efeito final fosse uma paradoxal aparência de facilidade. O mesmo fato explica por que é tão reduzida a produção de uma poeta que se dedicou de modo praticamente exclusivo à sua arte, desde a juventude até a morte, aos 68 anos de idade.

NOTAS

1. Melo Neto, 1994, p. 297.

2. Moore, 1991, p. 27. Eis o trecho no inglês original: "THE FISH// wade/ through black jade./ Of the crow-blue mussel-shells, one keeps/ adjusting the ash-heaps;/ opening and shutting itself like// an/ injured fan./ The barnacles which encrust the side/ of the wave, cannot hide/ there for the submerged shafts of the// sun,/ split like spun/ glass, move themselves with spotlight swiftness/ into the crevices —".

3. Um pé é um grupo de sílabas que contém determinada combinação de sílabas tônicas e átonas.

4. Ver nota referente a "O cavalheiro de Shalott", p. 399.

5. A propósito, lembremos a famosa passagem do ensaio de Eliot "Tradição e talento individual": "A poesia não é uma liberação da emoção, mas uma fuga da emoção; não é a expressão da personalidade, mas uma fuga da personalidade" (Eliot, 1989, p. 47).

6. Traduzido para o português com o título "Na aldeia", em Bishop, 1996.

7. Os poemas em questão são "It is marvellous to wake up together" (transcrito em Goldensohn, 1992, pp. 27-8, e incluído na presente coletânea), "Dear, my compass" (transcrito em Schwartz, 1991, p. 86) e "Close close all night" (ibidem, p. 90). Os três poemas foram subsequentemente incluídos em Bishop, 2006.

8. "Esta é casa que João construiu.// Este é o malte/ que havia na casa que João construiu.// Este é o rato/ que comeu o malte/ que havia na casa que João construiu.// Este é o gato/ que matou o rato/ que comeu o malte...", e assim por diante.

9. Ver nota ao poema "Visitas a St. Elizabeths" (p. 406).

10. Na tradução, só foi possível reproduzir o efeito, e assim mesmo apenas em parte, no caso de "Cadela rosada": "fantasia", "aí à", "devia" (p. 385).

11. Na minha tradução tentei reproduzir todas essas características do original, sacrificando outras (por exemplo, vários detalhes físicos, como o olho que é "como uma estrela" na última estrofe). O padrão de rimas foi preservado, e o contraste entre pentâmetro e trímetro foi recriado por

meio da alternância entre versos mais longos (decassílabos, em sua maioria) e versos mais curtos (a maioria hexassílabos). Na quarta estrofe, minha tradução foge da configuração das anteriores, tal como se dá com a quarta estrofe do original, ainda que não exatamente do mesmo modo: em vez da repetição de "patas" aparece inesperadamente o pronome de primeira pessoa "mim", rimando não com o verso imediatamente anterior, como no original, mas com o primeiro verso da estrofe. Tal como no poema de Bishop, o quarto verso da quarta estrofe é mais longo que os versos correspondentes das outras estrofes e é dividido em dois hemistíquios exatamente iguais.

REFERÊNCIAS

BISHOP, Elizabeth (1995). *Uma arte: as cartas de Elizabeth Bishop*, org. Robert Giroux, trad. Paulo H. Britto. São Paulo, Companhia das Letras.

_____ (1996). *Esforços do afeto e outras histórias*. Trad. Paulo H. Britto. São Paulo, Companhia das Letras.

_____ (2006). *Edgar Allan Poe & the Juke-Box: uncollected poems, drafts, and fragments*. Org. de Alice Quinn. Nova York, Farrar, Straus and Giroux.

ELIOT, T. S. (1989). *Ensaios*. Trad., intr. e notas Ivan Junqueira. São Paulo, Art.

GOLDENSOHN, Lorrie (1992). *Elizabeth Bishop: the biography of a poetry*. Nova York, Columbia University Press.

KALSTONE, David (1989). *Becoming a poet: Elizabeth Bishop with Marianne Moore and Robert Lowell*. Nova York, Farrar, Straus and Giroux.

MELO NETO, João Cabral de (1994). *Obra completa*. Rio de Janeiro, Nova Aguilar.

MILLIER, Brett (1993). *Elizabeth Bishop: life and the memory of it*. Berkeley/Los Angeles, University of California Press.

MONTEIRO, George (org.) (1996). *Conversations with Elizabeth Bishop*. Jackson, University Press of Mississippi.

MOORE, Marianne (1991). *Poemas*. Trad. e posfácio José Antonio Arantes. São Paulo, Companhia das Letras.

PRZYBYCIEN, Regina (1993). "Feijão-preto e diamantes: o Brasil na obra de Elizabeth Bishop". Tese de doutorado defendida na Faculdade de Letras da Universidade Federal de Minas Gerais.

SCHWARTZ, Lloyd (1991). "Elizabeth Bishop and Brazil". *The New Yorker*, 30 de setembro.

VENDLER, Helen (1983). "Domestication, domesticity, and the otherworldly". In Lloyd Schwartz & Sybil P. Estess (orgs.). *Elizabeth Bishop and her art*. Arm Arbor, University of Michigan Press.

P.H.B.

Bishop no Brasil

Quando Elizabeth Bishop chegou ao Brasil, em 1951, sua intenção era apenas fazer uma escala em sua viagem de circum-navegação da América, iniciada semanas antes; o navio passaria pela Terra do Fogo, um lugar que ela sonhava conhecer, e depois voltaria aos Estados Unidos pelo Pacífico. Havia alguns anos que a poeta vinha sistematicamente buscando o sul: antes de vir para o Brasil — o lugar onde terminou permanecendo por mais tempo — residira nove anos em Key West, uma ilha tropical no extremo sul da Flórida, viajara pelo México e conhecera o Haiti. Esse fato, juntamente com a lembrança de que o título de seu primeiro livro é *North & South*, poderia nos levar a imaginar que o norte representava para Bishop alguma coisa de confinante, da qual ela passou a primeira parte de sua vida fugindo. Assim, as sucessivas viagens ao sul seriam para Bishop tentativas de procurar, em paragens mais cálidas e permissivas, um ambiente mais propício à afirmação de sua sexualidade do que o norte frio e calvinista de sua infância e adolescência. Porém essa agradável simetria é quebrada por um fato discordante: foi nas terras setentrionais do Canadá que Bishop, na infância, conheceu pela primeira vez o afeto que passou o resto da vida tentando reencontrar.

Nascida em Worcester, perto de Boston, Elizabeth perdeu o pai ainda em tenra idade, e logo em seguida sua mãe passou a sofrer uma sucessão de surtos psicóticos, o que na época implicava internação num hospital para o resto da vida. A menina ficou então entregue aos cuidados dos avós maternos, que moravam em Great Village, uma pequena aldeia de pescadores na Nova Escócia. Ali Elizabeth se viu cercada de carinho e proteção familiar. Aos seis anos de idade, porém, foi levada de volta para Worcester pelos avós paternos, muito mais prósperos mas bem menos afetuosos que os avós canadenses. A menina reagiu sofrendo terríveis crises de asma, uma doença que a partir de então a afligiria periodicamente, e mais uma vez mudou de lar, passando a morar com os tios. Daí em diante Bishop viveu como uma expatriada — pois o Canadá fora sua verdadeira terra natal —, na condição de agregada de parentes e amigos, sem jamais se sentir realmente em casa. Foi só aos quarenta anos, no Brasil, que voltou a experimentar a sensação de possuir um verdadeiro lar; não por coincidência, foi aqui que ela começou a escrever as narrativas em prosa em que rememora a infância na Nova Escócia. Assim, o extremo norte da vida da poeta, representado pelo Canadá, e seu extremo sul, o Brasil, passaram a tocar-se na sua imaginação.

O navio de Bishop chegou em Santos em dezembro de 1951. Suas primeiras impressões de viagem foram marcadas por uma expectativa ansiosa. Recentemente ela passara por um período de grande sofrimento mental, em Yaddo, uma colônia de escritores e artistas no interior do estado de Nova York, e em Washington, D. C., onde atuou um ano como consultora de poesia na Biblioteca do Congresso. Devastada pela solidão, sujeita a frequentes crises de asma, Elizabeth mergulhou no alcoolismo, tendo que ser internada mais de uma vez; pelo menos em uma ocasião chegou a perguntar a um amigo se deveria suicidar-se.[1] Assim, a longa viagem de navio era uma mudança de ares ansiosamente aguardada. O estado de espírito da poeta nesse momento seria o ponto de partida de dois de seus primeiros poemas de temática brasileira, "Questions of travel" e "Arrival at Santos".

O primeiro começa com uma descrição da paisagem brasileira que ressalta a ideia de que há nela algo de exagerado: "há um excesso de cascatas", os rios "correm depressa demais". A paisagem é também antropomorfizada: há nas montanhas "riscos lustrosos" que são comparados a "rastros de lágrimas". Como comenta David Kalstone, a observadora da paisagem, uma forasteira, revela seu sentimento de exclusão de modo ainda mais dramático quando vê "as montanhas como cascos de navios soçobrados", prevendo a possibilidade de que "sua viagem se transforme num naufrágio".[2] Segue-se uma reflexão sobre o impulso que a leva a viajar incessantemente, que termina com a pergunta retórica: "Teria sido melhor ficar em casa, / onde quer que isso seja?". A pergunta encerra o âmago do problema; a questão era justamente o "onde quer que isso seja". Onde seria o lar de Bishop?

No segundo desses poemas, "Arrival at Santos", a antropomorfização da paisagem é aprofundada ainda mais. Lorrie Goldensohn observa que os sentimentos da viajante — autocomiseração, tristeza — são astuciosamente desviados para a cena que se descortina do navio:[3]

> morros de formas nada práticas, cheios — quem sabe? — de autocomiseração
> tristes e agrestes sob a folhagem frívola,

Após esses comentários irônicos sobre a paisagem, a poeta se pergunta se é isso que o país "tem a oferecer a quem procura nada menos / que um outro mundo" e "uma vida melhor". Apesar do tom de ironia, a busca de uma vida melhor era exatamente o que motivara a viagem, bem como as sucessivas viagens empreendidas até então. Bishop sentia-se cada vez mais angustiada ao constatar que, em plena meia-idade, ainda não tinha conseguido criar raízes em lugar nenhum, não havia conseguido reencontrar o lar perdido.

De Santos, juntamente com uma companheira de viagem norte-americana (a Miss Breen mencionada em "Arrival at Santos"), Elizabeth foi a São Paulo e por fim ao Rio de Janeiro. O contato inicial com o Rio não foi nada auspicioso. Era o prenúncio de uma antipatia que se tornaria cada vez mais forte ao longo das duas décadas seguintes:

> Não estou gostando muito, mas é difícil dizer — é tanta bagunça — uma mistura de Cidade do México com Miami, mais ou menos; tem homens de calção chutando bolas de futebol por toda parte. Começam na praia às sete da manhã — e pelo visto continuam o dia todo nos lugares de trabalho. É uma cidade debilitante, totalmente relaxada (apesar do café excepcional), corrupta — passei três dias numa depressão horrível, mas depois me recuperei [...].[4]

No Rio de Janeiro, Bishop foi recebida por Maria Carlota Costellat Macedo Soares (Lota), que ela conhecera havia alguns anos em Nova York através de uma amiga comum, a dançarina norte-americana Mary Morse, que morava com Lota.

BISHOP NO BRASIL   33

As duas a levaram para conhecer Petrópolis, onde Lota estava construindo uma casa a pouca distância da cidade, na antiga Fazenda Samambaia. O apartamento de Lota, no Leme, foi emprestado a Elizabeth até que chegasse a hora de seguir viagem. Porém Bishop preferia a casa de Petrópolis ao apartamento do Rio, e era na serra que passava mais tempo. Um dia, caminhando pela rua, viu um homem vendendo cajus e resolveu provar uma daquelas frutas desconhecidas. O resultado foi uma violenta reação alérgica; seu rosto ficou de tal modo inchado que durante algum tempo ela não podia sequer abrir os olhos. Durante o período de convalescência, Elizabeth viu-se cercada de uma abundância de cuidados e manifestações afetuosas de comiseração que só havia experimentado antes na casa dos avós canadenses:

> Estive muito doente por umas cinco semanas, a partir do Natal, uma crise de alergia terrível — segundo a minha médica de Nova York, é um tal de "edema de Quincke". Seja lá o que for, o fato é que minha cabeça inchou até ficar como uma abóbora, e fiquei completamente cega. Além disso, minhas mãos foram afetadas, de modo que eu não podia escrever. Mas a coisa não foi tão má assim, porque os brasileiros parecem que adoram doença, todo mundo ficou interessadíssimo, cada um trouxe um remédio, entravam no meu quarto todos ao mesmo tempo dizendo "Coitadinha", invocando a Virgem etc. toda vez que eu tomava uma injeção.[5]

E, no meio dessa azáfama de tratamentos médicos e mezinhas caseiras, Lota confessou que estava apaixonada por ela. A viagem de circum-navegação jamais seria retomada.

Assim teve início a relação intensa e tumultuada de Elizabeth Bishop com Lota e com o Brasil. O relato tem um curioso sabor mítico: tudo começa, de modo apropriadamente bíblico, com o ato de provar uma fruta desconhecida, tropical, "de aparência sinistra, uma combinação indecente de fruta com castanha".[6] O que parece indecente a Elizabeth é menos o aspecto vagamente fálico da castanha do que a própria ideia de mistura indevida num só objeto de duas categorias que, para um falante do inglês, são coisas muito diferentes — *nut* (castanhas, nozes e similares) e *fruit* (frutas propriamente ditas). Talvez também a choque o fato de o caroço pender da fruta, o fato de uma coisa tão íntima e secreta quanto uma semente vir do lado de fora, nua e desprotegida. Para Elizabeth, com suas raízes calvinistas, a distinção entre interior e exterior é apenas um dos princípios ordenadores sistematicamente violados neste país estranho e bárbaro em que o acaso a lançou.

Porém as reações de estranhamento, embora presentes desde o momento inicial, ficam em segundo plano nessa primeira fase. Mais ainda, as imperfeições do Brasil lhe parecem um motivo adicional de prazer: "É gostoso e relaxante estar num país onde ninguém sabe direito em que estação do ano estamos, em que dia estamos, que horas são".[7] A falta de praticidade do país, que, como já vimos, encontrará lugar em "Chegada em Santos", é mencionada nas cartas como mais um motivo de maravilhamento: "O que tem de flora e fauna aqui parece um sonho. [...] Além de uma profusão de montanhas nada práticas, e nuvens que entram e saem pela janela do quarto da gente, tem cascatas, orquídeas, todas as flores que eu conheci lá em Key West".[8] O oceano de afeto que envolve Elizabeth é uma experiência avassaladora e desconcertante: "Estou gostando cada vez mais dos brasileiros".[9] À sua médica de Nova York, a dra. Anny Baumann, ela relata que o problema do abuso do álcool, que tantos dissabores lhe causara num passado recente, está se resolvendo, "quase exclusivamente [por obra do] bom senso e da bondade da Lota. Continuo tendo a sensação de que morri e fui para o céu sem merecer".[10]

Essa atmosfera de ternura e proteção se reflete num punhado de poemas de intenso lirismo escritos ao longo dos anos 1950. Neles, o sítio de Lota em Samambaia é representado como um éden amoroso, onde predominam imagens fortemente carregadas de uma sexualidade terna e feminina. Casa, rocha, plantas e animais se integram harmoniosamente, formando um universo completo que as nuvens isolam das agruras do mundo exterior. É o que vemos em "Song for the rainy season":

> *o riacho canta de dentro*
> *da caixa torácica*
> *das samambaias gigantes;*
> *por entre a mata grossa*
> *o vapor sobe, sem esforço,*
> *e vira para trás, e envolve*
> *rocha e casa*
> *numa nuvem só nossa.*

Mesmo quando, como em "The shampoo" — o primeiro destes poemas a ser concluído e um dos momentos mais altos da arte de Bishop —, não há referência explícita ao mundo de Samambaia, um pequeno detalhe trivial, um objeto de uso cotidiano — uma daquelas "bacias de lata, de todos os tamanhos, que são tão comuns aqui"[11] —, surge como marca da imperfeição humana, demasiadamente humana, que o Brasil representa para Bishop nesse momento de sua trajetória: a poeta se oferece para lavar os cabelos da amada "nesta bacia/ amassada e brilhante como a lua". A lua já aparecera no início do poema, em plena cumplicidade com as pedras terrenas: se aquela é cercada por halos, estas ostentam liquens que são "concêntricas, cinzentas concussões", do mesmo modo como os primeiros fios de cabelo branco da amada são estrelas cadentes contra o fundo da cabeleira negra. Os fios brancos são indícios da brevidade da existência humana, que é ressaltada pela metáfora das estrelas cadentes; e o amor, ao intensificar o apego a um ser de tal modo efêmero, tem o efeito preciso de acentuar a consciência da mortalidade. Mas essa consciência não é um lamento; a voz da poeta aqui exprime uma felicidade não menos intensa por ser contida. Em sua biografia de Bishop, Brett Millier ressalta que "The shampoo" é o primeiro poema em que a autora consegue "encontrar um lugar para a celebração dentro dos conflitos e perdas em potencial do amor".[12]

Também em "Song for the rainy season" e "The armadillo" a plenitude do amor coexiste com a consciência de que cada momento é transitório e precário. No primeiro desses poemas, as "rãs gordas, que/ coaxam de amor/ em plena cópula" hão de desaparecer numa "outra era" vindoura de secura e sol inclemente. Em "The armadillo" a beleza dos balões de São João é inseparável de sua efemeridade e de seu potencial de destruição, de que é vítima o casal de corujas. É esse equilíbrio entre paixão sensual e maturidade emocional, entrega ao momento de amor e consciência da precariedade e do perigo desse momento, que torna magistrais essas peças líricas.

Mais ou menos na mesma época em que escreveu "Song for the rainy season", Bishop retomou o tema do primeiro contato com a terra brasileira, só que não de seu ponto de vista pessoal, e sim imaginando a chegada dos primeiros portugueses. "Brazil, January 1, 1502" é uma recriação poética do descobrimento. A luxuriante floresta brasileira apresenta-se aos europeus recém-chegados como uma tapeçaria, uma tela onde eles projetam suas fantasias de alteridade: "um sonho antigo de riqueza e luxo/ já saindo de moda na Europa". Tal como nos poemas de amor comentados antes, a fauna tropical é sexualizada: em vez de rãs "em plena cópula" presenciamos uma cena erótica entre lagartos. Mas logo em seguida o foco é desviado para os seres humanos: são os portugueses que, "logo depois da missa", rasgam a tapeçaria e saem correndo atrás das índias,

> *aquelas mulherezinhas que gritavam,*
> *gritavam uma pra outra (ou foram as aves que acordaram?)*
> *e se embrenhavam, se embrenhavam no desenho.*

O que Bishop deixa claro, tanto nos poemas de amor como nas cartas escritas nos anos 1950, é que sua paixão pelo Brasil é sempre mediada pela paixão por Lota. Ou seja, é só na medida em que lhe é possível identificar a terra com a mulher amada que Bishop pode amar o Brasil. A sexualização da paisagem, a identificação da rocha onde se destacam os "liquens/ e a felpa das cascatas" com o corpo da amante, é o momento único em que a poeta se integra com a terra. Com relação ao mundo maior que cerca Samambaia — Petrópolis, o Rio de Janeiro, o Brasil —, desde o início Bishop manifesta o distanciamento crítico que a passagem dos anos só fará confirmar, nos ambientes mais turbulentos do Rio e de Ouro Preto dos anos 1960 e 70. Já nas primeiras cartas escritas aqui a poeta revela o desânimo que lhe inspiram a pobreza do ambiente cultural brasileiro, o provincianismo dos intelectuais locais e a falta de perspectivas do país — uma visão do Brasil que certamente não a estimulava a empreender uma imersão mais profunda na literatura brasileira.

Dito isso, é preciso deixar claro que Bishop não era de todo indiferente aos nossos autores; há na sua correspondência várias referências elogiosas a escritores brasileiros. Em relação à poesia de Manuel Bandeira, sempre fez restrições — numa carta comenta que ele é "muito acomodado"[13] —, embora mantivesse boas relações pessoais com ele, trocando presentes e versos de circunstância.[14] Mais de uma vez a poeta afirmou sua predileção por Drummond, de quem traduziu vários poemas: "Gosto de Drummond [...] mais que de Bandeira, eu acho";[15] e, citando a famosa passagem "Mundo mundo vasto mundo", comentou certa vez: "Isto é de um poema que eu gosto do meu poeta brasileiro favorito, creio eu — Carlos Drummond de Andrade".[16] Em carta ao próprio Drummond, escreveu: "Às vezes recito esta estrofe para mim mesma, quando estou triste".[17] (Helen Vendler aventa a possibilidade de que os trímetros de "In the waiting room",

BISHOP NO BRASIL   37

peça incluída no último livro de Bishop, tenham sido inspirados pelo ritmo dos poemas de Drummond que ela traduziu nessa época, sobre os quais terei mais a dizer adiante.)[18] Também manifesta admiração por Cabral — "Ele é o único de quem eu realmente gosto muito".[19] Traduz trechos de *Morte e vida severina* para uma revista de poesia norte-americana, e, como observa Regina Przybycien, um ano depois publica "The burglar of Babylon", um poema em forma de balada popular que sem dúvida revela o impacto da obra de Cabral sobre ela.[20]

Além disso, Bishop leu e apreciou alguns prosadores brasileiros. Em 1953, afirmava que *Memórias póstumas de Brás Cubas* era "muito superestimado" (embora deixasse claro que o lera em inglês e que "a tradução era horrível"),[21] mas sua opinião mudou bastante com o tempo. Em 1962, escreveu: "Recomendo qualquer livro de Machado de Assis que vocês encontrarem — ele é *o* clássico" —, na mesma carta em que elogiava *Os sertões* ("um livro realmente maravilhoso") e Clarice Lispector ("Os dois ou três romances dela não me parecem tão bons, mas os contos dela são quase como as histórias que eu sempre achei que alguém devia escrever sobre o Brasil — tchekhovianas, ligeiramente sinistras e fantásticas [...] Na verdade, eu a acho melhor que J. L. Borges.").[22] Bishop chegou a traduzir para o inglês alguns contos de Clarice, que foram publicados numa revista norte-americana. A respeito de Graciliano Ramos, observou que *Infância* "é um livro maravilhoso".[23] Mas o único livro brasileiro que parece ter entrado para a lista das obras realmente amadas por Elizabeth foi *Minha vida de menina*, de Helena Morley, que ela traduziu para o inglês. E a paixão que esse livro despertou na poeta não foi puramente literária: parece ter sido fruto de uma espécie de identificação pessoal, como se a vida protegida de Helena, cercada de afeto familiar, parentes próximos e distantes, representasse para Bishop uma espécie de ideal de infância.[24]

O fato, porém, permanece: em terra brasileira Bishop jamais deixou de sentir-se uma exilada. E a consciência de que o Brasil não é o seu lugar vem acompanhada de um profundo desânimo com relação às perspectivas do país. Já em 1954 observa numa carta que, "como país, acho que o Brasil *não tem saída* — não é trágico como o México, não, mas apenas letárgico, egoísta, meio autocomplacente, meio maluco". Seu olhar estetizante observa "como tudo é muito malfeito, sem acabamento [...]. O mesmo se aplica às pessoas: [...] o nível geral de beleza é muito baixo".[25] Além disso, ela sente falta da "limpeza reluzente" dos Estados Unidos — pois no Rio "todas as multidões, ônibus, bondes, lojas, *cozinhas* são tão sujos, escuros, sebosos!". Como centro cultural, o Rio de Janeiro é lamentável:

"Os prazeres intelectuais são poucos e pouco sérios, de modo geral".[26] O lado supersticioso e fetichista do catolicismo ofende-lhe tanto os instintos calvinistas quanto a sensibilidade racionalista: sente "calafrios protestantes" quando encontra um ágnus-dei numa camisola emprestada por "uma mulher que eu sempre considerara *inteligente*, embora católica".[27]

Tais opiniões, é claro, Bishop não se permitia expor em seus escritos públicos, não apenas para não melindrar os sentimentos de Lota e de seu círculo como também porque sentia que isso seria uma falta de gratidão para com o país que a acolhera de braços abertos. Assim mesmo, sua visão do Brasil transparece nos poemas. Em "Questions of travel", o distanciamento e o escrúpulo ético que ele implica são assumidos de modo explícito: "Será direito ver estranhos encenando uma peça/ neste teatro tão estranho?". E é sem dúvida distanciado o olhar arguto que contempla os tipos populares de Samambaia, o mundo de criados e posseiros que gira em torno de Lota.

"Manuelzinho" e "Squatter's children" referem-se à família de posseiros que vivia no sítio de Lota. Não eram propriamente empregados da proprietária, mas como viviam de favor em sua terra prestavam-lhe pequenos serviços. As crianças de "Squatter's children", que de seu só possuem "palácios de chuva grossa", são os filhos de Manuelzinho. O poema as observa de modo distanciado — em mais de um sentido do termo, pois elas aparecem como "dois pontos" na encosta da montanha. A voz que se dirige a elas na última estrofe é irônica, mas não sarcástica; e uma voz que conhece — na própria carne — o que representa para uma criança não ter uma casa. Já em "Manuelzinho" o tom é bem diferente. Aqui, valendo-se do recurso de identificar a narradora como "uma amiga" — ou seja, Lota[28] —, Bishop pela primeira vez extravasa de modo claro num poema os sentimentos contraditórios que lhe inspira o "atraso" brasileiro. Trata-se de uma mistura de apreço, afeto, condescendência e irritação. Sem dúvida, o componente mais intenso é a irritação. Manuelzinho é o protótipo do "primitivo". Tudo o que ele faz, faz errado; se sobrevive, é graças a sua patroa e protetora, que alternadamente lhe dá dinheiro e lhe passa descomposturas, que ao mesmo tempo o despreza e sente-se culpada por desprezar um homem tão inofensivo:

> *Seu tonto, seu incapaz,*
> *gosto de você demais,*
> *eu acho. Mas isso é gostar?*

O apreço fica por conta de certas características que Bishop atribui ao brasileiro e à visão brasileira do mundo. Para Bishop, o Brasil "é um país onde a gente se sente de algum modo mais perto da verdadeira vida, a de antigamente".[29] Quando, em 1966, pela primeira vez afasta-se do Brasil e de Lota por um período mais prolongado, para lecionar em Seattle, comenta a respeito de seus alunos americanos: "Eles são inteligentes, quase todos eles, mas não parecem se *divertir* muito — têm muito pouca *joie de vivre*, quando penso o quanto os jovens brasileiros se divertem com um violão, ou uma festa, ou apenas um *cafezinho* [em português no original] e uma conversa".[30] Doze anos antes, já havia afirmado que "de modo geral a visão latina da VIDA é muito mais séria — tem menos distanciamento, creio eu".[31] Assim, o distanciamento que a própria Bishop cultiva com relação ao mundo que a cerca é visto por ela como sinal de falta de seriedade, já que impede uma entrega completa às coisas fundamentais da existência. Na ótica da poeta, ainda vigoraria no Brasil uma atitude que valoriza essas coisas: as pessoas seriam "mais realistas com relação a vida, morte, matrimônio, os sexos etc. [...] E realmente aqui as pessoas amam as crianças mais do que em qualquer outro lugar — com a possível exceção da Itália". Conclui Bishop: "Com todos os horrores e estupidezes daqui — uma parte do Mundo Perdido ainda não se perdeu aqui".[32]

Nessa visão "mais séria" da vida Bishop parece incluir também uma franqueza maior com relação ao corpóreo, tão diferente do puritanismo acanhado de sua terra de origem:

> Nossa fossa sanitária está sendo instalada — para o novo superbanheiro, meu e da Lota. A L. acha que um ângulo de quinze graus nos canos não é suficiente, e gritava a plenos pulmões [com o mestre de obras]: "José, você sabe muito bem que isso basta para xixi, mas para xixi *junto com cocô* [em português no original] [...]" etc. É assim mesmo que falam os portugueses e brasileiros, e estou me acostumando perfeitamente. Acho que essa franqueza toda faz com que aqui seja muito mais fácil a gente se relacionar com as pessoas do que, por exemplo, na Nova Inglaterra — ou será que sou eu que estou ficando mais velha e mais tolerante?[33]

Do mesmo modo, após assistir a uma apresentação do Circo Garcia, comenta que "os palhaços eram muito bons também — um humor igualzinho ao de Aristófanes, que jamais seria tolerado no nosso continente".[34]

Essa relação mais realista com as coisas básicas da existência seria uma das fontes da vitalidade da cultura popular brasileira, pela qual em várias ocasiões Bishop manifesta admiração. Assim, ela afirma: "Acho que o samba é a última poesia popular que ainda se faz no mundo", e qualifica a literatura de cordel de "poesia popular legítima também".[35] Acima de tudo, Bishop ama o Carnaval; chega a verter para o inglês algumas letras de marchinhas carnavalescas. Suas cartas estão cheias de descrições dos desfiles das escolas de samba cariocas, como esta, de 1958:

As melhores [escolas] são mesmo magníficas — centenas de negros cobertos de sedas e cetins — perucas brancas e trajes à Luís xv são muito comuns, ou então do período colonial brasileiro — com baterias maravilhosas. Agora também é comum usar luzes elétricas nas fantasias, e botões luminosos na frente. Mas não conseguimos esperar as escolas vencedoras. A única das boas que vimos tinha como enredo a Marinha brasileira, e todos dançavam com réplicas de uniformes em cetim azul e branco, muitos chapéus de três bicos, espadas de prata, medalhas etc. Um grupo de mulheres desfilaram com *cruzadores* prateados de bom tamanho na cabeça, com lampadazinhas nos mastros, é claro.[36]

Anos depois, em 1966, em Seattle, Bishop escreveria, numa carta bem mais triste:

Ah, meu Deus, é Carnaval no Rio. Domingo foi a noite das "escolas de samba", a noite em que eu sempre vou assistir, que eu passo toda em claro e depois subo de carro para Petrópolis ao amanhecer. Aqui em Seattle toquei uns *discos* [em português] de samba que trouxe comigo e fiquei sambando sozinha.[37]

A admiração de Bishop pelo Brasil, porém, vem sempre associada a uma ideia de primitivismo; o que há de bom no país, esse apego a certas realidades fundamentais da existência, só existe porque o brasileiro é um primitivo, com tudo de negativo que o termo implica. O afeto brasileiro, que se manifesta com tanta facilidade mesmo entre estranhos, decorre da "sensação ingênua de *intimidade* que as pessoas em geral parecem ter. [...] As pessoas têm certeza de que todos estamos interessados nas mesmas coisas, e *nelas* também".[38] Bishop surpreende-se com a reação dos brasileiros à vitória na Copa do Mundo de 1958; claramente ainda mal refeita do choque coletivo ao orgulho nacional norte-americano ocasionado pelo triunfo dos soviéticos na conquista do espaço, escreve: "É muito mais importante para eles do que seria um *Sputnik*". E conclui: "Todo mundo acha que isto significa que virão 'dias melhores para o Brasil', Deus sabe por quê, ou de que modo — e este é um bom exemplo do jeito de ser deste povo tolo porém simpático".[39]

Mas as mesmas características primitivas que, manifestando-se na gente simples, são até simpáticas tornam-se defeitos insuportáveis quando ostentadas pelas classes dominantes. Isso fica bem claro quando examinamos os sentimentos de Bishop com relação a Alice Brant, a autora-protagonista de *Minha vida de menina* (que adotara o pseudônimo de Helena Morley). Dos textos publicados por Bishop em vida que tematizam o Brasil — se excetuarmos *Brazil*, livro escrito em parceria com os editores da revista *Life* e renegado pela autora —, o mais longo é a introdução a sua tradução dessa obra clássica da memorialística brasileira. Para redigi-la, Elizabeth viajou a Diamantina, onde Alice Brant viveu até a adolescência. No texto, Bishop descreve minuciosamente a cidade que conheceu nos anos 1950, ressaltando o que havia mudado e o que permanecia igual desde o final do século XIX, época em que foi composto o diário: a paisagem agreste, as igrejas, as casas, os costumes das pessoas. Esboça um retrato psicológico da jovem Helena; apresenta ao leitor sua dieta, seu cotidiano. Observa que "Helena vive num mundo de muita pobreza e isolamento",[40] e embora reconheça que a menina não é propriamente um modelo de virtudes — é gulosa, é por vezes insolente e não tem muitos escrúpulos quanto a roubar frutas e "colar" em sala de aula —, deixa bem claro sua simpatia por ela.

É interessante contrastar a atitude tolerante e compreensiva que Bishop adota em relação à jovem autora do diário com a franca antipatia que, como revela sua correspondência, lhe inspira a figura em carne e osso da sra. Alice Brant, agora uma matriarca idosa e muito rica: "Os Brant não fazem a menor ideia do motivo pelo qual o livro é tão bom — é como lidar com pintores primitivos. O único ângulo da coisa que os interessa é o \$\$\$\$\$".[41] E, mais contundente ainda:

Ontem a Lota ligou para dizer [a Alice Brant] que eu havia recebido o meu exemplar [da tradução de *Minha vida de menina*] — e depois de gritar para fazê-la entender que o livro tinha saído, a única coisa que a "Helena" disse foi: "Está dando algum resultado?". Ou seja, dinheiro. (E ela é bilionária.) Se algum dia eu voltar a traduzir, vou escolher alguém que esteja bem morto.[42]

Mesmo com a gente simples, porém, a paciência de Bishop tem limites:

Acabo de ter uma conversa difícil sobre a piscina com o Julinho, nosso jardineiro [...], tentando fazer com que ele a limpasse direito. (Da primeira vez ele limpou direitinho, mas desta vez não fez absolutamente nada, e este é um dos maiores problemas — *ninguém* nunca aprende *nada*, e a ideia de "hábito" é simplesmente inconcebível.) Mostrei-lhe um dos lindos caranguejos cor de vinho e amarelos que moram no fundo; ele pegou a pá e *plaft!*, era uma vez um caranguejo. Tenho que admitir que há momentos em que as pessoas muito primitivas cansam.[43]

Segundo Fountain e Brazeau, Lota tentou criar "uma espécie de *coterie* artística para Bishop no Brasil", mas não conseguiu. Bishop sempre tinha a impressão de que as pessoas do meio literário "a quem Lota a apresentou em seu primeiro ano no Brasil não tinham muito interesse por ela, ou adotavam uma visão crítica dos Estados Unidos, ou até tinham ciúmes dela".[44] Mesmo assim, através de sua companheira Bishop trava conhecimento com um setor da elite carioca — políticos e intelectuais (muitos deles conservadores), artistas, *socialites* que Lota conhece desde os tempos do colégio de freiras. A poeta tem consciência de que seu conhecimento da sociedade brasileira é parcial; afirma numa carta: "Só frequento círculos muito antivarguistas". Porém no mesmo parágrafo parece esquecer-se desse fato, quando comenta que "é muito estranho viver num país onde a classe dominante e a classe intelectual são tão pequenas e todo mundo se conhece e normalmente um é parente do outro".[45] E sua visão dessa classe é a pior possível. Para ela, os políticos brasileiros são desprovidos de "*ímpeto moral* [...]. Os poucos homens honestos e inteligentes de quem a gente ouve falar [...] foram, ao que parece, como cometas".[46] O político brasileiro que Bishop chega a conhecer melhor é Carlos Lacerda, grande amigo de Lota; e, embora reconheça seus méritos, desde seu primeiro contato com ele Bishop lhe faz sérias restrições. Já em 1954 comenta que Lacerda é "honesto, sim, mas ele tem um ego grande demais e provavelmente vai acabar como um político cínico dentro de dez anos".[47]

Com relação aos escritores que conhece pessoalmente, Bishop é igualmente cáustica. Ao ver uma foto em que Manuel Bandeira aparece escrevendo numa rede, ela observa: "Acho que é este o espírito literário brasileiro".[48] De outra feita, comenta que "de modo geral os livros brasileiros são brochuras muito mal impressas em papel de péssima qualidade, com reproduções execráveis [...] são pequenos e escritos sem grande cuidado".[49] Os poetas são "ruins [...] em sua maioria".[50] Por causa da influência francesa, os brasileiros "não conhecem nossos críticos em absoluto" e "limitam-se a repetir as ideias de um punhado de franceses católicos antiamericanos, que também não sabem muita coisa sobre os Estados Unidos e os escritores americanos";[51] os "intelectuais brasileiros [...] pararam em Valéry".[52]

Para entender a visão que Bishop tem do Brasil, é necessário levar em conta o fato, ressaltado por Luiz Costa Lima, de que, embora fosse uma artista refinada, Bishop não era propriamente uma intelectual.[53] Quando se via entre pessoas ligadas ao mundo acadêmico, sentia-se pouco à vontade, intimidada mesmo. Um *scholar* seu amigo, Joseph Summers, convidou todos os seus colegas para uma festa em homenagem a Bishop quando ela estava viajando pelos Estados Unidos com Lota, em 1957. Segundo Summers, havia em sua casa muitos livros "intelectualmente pretensiosos, do tipo que você se sente na obrigação de ler, e que dão o maior trabalho para ler até o fim. Elizabeth pegava um, depois o outro, olhava a capa e dizia: 'Ah, eu não sou capaz de ler isso'".[54] Nos quase vinte anos de seu período brasileiro, Bishop não desenvolveu nenhum projeto de apreender a realidade brasileira em sua complexidade — o que é compreensível, pois sua visão era sempre atraída pelo local, pelo detalhe; as totalidades e abstrações nunca a interessavam. Como observa Regina Przybycien, Bishop era "criteriosa e objetiva quando descrevia o detalhe particular", porém "não conseguia a mesma clareza na visão do conjunto. Sua síntese da cultura, da política, da arte brasileiras é, na maioria das vezes, preconceituosa ou, quando muito, condescendente".[55]

O que realmente a fascinava no Brasil era a natureza; os costumes da gente simples despertavam nela uma curiosidade distanciada; e a *high culture* brasileira pouco a interessava, com exceção de um número muito reduzido de escritores. Ao contrário de Lota, que manifestava indiferença pela natureza e horror por tudo o que é primitivo, Bishop estava sempre atenta para animais e plantas; e se os criados atraíam mais sua atenção do que os literatos é porque aqueles podiam mais facilmente do que estes ser assimilados ao mundo natural.[56] É sintomático que o livro brasileiro que mais a entusiasmou seja não um romance ou um livro de poesia, e sim o diário de uma adolescente do interior. Uma compreensão mais aprofundada da literatura brasileira teria exigido de Bishop um mergulho na cultura brasileira que ela jamais esteve disposta a empreender. Disso, aliás, a poeta tinha perfeita consciência; quando, anos depois, viu-se obrigada a redigir uma introdução a uma antologia de poesia brasileira, comentou, numa carta ao poeta Robert Lowell, um de seus melhores amigos: "É terrível pensar que provavelmente vou ser considerada uma espécie de autoridade sobre o Brasil pelo resto da vida".[57] Ela sabia que estava muito longe de ser tal coisa.

Desde cedo, o interesse pela natureza brasileira inspirou em Bishop o desejo de visitar a Amazônia. Antes mesmo de ir lá, com base na leitura de um livro do antropólogo norte-americano Charles Wagley, já escrevera um poema baseado na lenda do boto, "The riverman" — o qual na verdade tem mais a ver com o tema do ser dividido em dois, já presente em vários poemas da fase pré-brasileira de Bishop (como "The man-moth" e "The gentleman of Shallot"), do que com sua vivência do Brasil. A Amazônia de "The riverman" é um mundo mágico, invertido (como o do homem-mariposa e o de "Sleeping on the ceiling", outro poema antigo de Bishop), mas não a recriação poética de um lugar real visitado pela autora. "The riverman" é uma obra bem realizada, porém falta-lhe aquela base na observação acurada que é a marca registrada da poesia de Bishop: quando o escreveu, ela ainda não conhecia o rio Amazonas. Já havia feito uma viagem a Mato Grosso, após uma ida a Brasília — ainda em construção — em 1958, em companhia de Aldous Huxley. (Nessa viagem Elizabeth travou contato com um grupo de índios, "e um deles, um viúvo, convidou-me para ficar e me casar com ele".[58]) Só foi ao Amazonas numa outra ocasião, em 1960 — naturalmente, sem a companhia de Lota. Essa viagem teve enorme impacto sobre Bishop; segundo Regina Przybycien, a região se revestiu, para ela, da natureza de um sonho"[59] — um sonho de que ela jamais se esqueceria. Suas impressões das pessoas, lugares e coisas da Amazônia estão registradas principalmente num texto em prosa, "Viagem a Vigia", num poema tardio ("Santarém") que será examinado mais adiante, e acima de tudo nos muitos relatos e descrições que aparecem em sua correspondência. Assim, numa longa carta a Lowell, Bishop descreve uma cena que a impressiona: no meio da noite, no rio, um moribundo sendo embarcado num navio que o levará a um hospital em Belém. Escreve Bishop, numa curta passagem que evidencia ao mesmo tempo o olho atento da pintora (Bishop pintava aquarelas assumidamente *naïves*), o interesse humano da cronista e o amor às palavras da poeta:

Foi muito difícil levantá-lo até a altura do navio — envolto num lençol, creio eu, um velho de touca. A luz da lanterna iluminava seu rosto e a água vermelha, barrenta — uma cena inacreditável. Eram pessoas muito silenciosas, e bonitas — mistura de português com índio, *"caboclos"* e *"mamelucos"* [em português] — preciso descobrir a origem desta palavra.[60]

Em "Viagem a Vigia", um relato na primeira pessoa, a narradora descreve uma ida de carro de Belém a Vigia para conhecer a igreja barroca de lá, a convite de um poeta local, Ruy Barata. Como sempre, o olho de Bishop está atento para a paisagem natural e humana, magníficos zebus e castanheiras-do-pará, casas e lojas miseráveis à beira-estrada. Mas a figura que domina a narrativa é a do poeta paraense. Tal como a região, em que a beleza e a exuberância da natureza contrastam com a feiura e a miséria dos habitantes, nele convivem atributos contraditórios: logo na primeira frase ele é caracterizado como "tímido, tão sujo, tão pobre, tão educado".[61] Ele lê T. S. Eliot no original, mas seu carro está em péssimo estado, e pifa mais de uma vez no decorrer da viagem. A narradora sente-se obrigada a aceitar o convite de ir no automóvel do poeta porque "não tinha como exibir meus dólares e alugar um carro melhor".[62]

O conflito entre a pobreza e as boas maneiras chega ao clímax na hora do almoço, em que a narradora e sua amiga tentam oferecer comida ao poeta e seu filho pequeno:

Já era uma hora, e estávamos mortas de fome. O hotel nos fornecera um almoço — uma galinha assada grande, pães frescos, manteiga, laranjas, uma boa fatia de um queijo branco desejável. Mas ninguém quis aceitar nada. Eles nunca almoçavam — que ideia! Fiz um sanduíche de galinha e ofereci-o a José Augusto. Ele ficou chocado, assustado, e chegou-se mais para perto do joelho do pai. Por fim M. e eu, constrangidíssimas, comemos um pouco.[63]

Os sentimentos contraditórios que o Brasil despertava em Bishop talvez pudessem ter sido contornados indefinidamente se ela tivesse permanecido o resto de sua vida em Samambaia com Lota. Mas o tumultuado momento histórico brasileiro que teve início junto com a década de 1960 pôs fim ao esplêndido isolamento da poeta no sítio de Petrópolis, obrigando-a a encarar de frente um mundo a que ela jamais desejou pertencer. E, assim, o estranhamento que o

Brasil sempre lhe inspirou foi se intensificando cada vez mais, até se transformar em repulsa.

Em 1961, Lota é convidada por Lacerda, recém-eleito governador da Guanabara, para coordenar a construção de um enorme parque no Aterro do Flamengo. Ela aceita o desafio, que a obriga a passar mais tempo no Rio do que em Petrópolis. Até então o casal descia à cidade apenas de vez em quando; a partir de agora, porém, o apartamento da avenida Atlântica passa a ser a verdadeira residência, e a paradisíaca casa de Samambaia torna-se um lugar de refúgio para os fins de semana: "Ficamos no Rio de segunda a sexta todas as semanas agora".[64] A ojeriza pelo "Rio, esta pobre cidade suja e moribunda",[65] aumenta ainda mais. A beleza da paisagem carioca sempre a impressiona; no mais, porém, tudo na cidade a irrita: o provincianismo dos habitantes, a parca vida cultural, a sujeira, o calor, a pobreza. O convívio de perto com as formas extremas de miséria e degradação humana que o cotidiano de Copacabana lhe impõe ressalta-lhe a atitude de distanciamento, e os três poemas inspirados pelo torvelinho urbano do Rio de Janeiro — "The burglar of Babylon", "Going to the bakery" e "Pink dog" (este só concluído pouco antes da morte da autora) — são muito diferentes dos idílios ternamente eróticos associados à paisagem de Samambaia.

Sentimentos contraditórios de atração e repulsa, envolvimento e distanciamento, estão particularmente nítidos no mais antigo desses poemas, "The burglar of Babylon". Essa balada esplêndida foi inspirada por um episódio real, ocorrido em abril de 1963, quando Bishop viu, da cobertura do Leme, a polícia militar perseguindo um ladrão na favela do morro da Babilônia. A ambiguidade já começa na relação entre a voz lírica e a história sendo contada: de início temos um narrador na terceira pessoa, impessoal e distante; com o desenrolar do poema, porém, o foco narrativo vai passando para Micuçu, o ladrão, e com ele permanece até o momento de sua morte. Também não há um posicionamento moral único no texto. As estrofes iniciais, repetidas no final à maneira de uma balada tradicional, parecem emoldurar a narrativa no ponto de vista do senso comum esclarecido — o crime é produto da miséria, e esta, por sua vez, é causada pelo êxodo rural:

> *Nos morros verdes do Rio*
> *Há uma mancha a se espalhar:*
> *São os pobres que vêm pro Rio*
> *E não têm como voltar.*

Perto do fim do poema, porém, a fala da tia de Micuçu, que o criou, lança dúvidas sobre as explicações sociológicas da opção pelo crime:

"Eu e a irmã dava dinheiro,
    Nunca faltou nada, não.
Por que foi que esse menino
    Cismou de virar ladrão? [...]"

Além disso, o tom emocional oscila ao longo do texto: o prólogo é neutro, desapaixonado; a fuga de Micuçu e o cerco policial constituem uma comédia de erros em que o ladrão e seus perseguidores se irmanam na mesma incompetência colossal; e tanto a frieza da crítica social como a comicidade da cena da perseguição são substituídas pelo toque dramático da fala da tia, seguida de imediato pelo comentário brutalmente desdenhoso dos frequentadores da birosca: "Ele era um ladrão de merda./ Foi pego mais de seis vezes". No final do poema, não sabemos mais o que pensar e o que sentir com relação à história contada. Tudo é confuso e ambíguo; a única coisa clara é que outros criminosos surgirão e a tragicomédia se repetirá, sem nenhuma solução à vista.

É também a fauna humana das ruas do Leme que inspira "Going to the bakery". Aqui as tragédias são menores, mais corriqueiras — o racionamento de luz, a menina prostituída, o mendigo bêbado, o ar de doença que se reflete até na aparência dos produtos à venda na padaria —, mas o tom é ainda mais pesado, e o humor mais amargo, do que em "The burglar of Babylon". O poema exprime uma clara rejeição do ambiente carioca:

Os bolos, de olhar esgazeado,
parecem que vão desmaiar.
As tortas, gosmentas, vermelhas,
doem. O que devo comprar?

A atmosfera de pesadelo é ressaltada pelos símiles e metáforas — os carros estacionados são como balões "murchos e moribundos", as bisnagas são "pacientes de febre amarela". A distância entre natureza e realidade urbana não poderia ser maior: a mesma lua que, em "The shampoo", selara uma ligação amorosa com o mundo "natural" de Samambaia através das pedras ornadas de liquens agora contempla de longe o asfalto da avenida Copacabana, e "as coisas mais cotidianas" que ela vê "são novas pra ela".

Em pouco tempo, começam a surgir motivos de preocupação bem mais sérios do que a mudança de Petrópolis para o Rio. Lota trabalha demais, envolve-se demais com o trabalho — e, inevitavelmente, com a política. No clima nervoso que antecede o golpe militar de 1964, Lacerda é um dos principais articuladores civis do movimento e usa a casa de Lota em Samambaia para reunir-se com outros conspiradores. Quando os militares tomam o poder, Bishop comemora. No início, a poeta faz umas poucas ressalvas ao golpe — reconhece, por exemplo, que ele "deu oportunidade a alguns velhos reacionários realmente podres de retomar o poder".[66] Mas quando a imprensa liberal norte-americana passa a criticar a ditadura brasileira, Elizabeth reage com veemência: "Estou uma FERA por conta do que os jornais americanos teriam noticiado", escreve ela a Lowell.[67] Chega a referir-se à democracia como "um princípio muito geral"[68] e a dizer que, embora "idealmente falando" seja "errado cassar os direitos civis", "o que se pode fazer num país fraco e pobre, onde não tem nem polícia direito!".[69] Toma liberdades com os fatos históricos: "Como você sabe, durante toda a história do Brasil os militares nunca tentaram tomar o poder". Insiste nas boas intenções dos golpistas: "Quinhentos dos três mil prisioneiros [...] já tinham sido soltos, e supostamente só vão ficar presos os organizadores, não os estudantes e trabalhadores... Até onde sei, isto é verdade". E acrescenta: "A suspensão dos direitos, a expulsão de muitos parlamentares etc. foram necessárias, por mais sinistro que isto pareça".[70] Mas os "supostamente" e "até onde eu sei" deixam entrever que Bishop imagina que a situação talvez seja bem mais "sinistra" do que ela afirma com tanta firmeza. Na mesma carta, escapa-lhe um desabafo que parece trair a insinceridade de suas afirmativas categóricas: "Vai ser um alívio sair daqui. Esta constante pressão de sentimentos violentamente contraditórios não é adequada ao 'temperamento artístico'".[71] Talvez os sentimentos contraditórios em questão incluam, além dos que o Brasil sempre despertou em Bishop, uma nova dicotomia: de um lado, a lealdade incondicional a Lota e seus amigos; de outro, os instintos liberais de uma norte-americana que sempre votara (como, aliás, continuaria votando) no Partido Democrata — mesmo se levarmos em conta que a convivência com Lota tivera o efeito de tornar Elizabeth mais conservadora do que era antes.[72]

O que mais desgastou a relação entre Elizabeth e Lota, entretanto, foi mesmo o trabalho desta no Parque do Flamengo. De início, Bishop consegue entusiasmar-se com a nova ocupação da companheira. Nas cartas, não se cansa de elogiar a competência de Lota, que

> passa a semana inteira falando pelo telefone com generais de brigada, o chefe do Departamento de Transportes, o do Departamento de Parques e Jardins etc. À noite ela fica em reunião com eles até uma ou duas da manhã; e no dia seguinte o telefone começa a tocar às sete da manhã. Mas ela está se saindo muito bem — não estou exagerando; todo mundo está muito impressionado com a capacidade dela.[73]

Porém o envolvimento crescente de Lota com as obras do Aterro implica não apenas excesso de trabalho — "A Lota trabalha cerca de dezoito horas por dia, e não sei como ela aguenta"[74] — como também conflitos. Lota briga com todos: com Burle Marx, responsável pelo projeto paisagístico do novo parque ("Ela vem sendo atacada de uma maneira terrível, indecente, pelo Burle Marx");[75] com seu amigo Lacerda ("Lota está meio que 'em greve' [...]. Está brigada com o Carlos");[76] e, cada vez mais, com a própria Elizabeth. Em consequência disso, o velho problema de Bishop com o álcool volta a se aguçar. Para tentar diminuir os atritos, a poeta começa a ausentar-se do Rio, viajando sozinha para os Estados Unidos e para Ouro Preto. A partir de agora, os caminhos de Elizabeth e Lota começam a separar-se.

Ouro Preto, que virá a tornar-se o último vínculo de Bishop com o Brasil, é uma antiga paixão sua. Ela já havia visitado a cidade uma vez com Lota, em 1953, e ao voltar a Ouro Preto em 1965 escreveu a um amigo: "Vim passar uns dias aqui e acabei comprando uma casa. [...] Eu e Lota sempre tivemos vontade de comprar uma casa velha no litoral para restaurar".[77] De fato, em 1960 Bishop estivera com Lota em Parati,

> um pequeno porto que praticamente não mudou nada nos últimos duzentos anos, mais ou menos. [...] Lá dá para comprar uma casa *imensa*, totalmente século XVIII — três andares, vigas de mais de meio metro de espessura etc. — por cerca de dois mil dólares — com um jardim enorme com palmeiras e tudo. Eu tinha vontade de comprar a cidade inteira, só para preservá-la.[78]

Mas é em Ouro Preto, longe da costa, que Bishop realiza seu sonho. O casarão é batizado de Casa Mariana, por ficar na estrada que leva a Mariana e para homenagear a poeta Marianne Moore, amiga de Bishop e sua primeira mentora literária. A velha cidade mineira inspira-lhe um belo poema — "Under the window: Ouro Prêto". Nele, como em "Manuelzinho" e "Squatter's children", a poeta se debruça sobre as vidas obscuras de pessoas pobres; só que aqui sua observação não é mediada pela voz cáustica de Lota, e o tom é menos crítico, mais tolerante. O mesmo efeito iridescente de óleo boiando em água que inspirou a conclusão de seu famoso poema "The fish", tantos anos antes, reaparece aqui, também nos versos finais:

Nas águas paradas
da valeta um pouco de óleo se espalhou,

e brilha, ou pisca, em lampejos partidos, como
cacos de espelho — não, é mais azul que isso:
como os farrapos de uma borboleta Morpho.

"Under the window" é dedicado a Lilli Correia de Araújo, dona de uma pousada e a melhor amiga de Elizabeth na cidade.

Nos primeiros tempos após a compra da casa, Bishop viaja constantemente, dividindo-se entre Ouro Preto, o Rio e Seattle, onde aceita um convite para dar aulas no final de 1965. Em Seattle tem um caso com uma jovem recém-separada, mãe de um menino ainda pequeno; é o primeiro sinal concreto de que ela já não tem muitas ilusões quanto ao futuro de sua relação com Lota. Em desabafos epistolares, diz que a companheira é mandona, intratável: "É muito difícil viver com uma pessoa com quem você não consegue falar".[79] Quando volta ao Brasil, as coisas pioram ainda mais; Lota ataca-a — Elizabeth conta aos amigos — dizendo que ela passou "seis meses bebendo, nos Estados Unidos, e que eu fujo dela só para poder beber — quando a verdade é quase o contrário. Eu fico bem melhor quando não estou com ela, e é quase só nesses momentos que consigo relaxar".[80] E confessa, a respeito do trabalho em Seattle: "Eu jamais teria aceito este emprego se não sentisse que TINHA que ir embora".[81]

No final de 1966, Lota tem "o que se chamava antigamente de 'colapso nervoso'"[82] e começa a ser tratada por um analista; quando já está convalescendo, Bishop viaja com ela, primeiro a Ouro Preto, depois à Europa. Mas sua amiga sofre uma recaída, e a volta ao Brasil é antecipada. Lota é internada num hospital e submetida a choques de insulina. É diagnosticada como vítima de arteriosclerose. Segundo o analista, Elizabeth não deve "vê-la nem entrar em contato com ela por ao menos seis meses" — ou, segundo o psiquiatra do hospital, "um homem muito antipático [...], *dois* anos, na melhor das hipóteses".[83] O alcoolismo de Bishop piora a tal ponto que ela própria se interna numa clínica de repouso. Tentam tratá-la com sonoterapia, e seu outro problema sério de saúde, a asma, retorna com força total. Sua vida está em frangalhos: "Não tenho mais casa — só tenho duas malas e uma caixa de papéis velhos, nenhum deles importante".[84] E ela pensa cada vez mais em voltar para os Estados Unidos, ao menos por uns tempos.

Porém muito aos poucos Lota se recupera; Bishop também se sente revigorada após uma temporada na clínica. Conforme vem planejando há algum tempo, empreende (sem Lota, é claro) uma viagem de vapor pelo rio São Francisco. Em suas cartas, Bishop manifesta seu costumeiro interesse pelo mundo natural: "Em matéria de aves, o Amazonas é mil vezes melhor — mas assim mesmo [o São Francisco] tem muitas garças brancas, uma ou outra de um cinza azulado, falcões e pequenas andorinhas, pretas e brancas [...]. E também uma espécie de cormorão".[85] Mal chega ao Rio e já programa uma outra viagem, dessa vez aos Estados Unidos. Agora Bishop se sente claramente dividida; embora ainda esteja muito apegada a Lota, antes de partir faz um testamento secreto em que deixa quinze mil dólares para sua médica, amiga e confidente de Nova York, Anny Baumann, pedindo-lhe que, caso aconteça alguma coisa com ela, entregue a quantia à moça de Seattle. Mas adverte: "A Lota NÃO PODE ficar sabendo disso jamais. Ela ficaria terrivelmente abalada".[86]

Em julho de 1967, Elizabeth Bishop viaja a Nova York. Em setembro, Lota lhe manda um telegrama dizendo que está indo visitá-la. Bishop recebe-a; acha-a "muito deprimida e doente".[87] Vão dormir, e durante a noite Lota ingere uma quantidade excessiva de sedativos. É levada para o hospital, onde ainda sobrevive em estado de coma por uma semana. Durante esses dias de aflição, Bishop, com esperanças de que a amiga consiga resistir, não avisa a família da tentativa de suicídio. É só quando Lota morre, no dia 25 de setembro, que Elizabeth manda um telegrama para o Brasil

A morte de Lota é um golpe duríssimo para Elizabeth. Ela insiste que, na última noite, "não houve nenhuma espécie de briga nem discussão", e faz um apelo: "Estou me apegando desesperadamente aos meus amigos".[88] Aconselhada a não ir ao enterro, espera algumas semanas antes de viajar ao Rio, semanas em que sofre uma violenta crise de asma e volta a beber demais; uma noite fica tão bêbada que leva um tombo e quebra um braço. Ainda de tipoia, vem ao Brasil. E nesse momento conhece o outro lado da "cordialidade" brasileira, a "inimizade cordial", visceralmente sentida e manifestada, de que fala Sérgio Buarque de Holanda:[89] a contraparte das demonstrações caudalosas de afeto e carinho que tanto deliciaram a poeta no longínquo verão de 1951-2 é a hostilidade desabrida com que é recebida agora pelo círculo de Lota. Quase todos a responsabilizam pelo suicídio de sua amiga. "Eu pensava que numa situação tão séria quanto a morte da Lota qualquer ser humano teria um pouco de solidariedade — mas não recebi nenhuma."[90] Tem uma briga tremenda com Mary Morse, a antiga companheira e posteriormente vizinha de Lota, com a qual Bishop sempre tivera boas relações. A casa de Samambaia, o paraíso particular de Elizabeth no início dos anos 1950, foi deixada para Mary; segundo a poeta, esta se apropria de todos os objetos, inclusive de coisas que haviam ficado no apartamento do Leme, que fora legado para Bishop (e que a poeta venderia pouco depois, juntamente com algumas salas comerciais que também herdou). "Será que as pessoas acham que eu não tenho sentimentos?", desabafa ela numa carta.[91] Um dos poucos a ficar de seu lado é Flávio Macedo Soares, sobrinho de Lota. Bishop o conhece desde pequeno e sempre teve muito afeto por ele; durante algum tempo tentou conseguir-lhe uma bolsa para estudar em Harvard, sem sucesso. (Flávio fez uma bela tradução de "The burglar of Babylon", que foi publicada na revista *Cadernos Brasileiros* em 1964.) No decorrer das brigas judiciais que se seguem à morte de Lota, Flávio é o único da família a ficar do lado de Elizabeth, indo inclusive contra sua própria mãe, a irmã de Lota, com quem, aliás, Lota jamais se dera.[92]

Ainda mal refeita dessa sucessão de choques, Bishop vai morar em São Francisco, na Califórnia, com a jovem que havia conhecido em Seattle. Encontram um apartamento bom, porém Bishop permanece dividida. Escreve a uma velha amiga: "O apartamento é bem grande, claro e ensolarado. Mas, meu Deus, como tenho saudades do Brasil!".[93] Quando vai às compras, constata que está "meio decepcionada com as frutas e legumes daqui. Aqueles limões brasileiros, pequeninos e tortos, têm muito mais sabor".[94] Reconhece que São Francisco é uma cidade muito bonita, "mas tenho a impressão de que, depois de morar em Samambaia e no Rio, nunca mais vou achar graça em paisagem nenhuma".[95] Enquanto isso, a nova companheira de Elizabeth reapresenta-lhe seu próprio país, do qual vive afastada há tantos anos; ensina-a a usar eletrodomésticos que ela ainda não conhece. Atua também como sua secretária e a acompanha numa série de viagens pelos Estados Unidos para fazer leituras de poesia — as quais Bishop odeia, mas que se tornam importantes para ela como fonte de renda. Nessa primeira fase, seu novo relacionamento amoroso parece correr bem. Porém há uma tensão subjacente; sua jovem companheira adota em relação a ela uma atitude protetora que, para alguns velhos amigos de Bishop, parece um tanto tirânica. Nos primeiros meses de 1969, a relação passa por uma crise séria; Elizabeth volta a beber demais e uma vez chega a ser hospitalizada por overdose de drogas, embora não tenha ficado claro se foi uma tentativa de suicídio.[96]

Nessa época, Bishop começa a organizar uma antologia de poesia brasileira traduzida para o inglês, em colaboração com Emanuel Brasil e outros tradutores. Verte poemas de Bandeira, Drummond, Cabral, Vinicius de Moraes e Joaquim Cardozo. Dos poetas escolhidos, claramente é Drummond o que lhe é mais afim; ao todo, traduz sete poemas dele. A temática da memória — a família, a infância — está presente na maioria dos textos de Drummond que ela opta por traduzir, poemas como "Infância", "A mesa" e "Viagem na família". Este não é o lugar adequado para uma crítica mais aprofundada das traduções poéticas de Bishop; bastará que se diga que, a meu ver, o nível de qualidade dessas versões é em geral inferior ao que seria de se esperar de uma poeta tão notável. Bishop parece ter consciência das limitações de suas traduções: assim, a solução que encontrou para a famosa estrofe de "Poema de sete faces" que começa com "Mundo mundo vasto mundo" — um trecho sem dúvida dificílimo de verter para o inglês[97] — parece-lhe tão insatisfatória que ela pede aos editores de *Poetry* (a revista onde a tradução é publicada pela primeira vez) que reproduzam toda a estrofe em português no rodapé, "para se ver como eu mutilei o original".[98] Suas recriações de "A mesa" e "Viagem na família" são sem dúvida mais bem-sucedidas — a própria Bishop gaba-se de que, no caso do segundo desses poemas, a métrica de sua versão "é exatamente igual" à do original.[99] Até mesmo essas traduções, porém, deixam a desejar. O problema principal delas é uma surpreendente dificuldade em reproduzir os efeitos métricos do original, apesar do que afirma a tradutora. Assim, por exemplo, para o estribilho solene de "Viagem", "Porém nada dizia", a solução que Bishop adota é o trivial e pouco eufônico "But he didn't say anything". Deficiências de métrica vão reaparecer na tradução de fragmentos de *Morte e vida severina* de João Cabral de Melo Neto — outro poeta por quem, como foi dito, Bishop professava admiração. Estranhamente, a tradutora não logra reconstruir em inglês os efeitos de poesia popular tão bem explorados por Cabral, embora sua balada "The burglar of Babylon" deixe claro que ela era perfeitamente capaz de escrever, em seu próprio idioma, "poemas em voz alta" à altura dos do mestre pernambucano.

A limitação fundamental das traduções de Bishop é, sem dúvida, seu conhecimento deficiente do português. Como sempre manteve uma distância desconfortável em relação ao idioma, apesar dos quase vinte anos que conviveu com ele no dia a dia, Bishop jamais conseguiu dominar seus recursos. David Weimer, professor universitário norte-americano que esteve no Rio em 1963, quando Bishop já estava no Brasil havia mais de dez anos, constatou que "Elizabeth mal conseguia se fazer entender em português".[100] Ela própria reconhecia o fato. Nesse mesmo ano, Bishop confessa numa carta a Drummond: "Falo mal o português".[101] Em 1966, declara a Ashley Brown numa entrevista: "Depois de tantos anos, sou como um cachorro: entendo tudo que me dizem, mas não falo muito bem".[102] Em 1970, numa carta a sua amiga mineira Linda Nemer, sua tentativa de descrever uma nevada em português resulta nisso: "Ontem à noite começou a never (?) — a primeira vez, seriamente".[103] E numa outra carta do mesmo ano, escrita em inglês, mostra que, após tantos anos de vida no Brasil, continua confundindo português com espanhol, ao dizer que as telefonistas de Ouro Preto perguntaram-lhe "como se pronunciava o sobrenome de *don* Roberto".[104] Ao longo de toda a sua correspondência, Bishop sistematicamente erra na grafia das palavras portuguesas, mesmo as mais corriqueiras — fato sintomático, em se tratando de uma escritora detalhista, obcecada com a precisão. Jamais consegue compreender a função da cedilha: até hoje, nas edições de seus *Complete poems*, ao pé do texto de "Song for the rainy season" aparece a indicação do lugar onde o poema foi escrito: "Sítio da Alcobaçinha / Fazenda Samambaia / Petrópolis".

Tudo isso aponta para o desinteresse, ou mesmo a antipatia, que a poeta sentia pelo português. É o que fica bem claro na entrevista com Ashley Brown já mencionada. Quando o entrevistador lhe pergunta como ela vê a língua portuguesa "enquanto língua poética", Bishop responde:

> Do *nosso* ponto de vista, ela parece desajeitada — é simplesmente impossível usar a fala coloquial dessa maneira [i. e., poeticamente]. Em termos gramaticais, é uma língua muito difícil. Até mesmo brasileiros instruídos se preocupam ao escrever em seu próprio idioma; é como se eles não falassem gramaticalmente, por assim dizer

[...]. Imagino que em português deve ser mais fácil usar o verso livre — porque é uma maneira de contornar o problema.[105]

Nessa passagem, Bishop aponta para um problema real — o abismo que separa a língua falada da norma culta do Brasil, em comparação com a situação do inglês. Porém, quando ela afirma que "é impossível usar a fala coloquial" brasileira em poesia, e que "deve ser mais fácil usar o verso livre", percebemos o quanto era deficiente sua leitura da poesia brasileira moderna. Como pode uma leitora e tradutora de Drummond e Cabral afirmar a incompatibilidade do português coloquial com as estruturas poéticas formais? Outra passagem reveladora encontra-se na introdução à sua antologia de poesia brasileira, em que Bishop afirma que "pontos de estilo já fixados no inglês ainda não se solidificaram no Brasil. [O português] é como a nossa língua num estágio mais livre e primitivo".[106] A atitude de superioridade com que Bishop vê o Brasil se estende ao idioma falado no país. Nunca considerou o português um idioma que valesse a pena cultivar e portanto nunca o aprendeu direito. Uma escritora que afirma que uma língua é "primitiva" não faz outra coisa senão confessar que não a domina.

Porém seria injusto encerrar os comentários sobre as traduções poéticas de Bishop sem mencionar um caso de sucesso absoluto. Curiosamente, trata-se do único poema de Vinicius de Moraes cuja tradução ela empreendeu. Bishop raramente elogia o trabalho de Vinicius como poeta; por outro lado, todos os seus contatos pessoais com ele parecem ter sido muito positivos. Quando, após o suicídio de Lota, queixa-se de ter sido rejeitada por quase todos no Brasil, Elizabeth relata que o poeta carioca foi uma das poucas pessoas que foram atenciosas com ela: "Passei os dois ou três últimos dias no Rio sozinha num hotel, e ia sozinha para o aeroporto de táxi — se o poeta Vinicius de Moraes [...] não tivesse feito a gentileza de me levar. Aliás, ele sempre foi extremamente simpático — e ele mal me conhecia".[107] Numa entrevista de 1977, Elizabeth afirma que Vinicius era "um poeta muito bom, sério, com algo de Eliot", e em seguida acrescenta: "Ele tem sido um ótimo amigo para mim".[108] Segundo Przybycien, quando Elizabeth começou a ir a Ouro Preto com mais frequência para "escapar do Rio e dos problemas com Lota e a política", ela conversava muito com Vinicius, que ficava, como ela, hospedado na pousada de Lilli. Vinicius, "com sua irreverência habitual, "[...] a divertia contando histórias de seus casos amorosos e de seus casamentos fracassados".[109] E Lloyd Schwartz conta que, segundo uma fonte confiável, após essas conversas regadas a uísque os dois "passavam a noite juntos".[110] Fosse qual fosse a natureza da relação de Bishop com o poeta carioca, o fato é que sua recriação do "Soneto de intimidade" é simplesmente magnífica; a dicção, as imagens, a estrutura formal, tudo é captado numa versão que funciona muito bem como um poema inglês — e, o que é ainda mais interessante, como um poema de Elizabeth Bishop, um texto que ela poderia ter escrito (e, talvez, deixado inédito num fundo de gaveta, tal como o belo poema erótico encontrado por Goldensohn numa caixa em Ouro Preto, "It is marvellous to wake up together...").[111] Também é possível que o elemento escatológico do soneto de Vinicius fascinasse a poeta, inspirando-lhe uma tradução tão feliz: não há como lê-la sem relembrar a passagem da carta, já citada, em que ela discorre sobre a naturalidade com que os brasileiros se referem às funções excretoras. Segundo o poeta Lloyd Schwartz, amigo de Bishop, ela vangloriava-se de ter sido a primeira poeta a conseguir estampar um palavrão (*piss*, "mijada") na revista *The New Yorker*, onde sua tradução de "Soneto de intimidade" foi publicada pela primeira vez.[112]

Em meados de 1969, Bishop resolve passar uns tempos em sua casa de Ouro Preto, ainda em obras, com sua nova companheira e o filho dela. O relacionamento do casal já estava um tanto problemático, e a decisão de vir para o Brasil teve talvez o efeito de catalisar o processo de separação, já em andamento. Num período condensado de menos de um ano, sua última estada extensa no Brasil, Bishop reviveu, de modo ainda mais intenso, todo o pesadelo que foram seus últimos anos com Lota. De início as coisas parecem ir mais ou menos bem, embora em agosto o casal seja obrigado a separar-se temporariamente. Elizabeth está apaixonada por sua casa, tal como se apaixonou, na década anterior, pela casa de Lota em Samambaia; suas cartas vêm cheias de descrições e desenhos referentes às obras de reforma. "Comprei praticamente todo o mobiliário de uma farmácia antiga daqui — cinco armários grandes de madeira, entre outras coisas — [...] para usar como estante de livros."[113] Instalada com a companheira na casa de Lilli Araújo, do outro lado da rua, ela acompanha as obras de binóculo. Conhece um menino de Ouro Preto, José Aparecido, com talento para a pintura, e com uns amigos americanos oferece-lhe uma bolsa de estudos. Porém um dia Bishop resolve encarregar a companheira de assumir o controle das obras — e logo os problemas começam a acumular-se. A jovem exprime-se muito mal em português, e os operários não conseguem entender suas ordens. Pior ainda, surge um desentendimento sério com Lilli, e Elizabeth rompe relações com ela. Mais uma vez, Bishop começa a beber demais. As coisas começam a ir de mal a pior. A poeta e sua companheira assumem uma postura de hostilidade com relação a quase toda a população de Ouro Preto. Em dezembro, a situação já está caótica. Segundo Bishop, toda a cidade está tentando roubá-la; "estou ficando totalmente paranoica [...]. Meu Deus, isso aqui é um antro de ladrões".[114] Queixa-se de que não consegue escrever; não há como trabalhar em Ouro Preto; é impossível uma pessoa honesta viver no Brasil; os mineiros são todos ladrões. "Minha única ideia é vender a casa e ir embora o mais depressa possível."[115] Todas as empregadas são desonestas e se comportam de modo muito estranho; todos os encanadores e marceneiros são incompetentes. O material de construção comprado desaparece misteriosamente, vez após vez. Pior ainda, Elizabeth e sua companheira estão sendo alvo de agressões. "Abri três processos — os vizinhos jogaram uma pedra na [sua companheira] no outro dia — a polícia não vem etc. etc. etc."[116] Nesse ínterim, Bishop ganha o prestigioso National Book Award na categoria poesia, mas nem por isso seu humor melhora. Em carta a seu editor, Robert Giroux, conta que, por coincidência, quando ele lhe telefonou para dar a notícia, ela estava "no prediozinho miserável dos correios", tentando fazer com que "duas telefonistas burríssimas" fizessem uma ligação para ele. Sem dúvida, alguma coisa muito estranha estava acontecendo.

O quê, exatamente? Isso jamais saberemos. As versões de que dispomos são contraditórias. Um amigo mineiro da poeta afirmou, anos depois, que — propositadamente ou não — a companheira dela "criava problemas entre Elizabeth e todos os seus amigos".[117] Segundo a própria Bishop, a jovem estaria enlouquecendo. Tornava-se cada vez mais agressiva com Elizabeth, que tentava convencê-la a ir se tratar nos Estados Unidos, sem sucesso. Por fim, a jovem sofreu um violento surto psicótico; Bishop internou-a num hospital psiquiátrico em Belo Horizonte e depois a despachou, junto com o filho, para San Francisco, onde a família a esperava. Em carta a Anny Baumann, conta que a jovem "brigava com todo mundo na cidade [...] e criou muitos problemas para mim".[118] Por outro lado, a companheira de Bishop — entrevistada por Millier muitos anos depois — conta uma história bem diferente: afirma que não estava de modo algum doente, e que o hospital onde foi internada era na verdade um centro de detenção para dissidentes políticos; lá ela teria sido submetida a uma lavagem cerebral, porém conseguiu fugir.[119]

Se a versão da companheira de Bishop parece exprimir uma visão paranoica da realidade, a da poeta tem também um problema: mais uma vez a poeta se autorrepresenta como uma pessoa sã com uma infeliz tendência a conviver com a loucura das pessoas mais próximas, desde a infância. Durante todo o período de conflitos com Lota, Elizabeth sempre enfatizou que era só Lota que estava mal, minimizando a gravidade de seu alcoolismo. De qualquer modo, a divergência dos depoimentos não nos impede de formar uma hipótese razoavelmente plausível. Como observa Przybycien,[120] em Ouro Preto Bishop viu-se pela primeira vez no Brasil sem a mediação de Lota, a nativa que dominava o idioma e o registro cultural, a "grande mãe" que a protegia do mundo exterior. Ainda traumatizada pela morte da companheira, Bishop estava numa cidade do interior vivendo uma relação abertamente homossexual com uma jovem recém-separada do marido, que estava afastada de seu país, que não conhecia o idioma nem a cultura locais e que sem dúvida devia estar psicologicamente fragilizada. Some-se a isso tudo o clima de repressão e terror da ditadura Garrastazu Médici; a atmosfera de desbunde em Ouro Preto no início dos anos 1970, onde as drogas corriam soltas nos famosos festivais de inverno; o gosto pela cachaça mineira que Elizabeth desenvolve nessa época[121] — e têm-se todos os ingredientes necessários para o caos que foi esse período da vida da poeta.

Bishop volta para os Estados Unidos, e a partir daí suas relações com o Brasil resumem-se à elaboração da antologia de poesia brasileira e à questão do que fazer com a casa de Ouro Preto. A antologia é publicada em 1972, com um grande lançamento em Nova York; quanto à Casa Mariana, durante algum tempo Elizabeth não sabe se a mantém ou se a vende. Faz diversas viagens breves a Ouro Preto e, ao mesmo tempo que confirma seu apego ao casarão, sente que sua ligação com o Brasil não faz mais sentido. Ainda tem alguns amigos em Belo Horizonte, como o artista plástico José Alberto Nemer e sua irmã, Linda; mas as idas ao Rio são dolorosas, e a cada temporada no Brasil Bishop sente que seus vínculos com a terra de Lota estão mais tênues. Quando, no início de 1971, fica sabendo do suicídio de Flávio, Elizabeth, consternada, constata que quase já não lhe restam amigos aqui.[122] Por fim, resolve que vai mesmo vender a casa; e as dificuldades de livrar-se de sua última propriedade no Brasil serão uma fonte constante de preocupação em seus últimos anos de vida.

Bishop então volta a fixar-se em sua terra natal, a região de Boston. Cada vez mais necessitada de uma fonte de renda estável — pois já pouco lhe resta do que herdou dos pais —, torna-se professora de Harvard, em Cambridge, nas cercanias de Boston. O emprego traz à tona toda a insegurança de uma artista que, cônscia de sua condição de não intelectual, vê-se num meio acadêmico dos mais exclusivos do mundo. Quando, em 1973, participa pela primeira vez de um seminário acadêmico, numa mesa da qual faz parte ninguém menos que o crítico Harold Bloom, sente-se totalmente intimidada.[123]

Em Cambridge conhece Alice Methfessel, que será sua companheira dos últimos anos, e vai aos poucos reestruturando sua vida, finalmente reassumindo suas raízes na Nova Inglaterra. Mas a lembrança do Brasil — e de Lota — nunca está muito longe de sua consciência: quando se estabelece em seu apartamento novo, em 1971, oferece uma feijoada completa a seus novos amigos de Harvard.[124] Em sua maioria, os poemas em que Bishop trabalha nesse período final são tentativas de compreender suas vivências passadas, e boa parte deles tematiza ou a Nova Escócia da primeira infância ou o período vivido no Brasil. Entre os diversos projetos que a autora não chegou a concretizar estavam um livro sobre o Brasil, a ser financiado por uma bolsa da Fundação Rockefeller, e uma longa elegia dedicada a Lota.[125] Dois textos em prosa sobre o Brasil, o já mencionado "Trip to Vigia" e "To the botequim and back" — uma melancólica evocação, inacabada, do cotidiano de Ouro Preto, com uma temática e um clima que lembram "Going to the bakery" —, só foram publicados após a morte da autora. Dos poemas que Bishop efetivamente concluiu e publicou, dois — "Santarém" e "Pink dog" — contêm referências diretas ao Brasil; e em duas das obras-primas de seu período final — "Crusoe in England" e "One art" — a presença do Brasil, embora oblíqua, é crucial.

Tanto "Santarém" como "Pink dog" começaram a ser esboçados no início dos anos 1960, mas só vieram a lume pouco antes da morte da autora. "Pink dog", o último poema em que a autora trabalhou, provavelmente faz parte, segundo Przybycien, do "grupo de pequenos poemas terríveis sobre o Rio à maneira de Brecht" mencionado por Bishop em carta a Lowell.[126] Przybycien inclui nesse grupo o já examinado "Going to the bakery" e mais dois poemas que ficaram inacabados.[127] A própria Bishop explica o adjetivo *ghastly* ("terrível", "pavoroso"): "Quando disse que meu poema de Carnaval era 'pavoroso', eu me referia à temática — o poema não é tão mau assim! — pelo menos espero que não".[128] No entanto, uma crítica tão arguta quanto Helen Vendler chega a considerá-lo um fracasso.[129] De minha parte, sinto-me tentado a encontrar explicações para tal reação a um poema que me parece excepcionalmente poderoso e bem realizado; e encontro duas bastante plausíveis.

Em primeiro lugar, parece-me que "Pink dog" é de tal modo calcado em referências geográficas, históricas e culturais brasileiras e cariocas — o Carnaval e as eternas discussões em torno da "autenticidade" de suas manifestações; o caso do afogamento dos mendigos no rio da Guarda e a piada cruel a ele associada —, que parte da força do poema inevitavelmente se perde para um leitor estrangeiro:

A piada mais contada boje em dia
é que os mendigos, em vez de comida,
andam comprando boias salva-vidas.

Esse texto em que Bishop exprime de modo tão cáustico seus sentimentos de repugnância pelo Rio de Janeiro é também, de modo paradoxal, o mais carioca de seus escritos. Como observa com razão Lloyd Schwartz — poeta e crítico norte-americano que conhece o Rio —, "as atitudes que Bishop exprime [em "Pink dog"] são mais profundamente brasileiras do que em qualquer outro poema seu".[130]

Em segundo lugar, "Pink dog" é o oposto do que se espera de um poema de Elizabeth Bishop, pelo que nele há de violento e de confessional. A cadela é uma imagem demoníaca da feminilidade, e também, como Schwartz ressalta, um autorretrato cruel, nos detalhes dos pelos vermelhos e da condição de sem-teto, que compartilha com "vagabundos, alcoólatras, drogados".[131] A corporalidade, tantas vezes presente na obra de Bishop como um valor positivo, aparece aqui — como no outro poema carioca *ghastly*, "Going to the bakery" — sob o signo do horror; os sapos amorosos de "Song for the rainy season" são substituídos por uma cadela vira-lata sarnenta. Para os críticos que veem Bishop como poeta da discrição e do *understatement*, "Pink dog" é uma verdadeira pedra de escândalo.

O tom de repulsa brutal de "Pink dog" contrasta vivamente com a contemplação serena — ainda que dolorida — da existência que caracteriza "Santarém". Este é um dos poemas concluídos por Bishop nos seus últimos anos de vida que retomam, de modo direto ou oblíquo, sua vivência no Brasil para desenvolver o tema da perda. Em "Santarém" a questão específica é a impossibilidade de se guardar a epifania, o momento efêmero em que a sensação de apreensão da realidade parece tornar supérflua qualquer abstração:

[...] *Mesmo perante a tentação*
de alguma interpretação literária
do tipo vida/morte, certo/errado, macho/fêmea
— tais conceitos se teriam resolvido, dissolvido, de imediato
naquela aquática, deslumbrante dialética.

E a tentativa de preservar o instante por meio de algum objeto concreto, um suvenir — no caso, uma casa de marimbondos vazia —, é fadada ao fracasso: "Que coisa feia é essa?", pergunta o companheiro de viagem ao ver o objeto que, para a poeta, parecera captar alguma coisa do momento glorioso já irremediavelmente perdido.

Em 1976, Bishop publica seu último livro, *Geography III*, que é recebido pela crítica com grande entusiasmo. Em vários dos poemas desse livro, inclusive "Crusoe in England" e "One art", Bishop faz o balanço de sua existência, tentando investi-la de algum significado. "Crusoe in England", uma das melhores realizações da autora, é uma longa reflexão sobre o exílio, o isolamento, a solidão, a dificuldade de adaptar-se a uma terra alheia e, em seguida, a dor da perda dessa posse tão duramente conquistada. A profunda ambivalência de sentimentos que o Brasil desperta na autora fica clara na passagem em que Crusoé, ainda sozinho na ilha, batiza um vulcão de *"Mont d'Espoir* ou *Mount Despair"*; Lloyd Schwartz vê nesse verso a afirmação de que "nostalgia e repulsa" são duas alternativas diante da terra estrangeira: "O desprezo pelo mundo árido e exótico do exílio é por vezes impossível de separar do fascínio, até mesmo maravilhamento, inspirado pela extravagância dos fenômenos naturais".[132] Nesse poema, protegida pelos disfarces da ficção de Robinson Crusoé e da inversão do gênero, Bishop permite-se tocar em temas profundamente pessoais, com uma emoção intensa suavizada por uma finíssima camada de humor. A origem mais remota do poema, como observa Pearl K. Bell,[133] está talvez num episódio ocorrido em Samambaia em 1956. Durante quatro dias choveu torrencialmente; estando Lota no Rio, Bishop viu-se ilhada na casa, acompanhada apenas dos criados, dos animais e do *"rugido* da cascata. [...] Tenho a impressão de estar saindo de uma experiência de Robinson Crusoé".[134] É possível que esse incidente tenha sido tomado pela poeta como metonímia de sua vivência no Brasil — mais ainda, de toda a sua vida de eterna exilada, que se sentia condenada à solidão.[135] A situação de Crusoé e Sexta-Feira, isolados do mundo em meio a uma natureza exuberante, com a autossuficiência do afeto mútuo, é uma recriação poética do paraíso perdido de Samambaia. Vários detalhes mencionados no poema são referências ao Brasil, como as tartarugas, vistas pela poeta na Amazônia (ainda que outros detalhes provenham de outros lugares, como os vulcões em miniatura, que ela viu em Aruba). O poema começou a ser elaborado na primeira metade dos anos 1960, mas — como observa Millier — "só começou a ganhar uma forma satisfatória depois que Elizabeth voltou do Brasil, após o suicídio de Lota Soares, e também quando a autora se despediu do país de modo mais definitivo, indo para Cambridge no outono de 1970".[136] Somente então ela teria podido concluir o episódio do encontro com Sexta-Feira, no qual, em menos de dez versos contidos, encontra-se condensada uma ampla gama de sentimentos e percepções sutis sobre amor, homossexualismo e perda:

> *Sexta-Feira era bom.*
> *Sexta-Feira era bom, e ficamos amigos.*
> *Ah, se ele fosse mulher!*
> *Eu queria propagar a minha espécie,*
> *e ele também, creio eu, pobre rapaz.*
> *Às vezes brincava com os cabritos,*
> *corria com eles, ou levava um no colo.*
> *— Bonita cena; ele era bonito de corpo.*

Vendler observa, a respeito dessa passagem, que a voz lírica que até então vinha descrevendo minuciosamente, com uma "precisão de geógrafo", a ilha e tudo o que nela havia, é reduzida a generalidades vazias diante da chegada de Sexta-Feira: ele é "bom" e "bonito de corpo". A chegada de Sexta-Feira introduz um elemento novo na paisagem, o amor; e "o amor escapa à linguagem".[137] Nada mais é dito sobre a estada de Crusoé na ilha com Sexta-Feira; já o verso seguinte encerra a narrativa, lacônico:

> *E então um dia vieram e nos levaram embora.*

A ilha perdida não era mais a terra do exílio, e sim o lugar do amor. E a volta à Inglaterra acarreta a morte de Sexta-Feira — vítima do sarampo, uma doença "civilizada" contra a qual ele não estava imunizado. A perda da pessoa amada é o fim definitivo do último elo com a ilha. Os antigos utensílios de Crusoé, agora dispostos na parede, foram reduzidos à condição de suvenires, futuras peças de museu, tão despidas de significado quanto a casa de marimbondos de "Santarém":

Aquela faca ali na prateleira —
era tão prenhe de significado quanto um crucifixo.
Era uma coisa viva. [...]
Agora ela nem olha mais para mim.
Sua alma viva esboroou-se.

"One art", o outro poema de *Geography III* que nos interessa aqui, aborda a questão da perda de modo ainda mais concentrado que "Santarém" e "Crusoe in England". Foi escrito num momento de sofrimento intenso, quando a relação com Alice Methfessel estava em crise e uma separação definitiva parecia irremediável. Nos rascunhos iniciais, o poema se esparrama em versos livres, francamente confessionais, e a pessoa de Alice é especificada de modo inequívoco. À medida que Bishop retrabalha o texto — segundo Millier, nada menos que dezessete rascunhos sobrevivem[138] — o poema vai assumindo a regularidade severa de uma vilanela, e a figura da pessoa amada perdida torna-se menos individualizada: é ainda Alice, mas é também outras, principalmente Lota. Na versão final permanecem várias referências diretas a detalhes autobiográficos — as "três casas" (a casa de Key West, a de Samambaia e a Casa Mariana, como Elizabeth especificou numa entrevista),[139] "duas cidades" (Rio e Ouro Preto?), "dois rios" (Amazonas e São Francisco?) e o "continente" (sem dúvida a América do Sul) perdidos. Porém o lado documental do poema pouco interesse teria se não viesse associado a um requinte formal extraordinário. Toda a força de "One art" vem da exploração magistral das limitações intrínsecas da vilanela — a necessidade de repetir dois versos em locais predeterminados, a obrigação de utilizar apenas duas rimas em todo o poema. O que nas mãos de um poeta menos hábil poderia resultar em mero artificialismo transforma-se aqui num recurso extremamente poderoso: como Schwartz ressalta, as repetições da vilanela "acentuam o tom de urgência dramática do poema".[140] As sucessivas repetições justificam-se pela necessidade que tem a poeta de convencer-se a si própria de duas proposições claramente falsas — é fácil resignar-se com a perda; e, de qualquer modo, o que se perdeu nunca é tão importante assim. E, como o esplêndido verso final deixa claro, a maneira definitiva de exorcizar a perda, de negar sua ocorrência, afirmando-a ao mesmo tempo, é escrever um poema. A respeito de "One art" caberia perfeitamente o comentário de Vendler sobre "Crusoe in England": "Uma poeta que escreve esse poema realmente não precisa escrever mais nada".[141]

Pouco antes de morrer, Bishop adquiriu um apartamento no porto de Boston. Quando todos os seus pertences chegaram do Brasil — livros, fotos, obras de arte, peças de artesanato — e foram postos nos devidos lugares, a casa de Bishop virou "praticamente uma galeria de artefatos brasileiros".[142] Havia imagens de santos, ex-votos, uma carranca do rio São Francisco e "uma gaiola de madeira como a que é mencionada em 'Questions of travel'".[143] A coleção de santos era particularmente notável: Elizabeth "colocava-os em peanhas, e alguns deles tinham redomas. Ela mudava-lhes as roupas conforme a época litúrgica. [...] Alguns deles tinham acessórios roxos e pretos para usar na Semana Santa".[144] Havia também "um lindo jogo de marionetes da Sagrada Família fugindo do Egito — a Virgem no burrinho com o Menino Jesus, José, e creio que alguns dos Reis Magos",[145] pendurado do teto de tal modo que Elizabeth pudesse vê-lo da cama ao acordar. A poeta agora reproduzia em sua vida a situação que anos antes imaginara para seu Robinson Crusoé, de volta à Inglaterra, cercado de objetos que o faziam lembrar-se da ilha e do companheiro perdidos.

O apartamento de Boston, o derradeiro lar da poeta, na verdade estava um tanto acima de suas posses. Mas Elizabeth não resistiu à beleza do prédio — um antigo armazém portuário convertido em condomínio de luxo — e da paisagem da baía que se descortinava da varanda. Novamente, e pela última vez, tal como nos tempos de Samambaia e de Ouro Preto, suas cartas transbordam de descrições entusiásticas de um novo lar. Numa dessas cartas, Bishop escreve: "E no quarto andar, com vista da baía — tem uma varanda [...] — de lá dá para ver os navios (que aliás não são mais muito numerosos) e apreciar a maré subindo e descendo, pelo menos".[146] Porém não consegue conter a ressalva: "A vista não chega aos pés do Rio".[147]

NOTAS

1. Gary Fountain e Peter Brazeau, *Remembering Elizabeth Bishop: an oral biography*. Amherst, University of Massachusetts, 1994, pp. 125-6.

2. David Kalstone, "Elizabeth Bishop: questions of memory, questions of travel". In Lloyd Schwartz e Sybil P. Estess, *Elizabeth Bishop and her art*. Ann Arbor, University of Michigan Press, 1983, p. 21.

3. Lorrie Goldensohn, *Elizabeth Bishop: the biography of a poet*. Nova York, Columbia University Press, 1992, p. 5.

4. *Uma arte: as cartas de Elizabeth Bishop*, org. Robert Giroux, trad. Paulo H. Britto. São Paulo, Companhia das Letras, 1995, p. 231. (Daqui em diante, as iniciais *UA* serão usadas nas referências a essa obra.)

5. *UA*, p. 240.

6. *UA*, p. 274.

7. *UA*, p. 237.

8. *UA*, p. 242.

9. *UA*, p. 239.

10. *UA*, p. 250.

11. *UA*, p. 280.

12. Brett Millier, *Elizabeth Bishop: life and the memory of it*. Berkeley/Los Angeles, University of California Press, 1993, p. 248.

13. *UA*, p. 718.

14. Sobre as relações entre Bishop e Bandeira, ver Flora Süssekind, "A geleia & o engenho: em torno de uma carta-poema de Elizabeth Bishop a Manuel Bandeira", in *Papéis colados*. Rio de Janeiro, Editora UFRJ, 1993.

15. *UA*, p. 717.

16. *UA*, p. 728.

17. *UA*, p. 734.

18. Helen Vendler, "Domestication, domesticity and the otherworldly". In Lloyd Schwartz e Sybil P. Estess, op. cit., p. 38.

19. *UA*, p. 710.

20. Regina Przybycien, "Feijão-preto e diamantes: o Brasil na obra de Elizabeth Bishop". Tese de doutorado apresentada à Faculdade de Letras da Universidade Federal de Minas Gerais, 1993.

21. *UA*, p. 703.

22. *UA*, p. 725.

23. *UA*, p. 693.

24. Ver Regina Przybycien, op. cit., pp. 180-2.

25. *UA*, p. 267.

26. *UA*, p. 322.

27. *UA*, p. 417.

28. Ver *UA*, p. 332.

29. *UA*, p. 476.

30. *UA*, p. 486.

31. *UA*, p. 311.

32. *UA*, p. 476.

33. *UA*, p. 284.

34. *UA*; p. 376.

35. *UA*, p. 413.

36. *UA*, p. 382.

37. *UA*, p. 488.

38. *UA*, p. 376.

39. *UA*, p. 386.

40. Elizabeth Bishop, *Esforços do afeto e outras histórias*, trad. Paulo H. Britto. São Paulo, Companhia das Letras, 1996, p. 127. (Daqui em diante, *Esforços*.)

41. *UA*, p. 380.

42. *UA*, p. 363.

43. *UA*, p. 309.

44. Gary Fountain e Peter Brazeau, op. cit., p. 143.

45. *UA*, p. 289.

46. *UA*, p. 307.

47. *UA*, p. 307.

48. *UA*, p. 307.

49. *UA*, p. 314.

50. *UA*, p. 299.

51. *UA*, p. 356.

52. *UA*, p. 375.

53. Ver Costa Lima, "Bishop: a arte da perda". *Ideias, Jornal do Brasil*, 3/2/96.

54. Gary Fountain e Peter Brazeau, op. cit., p. 152.

55. Regina Przybycien, op. cit., p. 261.

56. Sobre a polarização Bishop-paisagem/Lota-modernidade, ver também a primeira parte do ensaio de Beatriz Jaguaribe, "Diamantes e feijão-preto: Elizabeth Bishop e o Brasil", em *Fins de século: cidade e cultura no Rio de Janeiro*. Rio de Janeiro, Rocco, 1998.

57. Citado em Brett Millier, op. cit., p. 424.

58. *UA*, p. 362. Sobre essa viagem, Bishop escreveu um artigo que só foi publicado postumamente: "A new capital, Aldous Huxley, and some Indians".

59. Regina Przybycien, op. cit., p. 163.

60. *UA*, p. 415.

61. *Esforços*, p. 134.

62. *Esforços*, p. 134.

63. *Esforços*, pp. 141-2.

64. *UA*, p. 433.

65. *UA*, p. 431.

66. *UA*, p. 739.

67. *UA*, p. 744.

68. *UA*, p. 745.

69. *UA*, p. 744.

70. *UA*, p. 742.

71. *UA*, p. 743.

72. Segundo Frank Bidart, Lowell teria comentado certa vez que "Elizabeth mudou muitíssimo" sob a influência de Lota e que, "após cerca de cinco anos" no Brasil, já podia ser considerada conservadora "do ponto de vista de quem estava nos Estados Unidos". Gary Fountain e Peter Brazeau, op. cit., p. 140.

73. *UA*, p. 431.

74. *UA*, p. 481.

75. *UA*, p. 481.

76. *UA*, p. 474.

77. *UA*, p. 477.

78. *UA*, p. 421.

79. *UA*, p. 489.

80. *UA*, p. 492.

81. *UA*, p. 489.

82. *UA*, p. 495.

83. *UA*, p. 501.

84. *UA*, p. 502.

85. *UA*, pp. 509-10.

86. *UA*, p. 511.

87. *UA*, p. 512.

88. *UA*, p. 515.

89. Ver Sérgio Buarque de Holanda, *Raízes do Brasil*. Rio de Janeiro, José Editora, 1991, 23ª ed., pp. 106-7, nota.

90. *UA*, p. 542.

91. *UA*, p. 543.

92. Gary Fountain e Peter Brazeau, op. cit., p. 372.

93. *UA*, p. 552.

94. *UA*, p. 556.

95. *UA*, p. 558.

96. Gary Fountain e Peter Brazeau, op. cit., p. 252.

97. Há que reconhecer que a tradução desta estrofe feita por Bishop não faz má figura quando comparada com várias outras soluções já propostas. Ver Charles Perrone, *Seven faces: Brazilian poetry since Modernism*. Durham/Londres, Duke University Press, 1996, pp. 15-6 e 194.

98. *UA*, p. 734.

99. George Starbuck, "'The work!': a conversation with Elizabeth Bishop". In Lloyd Schwartz e Sybil P. Estess, op. cit., p. 315.

100. Gary Fountain e Peter Brazeau, op. cit., p. 179.

101. *UA*, p. 732.

102. Ashley Brown, "An interview with Elizabeth Bishop". In Lloyd Schwartz e Sybil P. Estess, op. cit., p. 291.

103. *UA*, p. 750.

104. *UA*, p. 579.

105. "An interview with Elizabeth Bishop", p. 291.

106. Elizabeth Bishop e Emanuel Brasil (orgs.), *An anthology of twentieth-century Brazilian poetry*. Middletown, Connecticut: Wesleyan University Press, 1972, p. xvi.

107. *UA*, p. 545.

108. George Starbuck, " 'The work!': a conversation with Elizabeth Bishop". In Lloyd Schwartz e Sybil P. Estess, p. 329.

109. Regina Przybycien, op. cit., p. 259.

110. Gary Fountain e Peter Brazeau, op. cit., p. 328.

111. Lorrie Goldensohn, op. cit., pp. 27-52. Sobre os poemas eróticos jamais publicados por Bishop em vida, ver também Lloyd Schwartz, "Elizabeth Bishop and Brazil". *The New Yorker*, 30/9/91.

112. Lloyd Schwartz, "Elizabeth Bishop and Brazil", p. 93.

113. *UA*, p. 565.

114. *UA*, p. 568.

115. *UA*, p. 569.

116. *UA*, p. 569.

117. Gary Fountain e Peter Brazeau, op. cit., p. 255.

118. *UA*, p. 587.

119. Brett Millier, op. cit., pp. 426-7.

120. Regina Przybycien, op. cit., p. 159.

121. Em carta a James Merrill, escrita em Ouro Preto em agosto de 1970, Bishop fala sobre sua recente ida a Belo Horizonte e conta que descobriu "um lugar especializado em — adivinhe! — batidas [em português no original] — de todos os sabores possíveis, onde encontrei cerca de sete poetas às duas da manhã". *UA*, p. 596.

122. Segundo Regina Célia Colônia, viúva de Flávio, ele suicidou-se em novembro de 1970, quando sua vida parecia estar entrando nos eixos: havia acabado de se casar, tinha recebido uma promoção em sua carreira diplomática e ia ser nomeado para um cargo na embaixada brasileira em Washington. Foi só então que ela ficou sabendo que, antes de conhecê-la, Flávio já havia tentado o suicídio duas vezes. Ver Gary Fountain e Peter Brazeau, op. cit., p. 372.

123. Brett Millier, op. cit., p. 486.

124. Gary Fountain e Peter Brazeau, op. cit., p. 285.

125. Brett Millier, op. cit., p. 538.

126. Carta inédita, de 19/9/65, citada em Regina Przybycien, op. cit., p. 148.

127. Regina Przybycien, op. cit., p. 148.

128. *UA*, p. 687, nota.

129. Em Helen Vendler, "The poems of Elizabeth Bishop". *Critical Inquiry*, 13/4, verão de 1987.

130. Lloyd Schwartz, "Elizabeth Bishop and Brazil", p. 96.

131. Ibid.

132. Lloyd Schwartz, "One art: the poetry of Elizabeth Bishop". In Lloyd Schwartz e Sybil P. Estess, op. cit., pp. 137-8.

133. Pearl K. Bell, "Dona Elizabetchy: a memoir of Elizabeth Bishop". *Partisan Review*, 43/1, pp. 29-52, inverno de 1991.

134. *UA*, p. 353.

135. Robert Giroux relata, em sua introdução às cartas de Bishop, que ela teria dito a Robert Lowell, em 1948: "Quando você escrever meu epitáfio, não deixe de dizer que fui a pessoa mais solitária que jamais viveu". *UA*, pp. 8-9.

136. Brett Millier, op. cit., pp. 449-50.

137. Helen Vendler, "Domestication, domesticity, and the otherworldly". In Lloyd Schwartz e Sybil P. Estess, op. cit., p. 42.

138. Ver Brett Millier, op. cit., p. 508.

139. "Book-of-the-Month Club interview" (entrevista realizada em 1977). In Lloyd Schwartz e Sybil P. Estess, op. cit., p. 309.

140. Lloyd Schwartz, "One art: the poetry of Elizabeth Bishop", p. 151.

141. Citado em Brett Millier, op. cit., p. 527.

142. Lloyd Schwartz, "Elizabeth Bishop and Brazil", p. 95.

143. Gary Fountain e Peter Brazeau, op. cit., pp. 321-2.

144. Ibid., p. 323.

145. Ibid., p. 324.

146. *UA*, p. 639.

147. *UA*, p. 641.

P.H.B.

NORTE & SUL

NORTH & SOUTH

(1946)

The Map

Land lies in water; it is shadowed green.
Shadows, or are they shallows, at its edges
showing the line of long sea-weeded ledges
where weeds hang to the simple blue from green.
Or does the land lean down to lift the sea from under,
drawing it unperturbed around itself?
Along the fine tan sandy shelf
is the land tugging at the sea from under?

The shadow of Newfoundland lies flat and still.
Labrador's yellow, where the moony Eskimo
has oiled it. We can stroke these lovely bays,
under a glass as if they were expected to blossom,
or as if to provide a clean cage for invisible fish.
The names of seashore towns run out to sea,
the names of cities cross the neighboring mountains
— the printer here experiencing the same excitement
as when emotion too far exceeds its cause.
These peninsulas take the water between thumb and finger
like women feeling for the smoothness of yard-goods.

Mapped waters are more quiet than the land is,
lending the land their waves' own corfirmation:
and Norway's hare runs south in agitation,
profiles investigate the sea, where land is.
Are they assigned, or can the countries pick their colors?
— What suits the character or the native waters best.
Topography displays no favorites; North's as near as West.
More delicate than the historians' are the map-makers' colors.

O Mapa

Terra entre águas, sombreada de verde.
Sombras, talvez rasos, lhe traçam o contorno,
uma linha de recifes, algas como adorno,
riscando o azul singelo com seu verde.
Ou a terra avança sobre o mar e o levanta
e abarca, sem bulir suas águas lentas?
Ao longo das praias pardacentas
será que a terra puxa o mar e o levanta?

A sombra da Terra Nova jaz imóvel.
O Labrador é amarelo, onde o esquimó sonhador
o untou de óleo. Afagamos essas belas baías,
em vitrines, como se fossem florir, ou como se
para servir de aquário a peixes invisíveis.
Os nomes dos portos se espraiam pelo mar,
os nomes das cidades sobem as serras vizinhas
— aqui o impressor experimentou um sentimento semelhante
ao da emoção ultrapassando demais a sua causa.
As penínsulas pegam a água entre polegar e indicador
como mulheres apalpando pano antes de comprar.

As águas mapeadas são mais tranquilas que a terra,
e lhe emprestam sua forma ondulada:
a lebre da Noruega corre para o sul, afobada,
perfis investigam o mar, onde há terra.
É compulsório, ou os países escolhem as suas cores?
— As mais condizentes com a nação ou as águas nacionais.
Topografia é imparcial; norte e oeste são iguais.
Mais sutis que as do historiador são do cartógrafo as cores.

NORTE & SUL / NORTH & SOUTH (1946)

The Imaginary Iceberg

We'd rather have the iceberg than the ship,
although it meant the end of travel.
Although it stood stock-still like cloudy rock
and all the sea were moving marble.
We'd rather have the iceberg than the ship;
we'd rather own this breathing plain of snow
though the ship's sails were laid upon the sea
as the snow lies undissolved upon the water.
O solemn, floating field,
are you aware an iceberg takes repose
with you, and when it wakes may pasture on your snows?

This is a scene a sailor'd give his eyes for.
The ship's ignored. The iceberg rises
and sinks again; its glassy pinnacles
correct elliptics in the sky.
This is a scene where he who treads the boards
is artlessly rhetorical. The curtain
is light enough to rise on finest ropes
that airy twists of snow provide.
The wits of these white peaks
spar with the sun. Its weight the iceberg dares
upon a shifting stage and stands and stares.

This iceberg cuts its facets from within.
Like jewelry from a grave
it saves itself perpetually and adorns
only itself, perhaps the snows
which so surprise us lying on the sea.
Good-bye, we say, good-bye, the ship steers off
where waves give in to one another's waves
and clouds run in a warmer sky.

O Iceberg Imaginário

O iceberg nos atrai mais que o navio,
mesmo acabando com a viagem.
Mesmo pairando imóvel, nuvem pétrea,
e o mar um mármore revolto.
O iceberg nos atrai mais que o navio:
queremos esse chão vivo de neve,
mesmo com as velas do navio tombadas
qual neve indissoluta sobre a água.
Ó calmo campo flutuante,
sabes que um iceberg dorme em ti, e em breve
vai despertar e talvez pastar na tua neve?

Esta cena um marujo daria os olhos
pra ver. Esquece-se o navio. O iceberg
sobe e desce; seus píncaros de vidro
corrigem elípticas no céu.
Este cenário empresta a quem o pisa
uma retórica fácil. O pano leve
é levantado por cordas finíssimas
de aéreas espirais de neve.
Duelo de argúcia entre as alvas agulhas
e o sol. O seu peso o iceberg enfrenta
no palco instável e incerto onde se assenta.

É por dentro que o iceberg se faceta.
Tal como joias numa tumba
ele se salva para sempre, e adorna
só a si, talvez também as neves
que nos assombram tanto sobre o mar.
Adeus, adeus, dizemos, e o navio
segue viagem, e as ondas se sucedem,
e as nuvens buscam um céu mais quente.

NORTE & SUL / NORTH & SOUTH (1946)

Icebergs behoove the soul
(both being self-made from elements least visible)
to see them so: fleshed, fair, erected indivisible.

O iceberg seduz a alma
(pois os dois se inventam do quase invisível)
a vê-lo assim: concreto, ereto, indivisível.

Chemin de Fer

Alone on the railroad track
    I walked with pounding heart.
The ties were too close together
    or maybe too far apart.

The scenery was impoverished:
    scrub-pine and oak; beyond
its mingled gray-green foliage
    I saw the little pond

where the dirty hermit lives,
    lie like an old tear
holding onto its injuries
    lucidly year after year.

The hermit shot off his shot-gun
    and the tree by his cabin shook.
Over the pond went a ripple.
    The pet hen went chook-chook.

"Love should be put into action!"
    screamed the old hermit.
Across the pond an echo
    tried and tried to confirm it.

Chemin de Fer

Sozinha nos trilhos eu ia,
    coração aos saltos no peito.
O espaço entre os dormentes
    era excessivo, ou muito estreito.

Paisagem empobrecida:
    carvalhos, pinheiros franzinos;
e além da folhagem cinzenta
    vi luzir ao longe o laguinho

onde vive o eremita sujo,
    como uma lágrima translúcida
a conter seus sofrimentos
    ao longo dos anos, lúcida.

O eremita deu um tiro
    e uma árvore balançou.
O laguinho estremeceu.
    Sua galinha cacarejou.

Bradou o velho eremita:
    "Amor tem que ser posto em prática!"
Ao longe, um eco esboçou
    sua adesão, não muito enfática.

The Gentleman of Shalott

Which eye's his eye?
Which limb lies
next the mirror?
For neither is clearer
nor a different color
than the other,
nor meets a stranger
in this arrangement
of leg and leg and
arm and so on.
To his mind
it's the indication
of a mirrored reflection
somewhere along the line
of what we call the spine.

He felt in modesty
his person was
half looking-glass,
for why should he
be doubled?
The glass must stretch
down his middle,
or rather down the edge.
But he's in doubt
as to which side's in or out
of the mirror.
There's little margin for error,
but there's no proof, either.
And if half his head's reflected,
thought, he thinks, might be affected.

O Cavalheiro de Shalott

Qual olho é o dele?
Qual membro é real
e qual está no espelho?
A cor é igual
à esquerda e à direita,
e ninguém suspeita
que esta ou aquela
perna, ou braço, seja
verdade ou impostura
nessa estranha estrutura.
A seu ver,
isso é prova garantida
de uma imagem refletida
ao longo desta linha
que chamamos de espinha.

Modesto, sentia
que sua pessoa
era metade espelho:
pois duplicar-se seria
um total destrambelho.
O vidro se prolonga
por sua mediana,
ou melhor, sua borda.
Mas ele não sabe direito
o que está dentro ou fora
da imagem refletida.
Não há muita margem de erro,
mas provar é impossível.
E se meio cérebro é reflexo
seu pensamento terá nexo?

But he's resigned
to such economical design.
If the glass slips
he's in a fix —
only one leg etc. But
while it stays put
he can walk and run
and his hands can clasp one
another. The uncertainty
he says he
finds exhilarating. He loves
that sense of constant re-adjustment.
He wishes to be quoted as saying at present:
"Half is enough."

Mas ele aceita sem problema
a parcimônia do esquema.
Se o espelho escorregar
vai ser de amargar —
só uma perna etc. Mas por ora
está apoiado na escora,
e ele anda e corre e pega a mão
com a outra. A sensação
de incerteza o deixa feliz,
ele diz.
Afirma também que gosta
de estar sempre a se reajustar.
No momento, eis o que tem a declarar:
"Metade basta."

Large Bad Picture

Remembering the Strait of Belle Isle or
some northerly harbor of Labrador,
before he became a schoolteacher
a great-uncle painted a big picture.

Receding for miles on either side
into a flushed, still sky
are overhanging pale blue cliffs
hundreds of feet high,

their bases fretted by little arches,
the entrances to caves
running in along the level of a bay
masked by perfect waves.

On the middle of that quiet floor
sits a fleet of small black ships,
square-rigged, sails furled, motionless,
their spars like burnt match-sticks.

And high above them, over the tall cliffs'
semi-translucent ranks,
are scribbled hundreds of fine black birds
hanging in n's in banks.

One can hear their crying, crying,
the only sound there is
except for occasional sighing
as a large aquatic animal breathes.

In the pink light
the small red sun goes rolling, rolling,

Uma Pintura Grande e Feia

Lembrando o estreito de Belle Isle, talvez,
ou algum porto em Labrador,
antes de virar professor,
meu tio-avô pintou um quadro, uma vez.

Dos dois lados, tendo ao fundo
um céu imóvel e rubicundo,
estendem-se barrancos azul-pálido
com uma altura respeitável,

em cuja base há arcos pequenos
que são grutas naturais
ao nível de uma baía onde as ondas
são exatamente iguais.

Nesse assoalho tranquilo
barquinhos negros estão ancorados,
com velas redondas, e mastros
que lembram fósforos queimados.

Lá no alto, acima dos barrancos
diáfanos e solenes,
centenas de gaivotas garatujam-se,
formando fileiras de *enes*.

Elas pipilam, pipilam,
um som triste, mas simpático,
tendo por contraponto o suspiro
de algum mamífero aquático.

Na luz rósea
um solzinho vermelho rola, rola,

round and round and round at the same height
in perpetual sunset, comprehensive, consoling,

while the ships consider it.
Apparently they have reached their destination.
It would be hard to say what brought them there,
commerce or contemplation.

dá voltas e voltas, na mesma altura,
num crepúsculo eterno, e consola,

enquanto o perscrutam os navios.
Chegaram ao porto, pelo visto. Mas não
se sabe o que os trouxe até ali,
se comércio ou contemplação.

The Man-Moth*

Here, above,
cracks in the buildings are filled with battered moonlight.
The whole shadow of Man is only as big as his hat.
It lies at his feet like a circle for a doll to stand on,
and he makes an inverted pin, the point magnetized to the moon.
He does not see the moon; he observes only her vast properties,
feeling the queer light on his hands, neither warm nor cold,
of a temperature impossible to record in thermometers.

But when the Man-Moth
pays his rare, although occasional, visits to the surface,
the moon looks rather different to him. He emerges
from an opening under the edge of one of the sidewalks
and nervously begins to scale the faces of the buildings.
He thinks the moon is a small hole at the top of the sky,
proving the sky quite useless for protection.
He trembles, but must investigate as high as he can climb.

Up the façades,
his shadow dragging like a photographer's cloth behind him,
he climbs fearfully, thinking that this time he will manage
to push his small head through that round clean opening
and be forced through, as from a tube, in black scrolls on the light.
(Man, standing below him, has no such illusions.)
But what the Man-Moth fears most he must do, although
he fails, of course, and falls back scared but quite unhurt.

Then he returns
to the pale subways of cement he calls his home. He flits,
he flutters, and cannot get aboard the silent trains

* Newspaper misprint for "mammoth".

O Homem-Mariposa

Aqui no alto
o luar amassado penetra nas fendas dos prédios.
A sombra do Homem, pequena como o seu chapéu,
jaz a seus pés, um disco onde cabe um boneco,
e ele é um alfinete com a ponta imantada para a lua.
Ele não vê a lua: observa suas vastas qualidades,
sente nas mãos a luz estranha, nem quente nem fria,
de uma temperatura que os termômetros não medem.

Mas quando o Homem-Mariposa
sobe à superfície, o que só faz raramente,
a lua lhe parece coisa bem diversa. Ele
emerge de uma abertura junto ao meio-fio
e põe-se a escalar, nervoso, as faces dos prédios.
Pensa que a lua é um furo pequeno no céu,
prova de que o céu não serve como proteção.
Embora trema, tem que subir para investigar.

Sobe as fachadas,
medroso, arrastando como um pano de fotógrafo
sua sombra, e pensa que dessa vez vai conseguir
meter a cabeça naquele furo bem redondo
e sair, como de um tubo, em dobras negras na luz.
(O Homem, lá embaixo, não tem tais ilusões.)
Porém o Homem-Mariposa tem de fazer o que mais teme,
e fracassa, é claro: cai, assustado, mas ileso.

Então retorna
aos túneis subterrâneos onde mora. Saltita,
hesita, e sempre entra no vagão menos depressa

NORTE & SUL / NORTH & SOUTH (1946) 89

fast enough to suit him. The doors close swiftly.
The Man-Moth always seats himself facing the wrong way
and the train starts at once at its full, terrible speed,
without a shift in gears or a gradation of any sort.
He cannot tell the rate at which he travels backwards.

       Each night he must
be carried through artificial tunnels and dream recurrent dreams.
Just as the ties recur beneath his train, these underlie
his rushing brain. He does not dare look out the window,
for the third rail, the unbroken draught of poison,
runs there beside him. He regards it as a disease
he has inherited the susceptibility to. He has to keep
his hands in his pockets, as others must wear mufflers.

       If you catch him,
hold up a flashlight to his eye. It's all dark pupil,
an entire night itself, whose haired horizon tightens
as he stares back, and closes up the eye. Then from the lids
one tear, his only possession, like the bee's sting, slips.
Slyly he palms it, and if you're not paying attention
he'll swallow it. However, if you watch, he'll hand it over,
cool as from underground springs and pure enough to drink.

do que pretende. As portas fecham rápido.
Ele se senta sempre de frente para o lado errado
e o trem sai a toda, com uma pressa terrível,
sem trocar marcha, sem transição alguma. Ele não sabe
a que velocidade está indo para trás.

      Toda noite ele é levado
por túneis artificiais, e sonha sonhos recorrentes
que lhe passam sob o sono como os dormentes
sob o trem. Não ousa olhar pela janela, para não ver
o terceiro trilho, frasco intato de veneno,
a seu lado, como um mal a que ele é suscetível
por hereditariedade. Tem de andar sempre
com as mãos nos bolsos, como quem usa um cachecol.

      Se você o pegar,
aponte uma lanterna para o seu olho. É só pupila,
uma pequena noite, cujo horizonte estreito
se aperta quando ele olha, e fecha-se. Então uma só lágrima,
seu único pertence, como o ferrão da abelha, brota.
Discreto, ele a colhe e, se você se distrair,
engole. Mas se você olhar, ele a entrega,
fresca como água de fonte, potável de tão pura.

Love Lies Sleeping

Earliest morning, switching all the tracks
that cross the sky from cinder star to star,
    coupling the ends of streets
    to trains of light,

now draw us into daylight in our beds;
and clear away what presses on the brain:
    put out the neon shapes
    that float and swell and glare

down the gray avenue between the eyes
in pinks and yellows, letters and twitching signs.
    Hang-over moons, wane, wane!
    From the window I see

an immense city, carefully revealed,
made delicate by over-workmanship,
    detail upon detail,
    cornice upon façade

reaching so languidly up into
a weak white sky, it seems to waver there.
    (Where it has slowly grown
    in skies of water-glass

from fused beads of iron and copper crystals,
the little chemical "garden" in a jar
    trembles and stands again,
    pale blue, blue-green, and brick.)

The sparrows hurriedly begin their play.
Then, in the West, "Boom!" and a cloud of smoke.

O Amor Dorme

A madrugada, desviando todos os trilhos
que riscam o céu das brasas às estrelas,
    ligando os fins das ruas
    a trilhas luminosas,

traz a luz do dia a nossas camas;
e leva embora o que nos pesa na mente:
    apaga as formas de néon
    que pairam e pulsam e doem

pela avenida cinzenta entre os olhos
em rosa e amarelo, letras a latejar.
    Ó luas de ressaca, minguai,
    minguai! Da janela vejo

uma cidade imensa, revelada com cuidado,
delicada por excesso de desvelo,
    detalhe por detalhe,
    cornija por fachada

a se estender, toda lânguida, até
um céu branco e débil, e nele hesitar.
    (Onde cresceu bem lenta
    em céus de copo d'água

de contas de ferro e cristais de cobre
fundidos, "jardinzinho" químico num pote
    tremendo um pouco, azul-
    -claro, verde-azulado, brique.)

Pardais apressados começam o espetáculo.
Então, do oeste, um "bum!" e uma nuvem de fumaça.

NORTE & SUL / NORTH & SOUTH (1946)

"Boom!" and the exploding ball
of blossom blooms again.

(And all the employees who work in plants
where such a sound says "Danger," or once said "Death,"
turn in their sleep and feel
the short hairs bristling

on backs of necks.) The cloud of smoke moves off.
A shirt is taken off a threadlike clothes-line.
Along the street below
the water-wagon comes

throwing its hissing, snowy fan across
peelings and newspapers. The water dries
light-dry, dark-wet, the pattern
of the cool watermelon.

I hear the day-springs of the morning strike
from stony walls and halls and iron beds,
scattered or grouped cascades,
alarms for the expected:

queer cupids of all persons getting up,
whose evening meal they will prepare all day,
you will dine well
on his heart, on his, and his,

so send them about your business affectionately,
dragging in the streets their unique loves.
Scourge them with roses only,
be light as helium,

for always to one, or several, morning comes,
whose head has fallen over the edge of his bed,

"Bum!" e a bola de flor
explode em fogo outra vez.

(E os operários de fábricas para quem
este som diz "Perigo", e outrora "Morte",
se viram na cama e sentem
eriçar-se os cabelos

da nuca.) A nuvem de fumaça se afasta.
De um fio de varal tira-se uma camisa.
Pela rua passa
o caminhão d'água

lançando um leque alvo e sibilante
sobre jornais e cascas. Onde seca
é claro, o molhado é escuro,
como na fresca melancia.

Ouço as molas da manhã soando
em muros, corredores, camas de ferro,
soltas ou em arpejos,
alarmes esperados:

levantam-se os cupidos improváveis
de quem vai preparar-lhes o jantar,
vocês vão alimentar-se
do coração dele, e dele,

assim, despachem com afeto esses que saem
arrastando pela rua seus amores singulares.
Neles só batam com rosas,
sejam leves como o hélio,

pois o dia sempre chega a um caído
com a cabeça para fora do colchão,

whose face is turned
so that the image of

the city grows down into his open eyes
inverted and distorted. No. I mean
   distorted and revealed,
      if he sees it at all.

rosto virado de modo
que a imagem da cidade

surge em seus olhos abertos inversa
e distorcida. Não. Melhor dizendo:
    distorcida e revelada,
      se é que ele a vê de fato.

A Miracle for Breakfast

At six o'clock we were waiting for coffee,
waiting for coffee and the charitable crumb
that was going to be served from a certain balcony,
— like kings of old, or like a miracle.
It was still dark. One foot of the sun
steadied itself on a long ripple in the river.

The first ferry of the day had just crossed the river.
It was so cold we hoped that the coffee
would be very hot, seeing that the sun
was not going to warm us; and that the crumb
would be a loaf each, buttered, by a miracle.
At seven a man stepped out on the balcony.

He stood for a minute alone on the balcony
looking over our heads toward the river.
A servant handed him the makings of a miracle,
consisting of one lone cup of coffee
and one roll, which he proceeded to crumb,
his head, so to speak, in the clouds — along with the sun.

Was the man crazy? What under the sun
was he trying to do, up there on his balcony!
Each man received one rather hard crumb,
which some flicked scornfully into the river,
and, in a cup, one drop of the coffee.
Some of us stood around, waiting for the miracle.

I can tell what I saw next; it was not a miracle.
A beautiful villa stood in the sun
and from its doors came the smell of hot coffee.
In front, a baroque white plaster balcony

Um Milagre Matinal

Às seis, estávamos à espera do café,
à espera do café e da caridosa migalha
que seriam servidos de uma certa varanda
— como por reis de outrora, ou por milagre.
Ainda estava escuro. Um dos pés do sol
se apoiava numa longa ondulação do rio.

A primeira barca do dia já cruzara o rio.
Tal era o frio que ansiávamos por café
quentíssimo — pois pelo visto o sol
não ia aquecer-nos — e uma migalha
que fosse um pão para cada um, como um milagre.
Às sete um homem apareceu na varanda.

Ficou a sós por um minuto na varanda
olhando não para nós, mas para o rio.
Um criado deu-lhe material para um milagre,
ou seja, uma única xícara de café
e um pão, que ele reduziu a migalhas,
com a cabeça nas nuvens, tal qual o sol.

Seria um louco? Parado ali, ao sol,
que estava ele fazendo na varanda?
Cada um recebeu uma mísera migalha,
que uns, com desprezo, jogaram no rio,
e, numa xícara, uma gota de café.
Alguns de nós ficamos, à espera do milagre.

Digo o que vi em seguida: não foi milagre.
Era um belo casarão, aberto ao sol,
de onde vinha um cheiro quente de café.
À frente, uma estrutura barroca, uma varanda

added by birds, who nest along the river,
— I saw it with one eye close to the crumb —

and galleries and marble chambers. My crumb
my mansion, made for me by a miracle,
through ages, by insects, birds, and the river
working the stone. Every day, in the sun,
at breakfast time I sit on my balcony
with my feet up, and drink gallons of coffee.

We licked up the crumb and swallowed the coffee.
A window across the river caught the sun
as if the miracle were working, on the wrong balcony.

de gesso branco, feita pelas aves do rio
— foi o que vi ao olhar de perto a migalha —

galerias e salões de mármore. Minha migalha,
uma mansão, feita para mim por milagre,
ao longo dos tempos, pelas aves, pelo rio
a lavrar a pedra. Todos os dias, ao sol,
pela manhã, me instalo na varanda,
os pés para cima, e bebo litros de café.

Engolimos a migalha e a gota de café.
Além-rio, uma janela refletia o sol
como se o milagre fosse em outra varanda.

The Weed

I dreamed that dead, and meditating,
I lay upon a grave, or bed,
(at least, some cold and close-built bower).
In the cold heart, its final thought
stood frozen, drawn immense and clear,
stiff and idle as I was there;
and we remained unchanged together
for a year, a minute, an hour.
Suddenly there was a motion,
as startling, there, to every sense
as an explosion. Then it dropped
to insistent, cautious creeping
in the region of the heart,
prodding me from desperate sleep.
I raised my head. A slight young weed
had pushed up through the heart and its
green head was nodding on the breast.
(All this was in the dark.)
It grew an inch like a blade of grass;
next, one leaf shot out of its side
a twisting, waving flag, and then
two leaves moved like a semaphore.
The stem grew thick. The nervous roots
reached to each side; the graceful head
changed its position mysteriously,
since there was neither sun nor moon
to catch its young attention.
The rooted heart began to change
(not beat) and then it split apart
and from it broke a flood of water.
Two rivers glanced off from the sides,
one to the right, one to the left,

A Erva

Sonhei que, morta, eu meditava
dentro da cova, ou numa cama
(algum espaço frio e estreito).
No frio coração, se congelara
a ideia final, imensa e clara,
vazia e dura como eu;
e assim ficamos, imóveis,
um ano, um minuto, uma hora.
De súbito, algo mexeu-se,
abalando-me os sentidos,
qual explosão, e abrandou-se
num toque tímido e insistente
no coração, a despertar-me
de um sono desesperado.
Olhei. Do coração brotara
uma ervinha, e sua cabeça
roçava tenra em meu peito.
(Tudo isso era no escuro.)
Cresceu um pouco, uma grama;
surgiu uma folha torcida,
depois outra, tremulando,
duas bandeiras de um semáforo.
O caule engrossou. As raízes
se abriam, nervosas; a cabeça
girava misteriosamente,
pois sol nem lua a atraíam.
O coração, com as raízes,
começou a mudar (não bater);
partiu-se ao meio, então,
e dele veio um jorro d'água.
Dois rios desceram, um à esquerda,
um à direita, dois cursos

two rushing, half-clear streams,
(the ribs made of them two cascades)
which assuredly, smooth as glass,
went off through the fine black grains of earth.
The weed was almost swept away;
it struggled with its leaves,
lifting them fringed with heavy drops.
A few drops fell upon my face
and in my eyes, so I could see
(or, in that black place, thought I saw)
that each drop contained a light,
a small, illuminated scene;
the weed-deflected stream was made
itself of racing images.
(As if a river should carry all
the scenes that it had once reflected
shut in its waters, and not floating
on momentary surfaces.)
The weed stood in the severed heart.
"What are you doing there?" I asked.
It lifted its head all dripping wet
(with my own thoughts?)
and answered then: "I grow," it said,
"but to divide your heart again."

de água rápida e translúcida,
(formando cascatas nas costelas)
lisa como vidro, fluindo
por entre os grãos de terra negra.
A erva foi quase arrastada;
agarrou-se com as folhas, erguendo-as,
orladas de gotas gordas.
Caíram-me pingos no rosto,
nos olhos, e vi então
(ou julguei ver, naquele breu)
que em cada gota brilhava
uma cena iluminada;
a água que a erva desviava
era um fluxo de imagens velozes.
(Como rio que levasse as cenas
todas nele já refletidas
encerradas n'água, não flutuando
nas superfícies efêmeras.)
Perguntei à erva: "Que fazes
neste coração partido?"
Ela ergueu a cabeça molhada
(com meus próprios pensamentos?)
e disse: "Cresço, para partir
teu coração outra vez."

The Unbeliever

He sleeps on the top of a mast. — Bunyan

He sleeps on the top of a mast
with his eyes fast closed.
The sails fall away below him
like the sheets of his bed,
leaving out in the air of the night the sleeper's head.

Asleep he was transported there,
asleep he curled
in a gilded ball on the mast's top,
or climbed inside
a gilded bird, or blindly seated himself astride.

"I am founded on marble pillars,"
said a cloud. "I never move.
See the pillars there in the sea?"
Secure in introspection
he peers at the watery pillars of his reflection.

A gull had wings under his
and remarked that the air
was "like marble." He said: "Up here
I tower through the sky
for the marble wings on my tower-top fly."

But he sleeps on the top of his mast
with his eyes closed tight.
The gull inquired into his dream,
which was, "I must not fall.
The spangled sea below wants me to fall.
It is hard as diamonds; it wants to destroy us all."

O Incréu

> Ele dorme no alto de um mastro. — Bunyan

Ele dorme no alto de um mastro
com os olhos bem fechados.
As velas se abrem lá embaixo
como os lençóis de seu leito,
deixando a cabeça exposta à noite e ao relento.

Dormindo foi levado ali,
dormindo enrodilhou-se
numa bola dourada no alto do mastro,
ou então se enfiou
numa ave dourada, ou nela, cego, montou.

"Tenho pilares de mármore",
disse uma nuvem. "Não me movo nunca.
Vê os pilares lá no mar?"
Ele, tranquilo, introspecto,
olha os pilares d'água de seu próprio reflexo.

Uma gaivota com as asas
sob as dele comentou que o ar
"parecia mármore". Disse ele: "Cá em cima
eu voo mais alto que o céu,
com as asas de mármore que a torre me deu."

Mas ele dorme no alto do seu mastro
com os olhos bem apertados.
A gaivota investigou-lhe o sonho,
que era assim: "Não posso cair.
O mar cintilante quer me ver cair.
É duro como diamante; ele nos quer destruir."

The Monument

Now can you see the monument? It is of wood
built somewhat like a box. No. Built
like several boxes in descending sizes
one above the other.
Each is turned half-way round so that
its corners point toward the sides
of the one below and the angles alternate.
Then on the topmost cube is set
a sort of fleur-de-lys of weathered wood,
long petals of board, pierced with odd holes,
four-sided, stiff, ecclesiastical.
From it four thin, warped poles spring out,
(slanted like fishing-poles or flag-poles)
and from them jig-saw work hangs down,
four lines of vaguely whittled ornament
over the edges of the boxes
to the ground.
The monument is one-third set against
a sea; two-thirds against a sky.
The view is geared
(that is, the view's perspective)
so low there is no "far away,"
and we are far away within the view.
A sea of narrow, horizontal boards
lies out behind our lonely monument,
its long grains alternating right and left
like floor-boards — spotted, swarming-still,
and motionless. A sky runs parallel,
and it is palings, coarser than the sea's:
splintery sunlight and long-fibred clouds.
"Why does that strange sea make no sound?
Is it because we're far away?

O Monumento

Está vendo o monumento agora? É de madeira,
uma estrutura em forma de caixa. Não. É como
caixas de tamanhos decrescentes
uma em cima da outra.
Cada uma está virada de tal modo
que as quinas apontem para os lados
da que está embaixo, e os ângulos se alternem.
No cubo do alto está engastada
uma flor-de-lis de madeira gasta,
longas pétalas de tábuas, com furos aleatórios,
quadrangular, rígida, eclesiástica.
Dela saem quatro mastros finos, tortos,
(inclinados como caniços ou mastros de bandeiras)
e deles pendem quatro vagos zigue-zagues,
enfeites recortados em madeira,
passando pelas quinas das caixas
chegando até o chão.
Um terço do monumento se destaca contra
um mar; dois terços contra um céu.
O ângulo da vista
(melhor, o ângulo com que a vemos)
é tal que não se vê o "ao longe",
e estamos longe dentro dela.
Um mar de tábuas estreitas, horizontais,
se estende atrás do solitário monumento,
e os veios longos da madeira alternam-se,
esquerda e direita, como um assoalho — manchas, pintas
e listas estáticas. Um céu corre paralelo,
textura de paliçada, mais grosseira que a do mar:
cacos de sol, nuvens de longas fibras.
"Por que não faz barulho esse oceano estranho?
É porque estamos longe?

Where are we? Are we in Asia Minor,
or in Mongolia?"
                    An ancient promontory,
an ancient principality whose artist-prince
might have wanted to build a monument
to mark a tomb or boundary, or make
a melancholy or romantic scene of it...
"But that queer sea looks made of wood,
half-shining, like a driftwood sea.
And the sky looks wooden, grained with cloud.
It's like a stage-set; it is all so flat!
Those clouds are full of glistening splinters!
What is that?"
                    It is the monument.
"It's piled-up boxes,
outlined with shoddy fret-work, half-fallen off,
cracked and unpainted. It looks old."
— The strong sunlight, the wind from the sea,
all the conditions of its existence,
may have flaked off the paint, if ever
it was painted,
and made it homelier than it was.
"Why did you bring me here to see it?
A temple of crates in cramped and crated scenery,
what can it prove?
I am tired of breathing this eroded air,
this dryness in which the monument is cracking."

It is an artifact
of wood. Wood holds together better
than sea or cloud or sand could by itself,
much better than real sea or sand or cloud.
It chose that way to grow and not to move.
The monument's an object, yet those decorations,
carelessly nailed, looking like nothing at all,

Onde é que estamos? Na Ásia Menor,
ou na Mongólia?"
                    É um antigo promontório,
um principado antigo, onde o artista-príncipe
resolveu talvez erguer um monumento
assinalando um túmulo, uma fronteira, ou só
para criar uma paisagem melancólica ou romântica...
"Mas esse mar estranho parece de madeira,
lustroso, mar de madeira achada à beira-mar.
E o céu parece de madeira, onde os veios são as nuvens.
É como um cenário; tudo tão raso!
Aquelas nuvens estão cheias de farpas que brilham!
O que é aquilo?"
                    É o monumento.
"São caixas empilhadas,
com tiras mal serradas como enfeite, já caídas,
tudo rachado e sem tinta. Velharias."
— O sol forte, o vento que vem do mar,
todas as condições em que ele existe,
talvez tenham tirado a tinta, se havia,
tornando-o mais desenxabido do que era.
"Por que você me trouxe aqui para eu ver isso?
Um templo de engradados num cenário estreito e troncho,
o que é que isso prova?
Não aguento mais esse ar erodido,
a secura que faz rachar o monumento."

É um artefato
de madeira. A madeira se mantém estruturada
melhor que mar, nuvem e areia por si sós,
muito melhor que mar, areia ou nuvem de verdade.
Ele escolheu crescer assim e estar imóvel.
O monumento é um objeto, e no entanto esses enfeites,
pregados sem capricho, que não parecem coisa alguma,
demonstram que ele tem vida, e tem vontade;

give it away as having life, and wishing;
wanting to be a monument, to cherish something.
The crudest scroll-work says "commemorate,"
while once each day the light goes around it
like a prowling animal,
or the rain falls on it, or the wind blows into it.
It may be solid, may be hollow.
The bones of the artist-prince may be inside
or far away on even drier soil.
But roughly but adequately it can shelter
what is within (which after all
cannot have been intended to be seen).
It is the beginning of a painting,
a piece of sculpture, or poem, or monument,
and all of wood. Watch it closely.

quer ser um monumento, quer amar alguma coisa.
O enfeite é grosseiro, porém diz: "comemoremos",
enquanto a luz o ronda a cada dia
feito um predador,
e a chuva o molha, e o vento o atravessa.
Talvez seja maciço, talvez oco.
Talvez os ossos do artista-príncipe estejam dentro dele
ou longe daqui, em terra ainda mais seca.
Mas tosca e adequadamente, ele abriga
o que está dentro (e que, afinal,
decerto não era mesmo para ser visto).
É o princípio de uma pintura,
uma escultura, ou poema, ou monumento,
e é todo de madeira. Observe-o com atenção.

Paris, 7 A.M.

I make a trip to each clock in the apartment:
some hands point histrionically one way
and some point others, from the ignorant faces.
Time is an Etoile; the hours diverge
so much that days are journeys round the suburbs,
circles surrounding stars, overlapping circles.
The short, half-tone scale of winter weathers
is a spread pigeon's wing.
Winter lives under a pigeon's wing, a dead wing with damp feathers.

Look down into the courtyard. All the houses
are built that way, with ornamental urns
set on the mansard roof-tops where the pigeons
take their walks. It is like introspection
to stare inside, or retrospection,
a star inside a rectangle, a recollection:
this hollow square could easily have been there.
—The childish snow-forts, built in flashier winters,
could have reached these proportions and been houses;
the mighty snow-forts, four, five, stories high,
withstanding spring as sand-forts do the tide,
their walls, their shape, could not dissolve and die,
only be overlapping in a strong chain, turned to stone,
and grayed and yellowed now like these.

Where is the ammunition, the piled-up balls
with the star-splintered hearts of ice?
This sky is no carrier-warrior-pigeon
escaping endless intersecting circles.
It is a dead one, or the sky from which a dead one fell.
The urns have caught his ashes or his feathers.
When did the star dissolve, or was it captured

Paris, 7 da Manhã

Faço a ronda dos relógios do apartamento:
uns ponteiros histriônicos apontam numa direção
e outros noutra, e os mostradores nada veem.
O tempo é uma Étoile; as horas divergem
tanto que os dias percorrem os subúrbios,
círculos em torno de estrelas, sobrepostos.
A meteorologia hibernal é uma escala curta
de semitons, uma asa de pombo esticada.
O inverno vive sob uma asa de pombo, morto, de penas úmidas.

Veja o pátio lá embaixo. As casas todas
são iguais, com urnas ornamentais
nos telhados de mansarda, onde os pombos
fazem o *footing*. É como introspecção
olhar lá dentro — ou retrospecção,
estrela em retângulo, uma rememoração:
este quadrado oco bem podia estar ali.
— As fortalezas de neve das crianças
podiam, aumentadas, virar casas
de quatro ou cinco andares, resistindo à primavera
como um forte de areia resiste à maré,
muralhas que em vez de dissolver-se
formassem uma corrente sólida de pedra,
agora amarelada, como estas.

Onde a munição, balas empilhadas
com corações de gelo estilhaçados?
Este céu não é um pombo-correio guerreiro
a fugir num sem-fim de círculos entrelaçados.
É um pombo morto, ou o céu de onde ele caiu.
As urnas guardam suas cinzas ou penas.
Quando se dissolveu a estrela? Ou capturou-a

by the sequence of squares and squares and circles, circles?
Can the clocks say; is it there below,
about to tumble in snow?

a série de quadrados e quadrados, círculos e círculos?
Talvez os relógios saibam; cairá em breve
lá embaixo, sobre a neve?

Quai d'Orléans

for Margaret Miller

Each barge on the river easily tows
    a mighty wake,
a giant oak-leaf of gray lights
    on duller gray;
and behind it real leaves are floating by,
    down to the sea.
Mercury-veins on the giant leaves,
    the ripples, make
for the sides of the quai, to extinguish themselves
    against the walls
as softly as falling-stars come to their ends
    at a point in the sky.
And throngs of small leaves, real leaves, trailing them,
    go drifting by
to disappear as modestly, down the sea's
    dissolving halls.
We stand as still as stones to watch
    the leaves and ripples
while light and nervous water hold
    their interview.
"If what we see could forget us half as easily,"
    I want to tell you,
"as it does itself — but for life we'll not be rid
    of the leaves' fossils."

Quai d'Orléans

para Margaret Miller

Cada barca no rio deixa onde passa
    um tremendo rastro,
uma enorme folha cinzenta sobre um fundo
    de cinza mais pálido;
e atrás dela folhas de verdade vêm flutuando,
    em direção ao mar.
Veios de mercúrio sobre as folhas enormes,
    ondulações, seguem
em direção ao cais, e morrem de encontro
    ao paredão, silenciosas
como estrelas cadentes que encontram seu fim
    num ponto do céu.
E um turbilhão de folhinhas, de verdade, atrás delas,
    passam deslizando
e vão morrer discretamente, nos salões
    solventes do mar.
Imóveis como pedras, contemplamos
    folhas e ondulações
enquanto a luz e a água nervosa
    trocam impressões.
"Se as coisas que vemos nos esquecessem",
    penso em dizer-te,
"como esquecem de si próprias... mas nunca vamos nos livrar
    dos fósseis das folhas."

NORTE & SUL / NORTH & SOUTH (1946)

Sleeping on the Ceiling

It is so peaceful on the ceiling!
It is the Place de la Concorde.
The little crystal chandelier
is off, the fountain is in the dark.
Not a soul is in the park.

Below, where the wallpaper is peeling,
the Jardin des Plantes has locked its gates.
Those photographs are animals.
The mighty flowers and foliage rustle;
under the leaves the insects tunnel.

We must go under the wallpaper
to meet the insect-gladiator,
to battle with a net and trident,
and leave the fountain and the square.
But oh, that we could sleep up there...

Dormindo no Teto

É tão tranquilo aqui no teto!
Aqui é a Place de la Concorde.
O lampadário — o chafariz —
está apagado, escuro, frio.
O parque está vazio.

Embaixo, na parede, um rasgo no papel:
o Jardin des Plantes fechou os portões.
Essas fotografias são os bichos.
Farfalham flores, folhas e gravetos;
sob as plantas, cavam túneis os insetos.

Abandonemos chafariz e praça
e entremos embaixo do papel,
armados de rede e de tridente,
para enfrentar o gladiador-inseto.
Mas, quem dera poder dormir no teto...

Cirque d'Hiver

Across the floor flits the mechanical toy,
fit for a king of several centuries back.
A little circus horse with real white hair.
His eyes are glossy black.
He bears a little dancer on his back.

She stands upon her toes and turns and turns.
A slanting spray of artificial roses
is stitched across her skirt and tinsel bodice.
Above her head she poses
another spray of artificial roses.

His mane and tail are straight from Chirico.
He has a formal, melancholy soul.
He feels her pink toes dangle toward his back
along the little pole
that pierces both her body and her soul

and goes through his, and reappears below,
under his belly, as a big tin key.
He canters three steps, then he makes a bow,
canters again, bows on one knee,
canters, then clicks and stops, and looks at me.

The dancer, by this time, has turned her back.
He is the more intelligent by far.
Facing each other rather desperately —
his eye is like a star —
we stare and say, "Well, we have come this far."

Cirque d'Hiver

É um brinquedo de corda digno de um rei
de uma outra era: cavalo e bailarina.
Um cavalo de circo, de olhos negros,
branco no pelo e na crina.
Sobre ele vai montada a bailarina.

Na ponta dos pés, ela rodopia.
Tem um ramo de flores artificiais
na saia e no corpete de ouropel.
Sobre a cabeça, traz
um outro ramo de flores artificiais.

A cauda do cavalo é puro Chirico.
É formal e melancólica a sua alma.
Ele sente em seu dorso a perna leve
da bailarina calma
em torno da haste que a perfura, corpo e alma,

e lhe atravessa o corpo, saindo por fim
sob seu ventre como uma chave de lata.
Ele dá três passos, faz uma mesura,
anda mais um pouco, dobra uma das patas,
anda, estala, para e olha para mim.

A dançarina, a essa altura, está de costas.
O cavalo é o mais arguto dos dois.
Entreolhamo-nos, com certo desespero,
e dizemos depois:
"É, até aqui chegamos nós dois."

NORTE & SUL / NORTH & SOUTH (1946)

Florida

The state with the prettiest name,
the state that floats in brackish water,
held together by mangrove roots
that bear while living oysters in clusters,
and when dead strew white swamps with skeletons,
dotted as if bombarded, with green hummocks
like ancient cannon-balls sprouting grass.
The state full of long S-shaped birds, blue and white,
and unseen hysterical birds who rush up the scale
every time in a tantrum.
Tanagers embarrassed by their flashiness,
and pelicans whose delight it is to clown;
who coast for fun on the strong tidal currents
in and out among the mangrove islands
and stand on the sand-bars drying their damp gold wings
on sun-lit evenings.
Enormous turtles, helpless and mild,
die and leave their barnacled shells on the beaches,
and their large white skulls with round eye-sockets
twice the size of a man's.
The palm trees clatter in the stiff breeze
like the bills of the pelicans. The tropical rain comes down
to freshen the tide-looped strings of fading shells:
Job's Tear, the Chinese Alphabet, the scarce Junonia,
parti-colored pectins and Ladies' Ears,
arranged as on a gray rag of rotted calico,
the buried Indian Princess's skirt;
with these the monotonous, endless, sagging coast-line
is delicately ornamented.

Thirty or more buzzards are drifting down, down, down,
over something they have spotted in the swamp,

Flórida

O estado de nome mais bonito,
o estado que flutua em água salobra,
sustentado por raízes de mangues
que vivas geram crostas de ostras,
e mortas espargem esqueletos em brejos brancos,
pontilhados, como se bombardeados, com outeiros verdes
como velhas balas de canhão em que brota grama.
O estado cheio de aves compridas em forma de S, azuis e brancas,
e aves histéricas invisíveis que sobem a escala depressa
num eterno chilique.
Tangarás envergonhados do próprio espalhafato,
e pelicanos palhaços por puro prazer;
que deslizam à toa nas fortes correntezas
por entre as ilhas dos manguezais
e sobem nos bancos de areia secando as asas douradas
em tardes ensolaradas.
Enormes tartarugas, indefesas e mansas,
morrem e deixam os cascos incrustados de cracas nas praias,
e os grandes crânios brancos de órbitas redondas
do tamanho de duas órbitas humanas.
As palmeiras estalam na brisa forte
como os bicos dos pelicanos. A chuva tropical revira
a fieira de cascas desbotadas estendida pela maré:
lágrimas-de-jó, alfabeto-chinês, a rara Junonia,
pectinas furta-cor e orelhas-de-moças,
dispostas como se num trapo de chita podre,
a saia da princesa índia enterrada;
com elas a linha da costa, monótona, infinita, curvada,
é delicadamente ornada.

Mais de trinta urubus vêm descendo, descendo,
atraídos por algo que viram no pântano,

in circles like stirred-up flakes of sediment
sinking through water.
Smoke from woods-fires filters fine blue solvents.
On stumps and dead trees the charring is like black velvet.
The mosquitoes
go hunting to the tune of their ferocious obbligatos.
After dark, the fireflies map the heavens in the marsh
until the moon rises.
Cold white, not bright, the moonlight is coarse-meshed,
and the careless, corrupt state is all black specks
too far apart, and ugly whites; the poorest
post-card of itself.
After dark, the pools seem to have slipped away.
The alligator, who has five distinct calls:
friendliness, love, mating, war, and a warning—
whimpers and speaks in the throat
of the Indian Princess.

traçando círculos, como flocos de sedimento
afundando na água.
Fumaça de fogo na mata filtra finos solventes azuis.
Nos tocos e troncos mortos o carvão é como veludo negro.
Os mosquitos
vão à caça ao som de seus *obbligati* ferozes.
Cai a noite e os vaga-lumes mapeiam os céus no charco
até a lua nascer.
Branco e frio, fosco, o luar tem uma malha grossa,
e o estado desleixado e corrupto é todo manchas negras
longe demais uma da outra, e brancos feios; o mais pobre
cartão-postal de si próprio.
Cai a noite, e as poças parecem sumir.
O jacaré, que tem cinco gritos distintos:
amizade, amor, acasalamento, guerra e um alerta —
geme e fala com a garganta
da princesa índia.

Roosters

At four o'clock
in the gun-metal blue dark
we hear the first crow of the first cock

just below
the gun-metal blue window
and immediately there is an echo

off in the distance,
then one from the backyard fence,
then one, with horrible insistence,

grates like a wet match
from the broccoli patch,
flares, and all over town begins to catch.

Cries galore
come from the water-closet door;
from the dropping-plastered henhouse floor,

where in the blue blur
their rustling wives admire,
the roosters brace their cruel feet and glare

with stupid eyes
while from their beaks there rise
the uncontrolled, traditional cries.

Deep from protruding chests
in green-gold medals dressed,
planned to command and terrorize the rest,

Galos

Quatro horas. De repente,
no azul metálico da noite, a gente
ouve o primeiro galo dar um grito estridente

bem junto ao muro
do mesmo tom azul-escuro,
e logo vem um eco, seco e duro,

de algum lugar distante,
e outro, da cerca logo adiante,
e mais outro, horrendo e claudicante

qual fósforo molhado,
na horta, bem aqui ao lado,
acende, e incendeia toda a cidade.

Notas ferinas
vêm da porta da latrina
e do galinheiro coberto de titica,

e, sempre admirados
pelas esposas excitadas,
os galos testam os esporões afiados,

fixam o olhar parvo,
escancaram o bico ávido
e soltam o velho grito irrefreável.

Estufam o peito
amedalhado de penas, feito
para dar ordens e espalhar o medo

NORTE & SUL / NORTH & SOUTH (1946)

the many wives
who lead hens' lives
of being courted and despised;

deep from raw throats
a senseless order floats
all over town. A rooster gloats

over our beds
from rusty iron sheds
and fences made from old bedsteads,

over our churches
where the tin rooster perches,
over our little wooden northern houses,

making sallies
from all the muddy alleys,
marking out maps like Rand McNally's:

glass-headed pins,
oil-golds and copper greens,
anthracite blues, alizarins,

each one an active
displacement in perspective;
each screaming, "This is where I live!"

Each screaming
"Get up! Stop dreaming!"
Roosters, what are you projecting?

You, whom the Greeks elected
to shoot at on a post, who struggled
when sacrificed, you whom they labeled

entre as bobinhas
cortejadas com louvaminhas
e depois desprezadas como galinhas;

das gargantas nuas
espalha-se uma ordem absurda
pela cidade inteira. Um galo nos perturba

em nossos quartos,
lá de um galpão enferrujado
ou de uma cerca feita de velhos estrados,

ou do telhado cinzento
de uma igreja, duplo vivente
do galo de metal do cata-vento,

galos oriundos
dos becos mais imundos
traçando verdadeiros mapas-múndi:

alfinetes vivos
de vidro colorido,
azuis, verdes, laranja, decididos

a proclamar
alto e bom som, e sem parar,
a quem os ouça: "Aqui é o meu lugar!"

Sempre gritando:
"Chega de sonhos! Todos levantando!"
Galos, o que vocês estão projetando?

Na antiguidade
vocês já combatiam à saciedade
quando ofertados a alguma divindade,

"Very combative..."
what right have you to give
commands and tell us how to live,

cry "Here!" and "Here!"
and wake us here where are
unwanted love, conceit and war?

The crown of red
set on your little head
is charged with all your fighting blood.

Yes, that excrescence
makes a most virile presence,
plus all that vulgar beauty of iridescence.

Now in mid-air
by twos they fight each other.
Down comes a first flame-feather,

and one is flying,
with raging heroism defying
even the sensation of dying.

And one has fallen,
but still above the town
his torn-out, bloodied feathers drift down;

and what he sung
no matter. He is flung
on the gray ash-heap, lies in dung

with his dead wives
with open, bloody eyes,
while those metallic feathers oxidize.

e eram tidos
por "muito aguerridos..."
Com que direito agridem nossos ouvidos

com ordens feras
e nos despertam nesta terra
de amor malquisto, arrogância e guerra?

A coroa feia
na cabecinha altaneira
é vermelha de sangue de guerreiro.

Essa excrescência
soma-se à viril eloquência
da beleza vulgar da iridescência.

Em pleno ar,
aos pares, começam a se atracar.
E a primeira pena começa a voar.

Um, moribundo,
ainda briga, furibundo,
disposto a enfrentar sozinho o mundo.

Outro jaz na calçada,
porém suas penas arrancadas
continuam caindo, ensanguentadas;

seu canto tremendo
já afundou no esquecimento.
Seu corpo se mistura ao excremento,

os olhos duros
abertos, as penas já escuras.
Suas esposas jazem no mesmo monturo.

St. Peter's sin
was worse than that of Magdalen
whose sin was of the flesh alone;

of spirit, Peter's,
falling, beneath the flares,
among the "servants and officers."

Old holy sculpture
could set it all together
in one small scene, past and future:

Christ stands amazed,
Peter, two fingers raised
to surprised lips, both as if dazed.

But in between
a little cock is seen
carved on a dim column in the travertine

explained by gallus canit;
flet Petrus underneath it.
There is inescapable hope, the pivot;

yes, and there Peter's tears
run down our chanticleer's
sides and gem his spurs.

Tear-encrusted thick
as a medieval relic
he waits. Poor Peter, heart-sick,

still cannot guess
those cock-a-doodles yet might bless,
his dreadful rooster come to mean forgiveness,

Maria Madalena
pecou com a carne apenas,
o que, afinal, é falta bem pequena

se comparada
com a de Pedro, cujo pecado
foi do espírito, ali "entre os guardas".

Numa escultura antiga
a cena inteira é resumida:
Cristo olha, como quem não acredita,

para Pedro,
que leva aos lábios um dedo,
petrificado de espanto e de medo.

Mas no intervalo
entre os dois homens sem fala,
talhado numa coluna, vê-se um galo,

e, como lembrete,
a inscrição *gallus canit; flet
Petrus*. Porém o episódio promete

esperança: Pedro chora,
e suas lágrimas escorrem
galo abaixo, e perlam suas esporas.

Lavado em pranto, qual
uma relíquia medieval,
ele espera. Pedro, coitado, mal

sonha que esses tão
temidos cocorocós hão
de tornar-se um dos emblemas do perdão,

a new weathervane
on basilica and barn,
and that outside the Lateran

there would always be
a bronze cock on a porphyry
pillar so the people and the Pope might see

that even the Prince
of the Apostles long since
had been forgiven, and to convince

all the assembly
that "Deny deny deny"
is not all the roosters cry.

In the morning
a low light is floating
in the backyard, and gilding

from underneath
the broccoli, leaf by leaf;
how could the night have come to grief?

gilding the tiny
floating swallow's belly
and lines of pink cloud in the sky,

the day's preamble
like wandering lines in marble.
The cocks are now almost inaudible.

The sun climbs in,
following "to see the end,"
faithful as enemy, or friend.

um cata-vento
no alto de cada templo,
e que diante do Latrão haverá sempre

sobre um pilar
um galo de bronze, a lembrar
ao papa e a quem por lá possa passar

que até a fraqueza
do primeiro príncipe da Igreja
foi perdoada, e para que finalmente veja

mesmo o mais cego
que "cocorocó" tem outro emprego
além do simples "eu nego, nego, e nego".

E quando
o dia vem raiando,
uma luz aos poucos vai dourando

na diagonal
os brócolis no quintal;
como que a noite terminou tão mal?

e, além das folhinhas,
doura o ventre das andorinhas
e as nuvens que traçam, retilíneas,

o dia em seu papel.
Já os galos calaram seu escarcéu.
E, "para ver o fim", surge no céu

o sol renascido,
fiel como um inimigo
ou como (dá no mesmo) um amigo.

Little Exercise

for Thomas Edwards Wanning

Think of the storm roaming the sky uneasily
like a dog looking for a place to sleep in,
listen to it growling.

Think how they must look now, the mangrove keys
lying out there unresponsive to the lightning
in dark, coarse-fibred families,

where occasionally a heron may undo his head,
shake up his feathers, make an uncertain comment
when the surrounding water shines.

Think of the boulevard and the little palm trees
all stuck in rows, suddenly revealed
as fistfuls of limp fish-skeletons.

It is raining there. The boulevard
and its broken sidewalks with weeds in every crack
are relieved to be wet, the sea to be freshened.

Now the storm goes away again in a series
of small, badly lit battle-scenes,
each in "Another part of the field."

Think of someone sleeping in the bottom of a row-boat
tied to a mangrove root or the pile of a bridge;
think of him as uninjured, barely disturbed.

Pequeno Exercício

para Thomas Edwards Wanning

Pense na tempestade vagando no céu, inquieta,
como um cão procurando um lugar para dormir,
ouça o rugido dela.

Pense como devem estar agora as ilhotas no mangue,
lá longe, indiferentes aos relâmpagos,
formando famílias escuras, de fibras grosseiras,

onde uma garça vez por outra despenteia-se,
arrufa as penas, faz um vago comentário
quando reluz a água a seu redor.

Pense na avenida e nas palmeirinhas todas
enfileiradas, reveladas de repente
como punhados de esqueletos de peixes.

Lá está chovendo. A avenida
e as calçadas quebradas, com capim nas rachaduras,
estão aliviadas por molhar-se, e o mar por dessalgar-se.

Agora a tempestade vai embora numa série
de cenas curtas de batalha, mal iluminadas,
cada uma delas "numa outra parte do campo".

Pense em alguém dormindo no fundo de um barco a remo
atado a uma raiz de mangue ou uma ponte,
alguém ileso, quase imperturbado.

The Fish

I caught a tremendous fish
and held him beside the boat
half out of water, with my hook
fast in a corner of his mouth.
He didn't fight.
He hadn't fought at all.
He hung a grunting weight,
battered and venerable
and homely. Here and there
his brown skin hung in strips
like ancient wallpaper,
and its pattern of darker brown
was like wallpaper:
shapes like full-blown roses
stained and lost through age.
He was speckled with barnacles,
fine rosettes of lime,
and infested
with tiny white sea-lice,
and underneath two or three
rags of green weed hung down.
While his gills were breathing in
the terrible oxygen
— the frightening gills,
fresh and crisp with blood,
that can cut so badly —
I thought of the coarse white flesh
packed in like feathers,
the big bones and the little bones,
the dramatic reds and blacks
of his shiny entrails,
and the pink swim-bladder

O Peixe

Peguei um tremendo peixe
e o segurei junto ao barco,
metade den'd'água, o anzol
fincado no canto da boca.
Ele não se debateu.
Nem tentou se safar.
Pesado de doer a mão,
arranhado, venerando,
e feio. A pele pendia em tiras
pardacentas, feito papel
de parede descascando,
com um padrão mais escuro
igual a papel de parede:
formas de rosas abertas
manchadas, difusas com a idade.
Estava coberto de cracas,
finas rosetas calcárias,
e infestado
de pontos brancos de parasitas,
e andrajos de algas verdes
grudavam-se no seu ventre.
Suas guelras respiravam
o terrível oxigênio
— as guelras assustadoras,
túmidas de sangue vivo,
capazes de cortar a fundo —
e pensei na carne branca,
que se abria como penas,
espinhas grossas e finas,
tons vivos, preto e vermelho,
das vísceras reluzentes,
e a bexiga natatória,

like a big peony.
I looked into his eyes
which were far larger than mine
but shallower, and yellowed,
the irises backed and packed
with tarnished tinfoil
seen through the lenses
of old scratched isinglass.
They shifted a little, but not
to return my stare.
— It was more like the tipping
of an object toward the light.
I admired his sullen face,
the mechanism of his jaw,
and then I saw
that from his lower lip
— if you could call it a lip —
grim, wet, and weaponlike,
hung five old pieces of fish-line,
or four and a wire leader
with the swivel still attached,
with all their five big hooks
grown firmly in his mouth.
A green line, frayed at the end
where he broke it, two heavier lines,
and a fine black thread
still crimped from the strain and snap
when it broke and he got away.
Like medals with their ribbons
frayed and wavering,
a five-haired beard of wisdom
trailing from his aching jaw.
I stared and stared
and victory filled up
the little rented boat,

142   ELIZABETH BISHOP

como uma peônia rosa.
Olhei-o nos olhos,
muito maiores que os meus,
mas mais rasos, amarelos,
com um fundo de papel
de alumínio manchado,
visto através de velhas
lentes de mica arranhadas.
Mexeram-se um pouco, mas não
para retribuir meu olhar.
— Era como um objeto
que se inclina para a luz.
Admirei o rosto grave,
o mecanismo da mandíbula,
e então percebi, pendurados
do lábio inferior
— se "lábio" é mesmo a palavra —
úmido, ameaçador,
cinco velhas linhas de pescar,
ou quatro e um guia de arame
ainda com o girador,
e cinco anzóis grandes
cravados fundo na boca.
Uma linha verde, esgarçada
onde partiu, duas mais grossas
e um fino fio preto, torcido
pela tensão antes do instante
em que ele o quebrou e escapou.
Como medalhas com fitas
desfiadas, tremulantes, ·
barba austera, só cinco fios,
naquele queixo sofrido.
Eu olhava, eu olhava,
e a vitória ia enchendo
o barquinho alugado,

from the pool of bilge
where oil had spread a rainbow
around the rusted engine
to the bailer rusted orange,
the sun-cracked thwarts,
the oarlocks on their strings,
the gunnels — until everything
was rainbow, rainbow, rainbow!
And I let the fish go.

desde a poça d'água no fundo
com seu arco-íris de óleo
contornando o motor ferrugento,
e o balde rubro de ferrugem,
os bancos rachados de sol,
as forquetas dos remos,
as bordaduras — tudo era
arco-íris, de fora a fora!
E deixei o peixe ir embora.

Late Air

From a magician's midnight sleeve
the radio-singers
distribute all their love-songs
over the dew-wet lawns.
And like a fortune-teller's
their marrow-piercing guesses are whatever you believe.

But on the Navy Yard aerial I find
better witnesses
for love on summer nights.
Five remote red lights
keep their nests there; Phoenixes
burning quietly, where the dew cannot climb.

Noturno

Da manga escura de um mágico
    os cantores do rádio
espalham canções de amor
pela grama, sobre o orvalho noturno.
    E preveem para o futuro,
qual cartomantes, o que se quiser supor.

Mas na antena do estaleiro distingo
    observadores mais dignos
de apreciar o amor. Do alto de seu galho,
cinco luzes vermelhas, remotas,
    se aninham; fênix silenciosas,
ardendo onde nunca chega o orvalho.

Cootchie

Cootchie, Miss Lula's servant, lies in marl,
black into white she went
        below the surface of the coral-reef.
Her life was spent
        in caring for Miss Lula, who is deaf,
eating her dinner off the kitchen sink
while Lula ate hers off the kitchen table.
The skies were egg-white for the funeral
        and the faces sable.

Tonight the moonlight will alleviate
the melting of the pink wax roses
        planted in tin cans filled with sand
placed in a line to mark Miss Lula's losses;
        but who will shout and make her understand?
Searching the land and sea for someone else,
the lighthouse will discover Cootchie's grave
and dismiss all as trivial; the sea, desperate,
        will proffer wave after wave.

Cootchie

Cootchie, a criada da dona Lula, jaz em marga,
negra no branco, afundou
    na superfície do recife de coral.
A vida toda ela passou
    cuidando da dona Lula, que escuta mal,
comendo seu jantar na pia da cozinha
enquanto Lula, na mesa da cozinha, comia o seu.
No enterro dela, o céu era bem alvo
    e os rostos feito breu.

Esta noite a lua vai aliviar
o desmanchar-se das rosas de cera rosada
    plantadas em latas de areia grossa
que assinalam as perdas da dona Lula, coitada;
    mas quem há de gritar pra que ela ouça?
Varrendo terra e mar em busca de outro alguém,
o farol vai dar com Cootchie em sua cova funda
e ignorá-la, por trivial; desesperado, o mar
    há de ofertar onda após onda.

Songs for a Colored Singer

I
A washing hangs upon the line,
    but it's not mine.
None of the things that I can see
    belong to me.
The neighbors got a radio with an aerial;
    we got a little portable.
They got a lot of closet space;
    we got a suitcase.

I say, "Le Roy, just how much are we owing?
Something I can't comprehend,
the more we got the more we spend..."
He only answers, "Let's get going."
Le Roy, you're earning too much money now.

I sit and look at our backyard
    and find it very hard.
What have we got for all his dollars and cents?
    — A pile of bottles by the fence.
He's faithful and he's kind
    but he sure has an inquiring mind.
He's seen a lot; he's bound to see the rest,
    and if I protest

Le Roy answers with a frown,
"Darling, when I earns I spends.
The world is wide; it still extends...
I'm going to get a job in the next town."
Le Roy, you're earning too much money now.

Canções para uma Cantora de Cor

I
Tem roupa no varal, limpinha,
    só que não é minha.
Tem muita coisa aqui espalhada,
    mas eu não tenho nada.
Tem um rádio grande no vizinho;
    nós temos um pequenino.
Lá tem armário até na sala;
    nós temos uma mala.

"Le Roy, quanto que a gente deve agora?"
pergunto. "A gente não economiza,
e gasta logo tudo quanto ganha..."
Ele só diz: "Mulher, vamos embora".
Le Roy, de onde que vem toda essa grana?

Eu fico olhando pro quintal
    e penso: vamos mal.
Todo o dinheiro que entra em nossa vida
    se gasta em bebida.
Ele é fiel, ele é carinhoso,
    mas é muito curioso.
Correu meio mundo e quer correr o resto,
    e se eu protesto

Fica enfezado, esse meu nego,
E diz: "Eu ganho, eu gasto, e pronto.
O mundo é grande, e a sorte manda...
Na próxima cidade eu arrumo emprego."
Le Roy, de onde que vem toda essa grana?

II

The time has come to call a halt;
      and so it ends.
      He's gone off with his other friends.
      He needn't try to make amends,
this occasion's all his fault.
      Through rain and dark I see his face
      across the street at Flossie's place.
      He's drinking in the warm pink glow
      to th' accompaniment of the piccolo.*

The time has come to call a halt.
I met him walking with Varella
and hit him twice with my umbrella.
Perhaps that occasion was my fault,
but the time has come to call a halt.

Go drink your wine and go get tight.
      Let the piccolo play.
      I'm sick of all your fussing anyway.
      Now I'm pursuing my own way.
I'm leaving on the bus tonight.
      Far down the highway wet and black
      I'll ride and ride and not come back.
      I'm going to go and take the bus
      and find someone monogamous.

The time has come to call a halt.
I've borrowed fifteen dollars fare
and it will take me anywhere.
For this occasion's all his fault.
The time has come to call a halt.

* Jukebox.

II

Agora não dá mais. Ah, tenha dó!
   chega de briga.
   Ele saiu lá com os amigos.
   Nem vem de conversa comigo:
agora a culpa é dele só.
   Está escuro, e chove, e mesmo assim
   eu vejo ele, lá no botequim,
   bebendo e ouvindo a música simpática
   que sai da vitrola automática.

Agora não dá mais. Ah, tenha dó:
peguei em flagra, andando com a Varella
e dei-lhe um tapa, bem na frente dela.
Daquela vez a culpa não foi dele só,
porém agora não dá mais; ah, tenha dó.

Vai, bebe, bebe, até ficar bem zonzo,
   Canta essa música baixinho.
   Pois eu enjoei do teu carinho,
   E vou tomar o meu caminho.
Comprei passagem no ônibus das onze.
   Eu vou-me embora, e não volto mais,
   por essa estrada, sem olhar pra trás.
   Mesmo que eu vá parar em deus-me-livre
   eu acho alguém que não me ponha chifre.

Agora não dá mais; ah, tenha dó.
Peguei emprestado o dinheiro da passagem
e vou embarcar numa longa viagem.
Pois dessa vez a culpa é dele só.
Agora não dá mais. Ah, tenha dó!

III

Lullaby.
Adult and child
sink to their rest.
At sea the big ship sinks and dies,
lead in its breast.

Lullaby.
Let nations rage,
let nations fall.
The shadow of the crib makes an enormous cage
upon the wall.

Lullaby.
Sleep on and on,
war's over soon.
Drop the silly, harmless toy,
pick up the moon.

Lullaby.
If they should say
you have no sense,
don't you mind them; it won't make
much difference.

Lullaby.
Adult and child
sink to their rest.
At sea the big ship sinks and dies,
lead in its breast.

III
Nana neném.
Criança e adulto
dormem fundo.
No mar, o navio ferido naufraga,
cheio de chumbo.

Nana neném.
Países brigam,
países morrem.
A sombra do berço traça na parede
uma gaiola enorme.

Nana neném.
Dorme que a guerra acaba
e o sono continua.
Larga esse brinquedo bobo
e pega a lua.

Nana neném.
Se alguém disser
que criança não tem siso,
não liga pra eles não, que isso de siso
não é preciso.

Nana neném.
Criança e adulto
dormem fundo.
No mar, o navio ferido naufraga,
cheio de chumbo.

IV

What's that shining in the leaves,
the shadowy leaves,
like tears when somebody grieves,
shining, shining in the leaves?

Is it dew or is it tears,
dew or tears,
hanging there for years and years
like a heavy dew of tears?

Then that dew begins to fall,
roll down and fall.
Maybe it's not tears at all.
See it, see it roll and fall.

Hear it falling on the ground,
hear, all around.
That is not a tearful sound,
beating, beating on the ground.

See it lying there like seeds,
like black seeds.
See it taking root like weeds,
faster, faster than the weeds,

all the shining seeds take root,
conspiring root,
and what curious flower or fruit
will grow from that conspiring root?

Fruit or flower? It is a face.
Yes, a face.
In that dark and dreary place
each seed grows into a face.

IV

Que é aquilo, entre as folhas, brilhando,
no escuro, brilhando
como se houvesse alguém chorando
no alto da árvore, brilhando?

Será orvalho ou será pranto,
orvalho ou pranto,
pendendo há tanto tempo, tanto,
pesado orvalho de pranto?

O orvalho começa a escorrer,
desce a escorrer.
Não é lágrima não, não pode ser.
Olhe só, a gota a escorrer.

Ouve só, vai cair no chão,
caiu no chão.
Não é som de lágrima, não,
pois bate e bate e bate no chão.

E se espalha feito semente,
negra semente,
cria raiz e se estende,
e cresce rapidamente,

e cada ramo em seu verdor
conspirador
vira fruta ou abre-se em flor,
cada ramo conspirador?

Nem fruta nem flor: é um rosto.
Isso, um rosto.
Nesse lugar escuro e exposto
cada semente vira um rosto.

NORTE & SUL / NORTH & SOUTH (1946)   157

Like an army in a dream
the faces seem,
darker, darker, like a dream.
They're too real to be a dream.

Como um exército num sonho
estranho e medonho,
rostos negros, como num sonho.
É real demais para ser sonho.

Anaphora

in memory of Marjorie Carr Stevens

Each day with so much ceremony
begins, with birds, with bells,
with whistles from a factory;
such white-gold skies our eyes
first open on, such brilliant walls
that for a moment we wonder
"Where is the music coming from, the energy?
The day was meant for what ineffable creature
we must have missed?" Oh promptly he
appears and takes his earthly nature
    instantly, instantly falls
    victim of long intrigue,
    assuming memory and mortal
    mortal fatigue.

More slowly falling into sight
and showering into stippled faces,
darkening, condensing all his light;
in spite of all the dreaming
squandered upon him with that look,
suffers our uses and abuses,
sinks through the drift of bodies,
sinks through the drift of classes
to evening to the beggar in the park
who, weary, without lamp or book
    prepares stupendous studies:
    the fiery event
    of every day in endless
    endless assent.

Anáfora

in memoriam de Marjorie Carr Stevens

Cada dia, cerimonioso,
começa com pássaros, e fábricas
a apitar, estrepitosas;
diante de céus aurialvos
tão claros nossos olhos se abrem,
e por um instante perguntamos:
"De onde esta força, esta melodia?
Para qual inefável criatura
que não vimos, foi feito este dia?"
Logo, logo ela surge, e assume
     sua natureza terrena
     e cai vítima da intriga,
     sob o ônus da memória,
     da mortal, mortal fadiga.

Mais lentamente, aparecem
os rostos sarapintados,
condensam sua luz, e a escurecem;
apesar de tantos sonhos
gastos nela em tal olhar,
atura nosso uso e abuso,
mergulha no fluxo de corpos,
mergulha no fluxo de classes
até chegar ao mendigo exausto
sem livro, sem luz, no lusco-fusco,
     imerso em estupendos estudos:
     este incandescente evento
     de cada dia em constante
     constante consentimento.

NORTE & SUL / NORTH & SOUTH (1946)

UMA PRIMAVERA FRIA

A COLD SPRING

(1955)

À dra. Anny Baumann
To Dr. Anny Baumann

A Cold Spring

for Jane Dewey, Maryland

Nothing is so beautiful as spring. — Hopkins

A cold spring:
the violet was flawed on the lawn.
For two weeks or more the trees hesitated;
the little leaves waited,
carefully indicating their characteristics.
Finally a grave green dust
settled over your big and aimless hills.
One day, in a chill white blast of sunshine,
on the side of one a calf was born.
The mother stopped lowing
and took a long time eating the after-birth,
a wretched flag,
but the calf got up promptly
and seemed inclined to feel gay.

The next day
was much warmer.
Greenish-white dogwood infiltrated the wood,
each petal burned, apparently, by a cigarette-butt;
and the blurred redbud stood
beside it, motionless, but almost more
like movement than any placeable color.
Four deer practised leaping over your fences.
The infant oak-leaves swung through the sober oak.
Song-sparrows were wound up for the summer,
and in the maple the complementary cardinal
cracked a whip, and the sleeper awoke,
stretching miles of green limbs from the south.

Uma Primavera Fria

para Jane Dewey, Maryland

Nada é tão belo quanto a primavera. — Hopkins

Uma primavera fria:
uma violeta estragada no gramado.
Por duas semanas ou mais as árvores hesitaram;
as folhinhas esperaram,
indicando com cuidado as suas características.
Por fim uma poeira veneranda e verde
desceu sobre os teus morros altos e aleatórios.
Um dia, numa explosão fria e branca de sol,
na encosta de uma delas um bezerro nasceu.
A mãe parou de mugir
e ficou por um bom tempo comendo a placenta,
uma bandeira miserável,
mas o bezerro logo pôs-se em pé
e parecia inclinado a ser alegre.

O dia seguinte
foi bem mais quente.
Cornisos verde-claros infiltraram o bosque,
cada pétala parecendo queimada por uma guimba de cigarro;
e a olaia desfocada a seu lado
estava imóvel, mas era quase mais
um movimento que uma cor identificável.
Quatro veados praticavam saltar por cima das tuas cercas.
As folhas tenras do carvalho balançavam-se no carvalho severo.
Pássaros canoros estavam com a corda toda para o verão,
e no bordo um cardeal de lambuja
estalava seu chicote, e o dorminhoco despertou,
quilômetros de membros espreguiçando-se a partir do sul.

UMA PRIMAVERA FRIA / A COLD SPRING (1955)   165

In his cap the lilacs whitened,
then one day they fell like snow.
Now, in the evening,
a new moon comes.
The hills grow softer. Tufts of long grass show
where each cow-flop lies.
The bull-frogs are sounding,
slack strings plucked by heavy thumbs.
Beneath the light, against your white front door,
the smallest moths, like Chinese fans,
flatten themselves, silver and silver-gilt
over pale yellow, orange, or gray.
Now, from the thick grass, the fireflies
begin to rise:
up, then down, then up again:
lit on the ascending flight,
drifting simultaneously to the same height,
— exactly like the bubbles in champagne.
— Later on they rise much higher.
And your shadowy pastures will be able to offer
these particular glowing tributes
every evening now throughout the summer.

Em sua touca os lilases alvearam,
até que um dia caíram feito neve.
Agora, ao entardecer,
vem a lua nova.
Os morros suavizam-se. Tufos de capim alto assinalam
os montinhos de bosta de vaca.
As rãs-touros coaxam,
cordas frouxas tangidas por polegares pesados.
Abaixo da luz, contra a porta branca da tua casa,
as menores mariposas, feito leques chineses,
se achatam, prateadas e douradas
sobre um fundo amarelado, laranja ou cinza.
Agora, do capim espesso, os vaga-lumes
começam a subir:
acendem-se quando ascendem,
pairando todos na mesma altitude,
— exatamente como bolhas de champanhe.
— Mais tarde sobem bem mais alto.
E teus pastos sombrios poderão oferecer
esses exatos tributos luminosos
a cada entardecer, por todo o verão.

Over 2,000 Illustrations and a Complete Concordance

Thus should have been our travels:
serious, engravable.
The Seven Wonders of the World are tired
and a touch familiar, but the other scenes,
innumerable, though equally sad and still,
are foreign. Often the squatting Arab,
or group of Arabs, plotting, probably,
against our Christian Empire,
while one apart, with outstretched arm and hand
points to the Tomb, the Pit, the Sepulcher.
The branches of the date-palms look like files.
The cobbled courtyard, where the Well is dry,
is like a diagram, the brickwork conduits
are vast and obvious, the human figure
far gone in history or theology,
gone with its camel or its faithful horse.
Always the silence, the gesture, the specks of birds
suspended on invisible threads above the Site,
or the smoke rising solemnly, pulled by threads.
Granted a page alone or a page made up
of several scenes arranged in cattycornered rectangles
or circles set on stippled gray,
granted a grim lunette,
caught in the toils of an initial letter,
when dwelt upon, they all resolve themselves.
The eye drops, weighted, through the lines
the burin made, the lines that move apart
like ripples above sand,
dispersing storms, God's spreading fingerprint,
and painfully, finally, that ignite
in watery prismatic white-and-blue.

Mais de 2000 Ilustrações e uma Concordância Completa

Assim deviam ter sido as nossas viagens:
sérias, ilustráveis.
As Sete Maravilhas do Mundo estão gastas
e um tanto batidas, mas as outras cenas,
inumeráveis, embora tão tristes e tranquilas
quanto elas, são estrangeiras. Sempre um árabe
ou grupo de árabes, de cócoras, decerto tramando
contra o nosso império cristão,
enquanto um outro, afastado, mão e braço estendidos,
indica a Tumba, o Túmulo, o Sepulcro.
Os galhos das tamareiras lembram lixas.
O pátio de pedra, com seu Poço seco,
parece um diagrama, os dutos de tijolo
são vastos e óbvios, a figura humana
já remota na história ou teologia,
com seu camelo ou fiel cavalo.
Sempre o silêncio, o gesto, os pontinhos dos pássaros
suspensos em fios invisíveis sobre o Lugar,
ou a fumaça subindo solene, puxada por fios.
Numa página inteira, ou numa que contém
diversas cenas numa diagonal de retângulos
ou círculos contra um fundo cinza pontilhado,
ou então numa sóbria moldura,
presos nas gavinhas de uma capitular,
ao serem contemplados, todos se resolvem.
O olho cai, pesado, atravessando as linhas
traçadas a buril, linhas que se separam
como círculos na água sobre areia,
dispersando tormentas, a impressão digital de Deus,
e laboriosamente, ao fim, se incendeiam
em azul-e-branco aguado, iridescente.

UMA PRIMAVERA FRIA / A COLD SPRING (1955)

Entering the Narrows at St. Johns
the touching bleat of goats reached to the ship.
We glimpsed them, reddish, leaping up the cliffs
among the fog-soaked weeds and butter-and-eggs.
And at St. Peter's the wind blew and the sun shone madly.
Rapidly, purposefully, the Collegians marched in lines,
crisscrossing the great square with black, like ants.
In Mexico the dead man lay
in a blue arcade; the dead volcanoes
glistened like Easter lilies.
The jukebox went on playing "Ay, Jalisco!"
And at Volubilis there were beautiful poppies
splitting the mosaics; the fat old guide made eyes.
In Dingle harbor a golden length of evening
the rotting hulks held up their dripping plush.
The Englishwoman poured tea, informing us
that the Duchess was going to have a baby.
And in the brothels of Marrakesh
the little pockmarked prostitutes
balanced their tea-trays on their heads
and did their belly-dances; flung themselves
naked and giggling against our knees,
asking for cigarettes. It was somewhere near there
I saw what frightened me most of all:
A holy grave, not looking particularly holy,
one of a group under a keyhole-arched stone baldaquin
open to every wind from the pink desert.
An open, gritty, marble trough, carved solid
with exhortation, yellowed
as scattered cattle-teeth;
half-filled with dust, not even the dust
of the poor prophet paynim who once lay there.
In a smart burnoose Khadour looked on amused.

Everything only connected by "and" and "and."

Penetrando o estreito em St. Johns,
o comovente balido das cabras chegava ao navio.
E as entrevíamos, avermelhadas, saltando nos rochedos
entre flores amarelas e capim enevoados.
Na Basílica ventava e o sol brilhava ensandecido.
Lépidos, os estudantes marchavam enfileirados,
riscando de negro a grande praça, qual formigas.
No México, o cadáver jazia
numa galeria azul; vulcões extintos
brilhavam como lírios brancos.
A *jukebox* tocava "Ay, Jalisco!" sem parar.
E em Volubilis papoulas lindas rachavam
os mosaicos; o guia, velho e gordo, revirava os olhos.
Numa tarde em Dingle, num clarão de sol dourado,
os barcos podres desfaziam-se em pelúcia.
Servindo o chá, a inglesa informou-nos
de que a senhora duquesa estava grávida.
E nos bordéis de Marrakesh
as prostitutas de rosto bexiguento
equilibravam bandejas na cabeça
dançando a dança do ventre; lançavam-se,
nuas, rindo, contra nossas pernas,
pedindo cigarros. Num lugar perto dali
vi a coisa que mais me assustou:
Um santo sepulcro, de aspecto nada santo,
entre outros, num arco em forma de fechadura,
exposto a todos os ventos do deserto róseo.
Uma vala aberta, de mármore, cheia de pedregulho,
coberta de relevos admonitórios,
amarelados e esparsos, como dentes de boi;
cheio até a metade de pó, mas não o pó
do pobre profeta maometano original.
Elegante, de albornoz, Khadour sorria, irônico.

Tudo ligado só por "e" e "e".

Open the book. (The gilt rubs off the edges
of the pages and pollinates the fingertips.)
Open the heavy book. Why couldn't we have seen
this old Nativity while we were at it?
— the dark ajar, the rocks breaking with light,
an undisturbed, unbreathing flame,
colorless, sparkless, freely fed on straw,
and, lulled within, a family with pets,
— and looked and looked our infant sight away.

Abra o livro. (As bordas das páginas
soltam o dourado, polinizando os dedos.)
Abra o livro pesado. Por que não fomos ver
esta velha Natividade, já que estávamos por lá?
— a treva entreaberta, as pedras explodindo em luz,
uma chama imóvel, imperturbável,
sem cor, sem chispas, devorando a palha,
e, lá dentro, acalentada, uma família com seus bichos,
— e olhar com olhar insaciável de criança.

The Bight

[On my birthday]

At low tide like this how sheer the water is.
White, crumbling ribs of marl protrude and glare
and the boats are dry, the pilings dry as matches.
Absorbing, rather than being absorbed,
the water in the bight doesn't wet anything,
the color of the gas flame turned as low as possible.
One can smell it turning to gas; if one were Baudelaire
one could probably hear it turning to marimba music.
The little ocher dredge at work off the end of the dock
already plays the dry perfectly off-beat claves.
The birds are outsize. Pelicans crash
into this peculiar gas unnecessarily hard,
it seems to me, like pickaxes,
rarely coming up with anything to show for it,
and going off with humorous elbowings.
Black-and-white man-of-war birds soar
on impalpable drafts
and open their tails like scissors on the curves
or tense them like wishbones, till they tremble.
The frowsy sponge boats keep coming in
with the obliging air of retrievers,
bristling with jackstraw gaffs and hooks
and decorated with bobbles of sponges.
There is a fence of chicken wire along the dock
where, glinting like little plowshares,
the blue-gray shark tails are hung up to dry
for the Chinese-restaurant trade.
Some of the little white boats are still piled up
against each other, or lie on their sides, stove in,
and not yet salvaged, if they ever will be, from the last bad storm,

A Baía

[*No dia do meu aniversário*]

Agora na vazante, a água é cristalina.
Frágeis costelas de alva marga brilham ao sol
e os barcos e os pilares estão secos como fósforos.
Mais absorvente que absorvida,
a água da baía não molha nada,
cor de chama de gás aberta ao mínimo.
Dá pra senti-la transformar-se em gás; Baudelaire
provavelmente a ouviria virar um solo de marimba.
A draga amarela operando na ponta do cais
já toca notas secas, perfeitamente sincopadas.
As aves são enormes. Os pelicanos chocam-se
contra esse gás estranho com uma força excessiva,
me parece, como se fossem picaretas,
e quase nunca emergem com algo nos bicos,
e vão embora se acotovelando; é cômico.
Gaivotas preto e branco levitam
em correntezas impalpáveis
e abrem as caudas nas curvas qual tesouras
ou as retesam, trêmulas, como ossos da sorte.
Barquinhos desleixados vêm chegando
com um ar prestativo de cães de caça,
pega-varetas de vergas e ganchos
enfeitados com as esponjas pescadas.
No cais, penduradas numa cerca de tela de arame,
reluzentes como arados em miniatura,
caudas de tubarões secam ao sol —
serão vendidas aos restaurantes chineses.
Alguns barquinhos brancos ainda estão amontoados
um contra o outro, ou deitados de lado, esmagados,
aguardando conserto desde a última tormenta,

UMA PRIMAVERA FRIA / A COLD SPRING (1955)

like torn-open, unanswered letters.
The bight is littered with old correspondences.
Click. Click. Goes the dredge,
and brings up a dripping jawful of marl.
All the untidy activity continues,
awful but cheerful.

como envelopes abertos de cartas não respondidas.
A baía está coberta de correspondência antiga.
Taque. Taque. É a draga,
trazendo à tona uma bocada de marga a respingar.
A atividade confusa continua,
medonha, mas animada.

A Summer's Dream

To the sagging wharf
few ships could come.
The population numbered
two giants, an idiot, a dwarf,

a gentle storekeeper
asleep behind his counter,
and our kind landlady —
the dwarf was her dressmaker.

The idiot could be beguiled
by picking blackberries,
but then threw them away.
The shrunken seamstress smiled.

By the sea, lying
blue as a mackerel,
our boarding house was streaked
as though it had been crying.

Extraordinary geraniums
crowded the front windows,
the floors glittered with
assorted linoleums.

Every night we listened
for a horned owl.
In the horned lamp flame,
the wallpaper glistened.

The giant with the stammer
was the landlady's son,

Sonho de Verão

Aquele cais afundado
recebia poucos barcos.
Lá viviam dois gigantes,
uma anã, um retardado,

um lojista, que toda a manhã
cochilava em seu balcão,
e a simpática senhoria —
a costureira dela era a anã.

O retardado passava o dia
colhendo amoras, para distrair-se,
mas depois as jogava fora.
A costureira miúda sorria.

Nossa pensão, à beira-mar,
azul como uma cavalinha,
era riscada, feito o rosto
de quem acabou de chorar.

Gerânios extraordinários
transbordavam das janelas,
e no assoalho reluziam
linóleos de tipos vários.

À noite a gente escutava
o pio do mocho-orelhudo.
À luz do lampião de óleo
o papel de parede brilhava.

A senhoria simpática
tinha um filho, um gigante gago,

grumbling on the stairs
over an old grammar.

He was morose,
but she was cheerful.
The bedroom was cold,
the feather bed close.

We were wakened in the dark by
the somnambulist brook
nearing the sea,
still dreaming audibly.

que subia a escada recitando
trechos de uma velha gramática.

Vivia emburrado, o sujeito,
mas a mãe dele era alegre.
O nosso quarto era frio,
e o colchão de penas, estreito.

No escuro, a gente acordava
com o riacho sonâmbulo
que, desaguando no mar,
em voz alta, ainda sonhava.

At the Fishhouses

Although it is a cold evening,
down by one of the fishhouses
an old man sits netting,
his net, in the gloaming almost invisible
a dark purple-brown,
and his shuttle worn and polished.
The air smells so strong of codfish
it makes one's nose run and one's eyes water.
The five fishhouses have steeply peaked roofs
and narrow, cleated gangplanks slant up
to storerooms in the gables
for the wheelbarrows to be pushed up and down on.
All is silver: the heavy surface of the sea,
swelling slowly as if considering spilling over,
is opaque, but the silver of the benches,
the lobster pots, and masts, scattered
among the wild jagged rocks,
is of an apparent translucence
like the small old buildings with an emerald moss
growing on their shoreward walls.
The big fish tubs are completely lined
with layers of beautiful herring scales
and the wheelbarrows are similarly plastered
with creamy iridescent coats of mail,
with small iridescent flies crawling on them.
Up on the little slope behind the houses,
set in the sparse bright sprinkle of grass,
is an ancient wooden capstan,
cracked, with two long bleached handles
and some melancholy stains, like dried blood,
where the ironwork has rusted.
The old man accepts a Lucky Strike.

No Pesqueiro

Embora a tarde esteja fria,
ao lado de um dos armazéns
um velho conserta uma rede,
sua rede, quase invisível no lusco-fusco,
um tom arroxeado de marrom,
com uma lançadeira lisa e gasta.
É tão forte o cheiro de bacalhau
que o nariz escorre e os olhos lacrimejam.
Os cinco armazéns têm telhados bem íngremes
com pranchas estreitas que vão
até os depósitos nas cumeeiras,
por onde sobem e descem os carrinhos de mão.
Tudo é prateado: a superfície pesada do mar,
inchando aos poucos, como quem pensa em transbordar,
é opaca, mas o prateado dos bancos,
os covos de lagostas, e os mastros, espalhados
por entre as pedras de bordas aguçadas,
é de uma translucidez aparente
tal como os prédios, pequenos e velhos, com musgo
verde-esmeralda nas paredes voltadas para o mar.
Os tanques de peixes são completamente cobertos
por camadas de belas escamas de arenques,
e os carrinhos de mão também ostentam
cotas de malha cremosas, iridescentes,
onde pululam moscas igualmente iridescentes.
Na pequena elevação atrás dos prédios,
em meio a um ou outro tufo de capim de um verde vivo,
há um vetusto cabrestante de madeira,
rachado, com dois longos cabos descorados
e umas manchas melancólicas, como sangue seco,
deixadas pelas ferragens enferrujadas.
O velho aceita um Lucky Strike.

He was a friend of my grandfather.
We talk of the decline in the population
and of codfish and herring
while he waits for a herring boat to come in.
There are sequins on his vest and on his thumb.
He has scraped the scales, the principal beauty,
from unnumbered fish with that black old knife,
the blade of which is almost worn away.

Down at the water's edge, at the place
where they haul up the boats, up the long ramp
descending into the water, thin silver
tree trunks are laid horizontally
across the gray stones, down and down
at intervals of four or five feet.

Cold dark deep and absolutely clear,
element bearable to no mortal,
to fish and to seals... One seal particularly
I have seen here evening after evening.
He was curious about me. He was interested in music;
like me a believer in total immersion,
so I used to sing him Baptist hymns.
I also sang "A mighty fortress is our God".
He stood up in the water and regarded me
steadily, moving his head a little.
Then he would disappear, then suddenly emerge
almost in the same spot, with a sort of shrug
as if it were against his better judgment.
Cold dark deep and absolutely clear,
the clear gray icy water... Back, behind us,
the dignified tall firs begin.
Bluish, associating with their shadows,
a million Christmas trees stand
waiting for Christmas. The water seems suspended

Ele era amigo de meu avô.
Falamos sobre o declínio da população
e bacalhaus e arenques
enquanto ele aguarda chegar um barco de pesca de arenque.
Ele tem lantejoulas no colete e no polegar.
Ele raspou as escamas, o que há de mais belo,
de uma infinidade de peixes com aquela velha faca preta,
cuja lâmina de tão gasta já quase se acabou.

À beira do mar, lá onde
ficam os barcos, na rampa comprida
que desce até a água, troncos de árvores
finos e prateados repousam na horizontal
sobre as pedras cinzentas, rampa abaixo,
com intervalos de um metro e meio.

Fria e escura e funda e absolutamente límpida,
elemento propício a nenhum mortal,
peixes e focas... Uma foca
em particular eu via aqui todas as tardes.
Ela me olhava, curiosa. Interessava-se por música;
tal como eu, acreditava na imersão total,
e assim eu lhe cantava hinos batistas.
Cantava também "Castelo forte é o nosso Deus".
Ela levantava-se na água e me encarava
fixamente, balançando a cabeça de leve.
Depois sumia, e emergia de repente
quase no mesmo lugar, meio que dando de ombros
como se soubesse que não devia fazer aquilo.
Fria e escura e funda e absolutamente límpida,
a água límpida e cinzenta e gélida... Atrás de nós,
erguem-se os pinheiros altos e dignos.
Azuladas, confundindo-se com suas sombras,
um milhão de árvores de Natal
aguardam a chegada do Natal. A água parece suspensa

UMA PRIMAVERA FRIA / A COLD SPRING (1955)

above the rounded gray and blue-gray stones.
I have seen it over and over, the same sea, the same,
slightly, indifferently swinging above the stones,
icily free above the stones,
above the stones and then the world.
If you should dip your hand in,
your wrist would ache immediately,
your bones would begin to ache and your hand would burn
as if the water were a transmutation of fire
that feeds on stones and burns with a dark gray flame.
If you tasted it, it would first taste bitter,
then briny, then surely burn your tongue.
It is like what we imagine knowledge to be:
dark, salt, clear, moving, utterly free,
drawn from the cold hard mouth
of the world, derived from the rocky breasts
forever, flowing and drawn, and since
our knowledge is historical, flowing, and flown.

acima das pedras redondas, cinza ou cinza-azuladas.
Já o vi tantas vezes, o mesmo mar, o mesmo,
balançando-se de leve, indiferente, sobre as pedras,
gélido e livre sobre as pedras,
sobre as pedras e então o mundo.
Se você mergulhasse a mão,
o pulso doeria imediatamente,
os ossos começariam a doer e a mão a arder
como se a água fosse fogo transmudado,
um fogo que arde nas pedras, com uma chama cinza-escura.
Se você a provasse, o sabor seria primeiro amargo,
depois salgado, depois certamente lhe queimaria a língua.
É assim que imaginamos a verdade:
escura, salgada, límpida, movente, totalmente livre,
colhida na boca fria e dura
do mundo, derivada dos peitos pétreos
para sempre, fluindo e colhida, e como
nosso saber é histórico, fluida e fugidia.

Cape Breton

Out on the high "bird islands," Ciboux and Hertford,
the razorbill auks and the silly-looking puffins all stand
with their backs to the mainland
in solemn, uneven lines along the cliff's brown grass-frayed edge,
while the few sheep pastured there go "Baaa, baaa."
(Sometimes, frightened by aeroplanes, they stampede
and fall over into the sea or onto the rocks.)
The silken water is weaving and weaving,
disappearing under the mist equally in all directions,
lifted and penetrated now and then
by one shag's dripping serpent-neck,
and somewhere the mist incorporates the pulse,
rapid but unurgent, of a motorboat.

The same mist hangs in thin layers
among the valleys and gorges of the mainland
like rotting snow-ice sucked away
almost to spirit; the ghosts of glaciers drift
among those folds and folds of fir: spruce and hackmatack—
dull, dead, deep peacock-colors,
each riser distinguished from the next
by an irregular nervous saw-tooth edge,
alike, but certain as a stereoscopic view.

The wild road clambers along the brink of the coast.
On it stand occasional small yellow bulldozers,
but without their drivers, because today is Sunday.
The little white churches have been dropped into the matted hills like lost quartz
[arrowheads.
The road appears to have been abandoned.
Whatever the landscape had of meaning appears to have been abandoned,
unless the road is holding it back, in the interior,

188   ELIZABETH BISHOP

Cape Breton

Nas "ilhas dos pássaros", altas, Ciboux e Hertford,
as alcas e os papagaios-do-ar, com caras de bobos, todos dão
as costas para o continente
em filas solenes, irregulares, na beira do penhasco gramado,
enquanto os poucos carneiros que lá pastam fazem "bééé, bééé".
(Às vezes, com medo dos aviões, saem em debandada
e caem no mar ou nas rochas.)
A água sedosa zanza, zanza,
sumindo sob a névoa por igual por toda parte,
levantada e penetrada de vez em quando
pelo pescoço serpentino de um biguá,
e em algum lugar a névoa incorpora o pulso,
rápido mas sem pressa, de um barco a motor.

A mesma névoa pende em finas camadas
por entre os vales e gargantas do continente
como neve endurecida que apodrece e se transforma
quase em espírito; fantasmas de geleiras deslizam
entre essas dobras e dobras de abetos; píceas e lariços —
cores mortiças, mortas, intensas, de penas de pavões,
cada degrau separado do que o segue
por uma borda nervosa e irregular, como um serrote,
semelhante, mas preciso como uma imagem estereoscópica.

A estrada de terra sobe bordejando a costa.
Aqui e ali destaca-se um pequeno buldôzer amarelo,
mas sem operador, porque é domingo.
As igrejinhas alvas foram largadas nos morros atapetados
como pontas de flecha de quartzo perdidas.
A estrada parece abandonada.
Qualquer sentido que a paisagem tivesse parece ter sido abandonado,
a menos que a estrada o contenha, no interior,

UMA PRIMAVERA FRIA / A COLD SPRING (1955)

where we cannot see,
where deep lakes are reputed to be,
and disused trails and mountains of rock
and miles of burnt forests standing in gray scratches
like the admirable scriptures made on stones by stones—
and these regions now have little to say for themselves
except in thousands of light song-sparrow songs floating upward
freely, dispassionately, through the mist, and meshing
in brown-wet, fine, torn fish-nets.

A small bus comes along, in up-and-down rushes,
packed with people, even to its step.
(On weekdays with groceries, spare automobile parts, and pump parts,
but today only two preachers extra, one carrying his frock coat on a hanger.)
It passes the closed roadside stand, the closed schoolhouse,
where today no flag is flying
from the rough-adzed pole topped with a white china doorknob.
It stops, and a man carrying a baby gets off,
climbs over a stile, and goes down through a small steep meadow,
which establishes its poverty in a snowfall of daisies,
to his invisible house beside the water.

The birds keep on singing, a calf bawls, the bus starts.
The thin mist follows
the white mutations of its dream;
an ancient chill is rippling the dark brooks.

onde não chega a nossa vista,
onde se diz haver lagos profundos,
e trilhas desusadas, e montanhas de pedra
e extensões de florestas queimadas em cicatrizes cinzentas
como as admiráveis escrituras feitas nas pedras pelas pedras —
e essas regiões agora pouco têm a dizer
além dos mil cantos ligeiros de pardais canoros subindo no ar
livres, tranquilos, por entre a névoa, entretecendo-se
com as redes escuras, úmidas, finas, rasgadas, dos pescadores.

Um ônibus pequeno vem, num sobe-e-desce,
cheio de gente, até no estribo.
(Em dias úteis trazem compras, peças de carros e de bombas hidráulicas,
mas hoje só dois pregadores a mais, um levando a sobrecasaca num cabide.)
Ele passa pela barraca de beira-estrada fechada, a escola fechada,
onde hoje não há bandeira hasteada
no mastro desbastado com enxó, com uma maçaneta de porcelana branca
[no alto.

O ônibus para, e salta um homem com um bebê,
que sobe um torniquete, e desce um prado íngreme,
que assinala sua pobreza num tapete de margaridas,
rumo a sua casa invisível junto ao mar.

Os pássaros ainda cantam, um bezerro berra, o ônibus parte.
A névoa fina segue
as alvas mutações de seu sonho;
um frio antigo faz tremer os riachos escuros.

Insomnia

The moon in the bureau mirror
looks out a million miles
(and perhaps with pride, at herself,
but she never, never smiles)
far and away beyond sleep, or
perhaps she's a daytime sleeper.

By the Universe deserted,
she'd tell it to go to hell,
and she'd find a body of water,
or a mirror, on which to dwell.
So wrap up care in a cobweb
and drop it down the well

into that world inverted
where left is always right,
where the shadows are really the body,
where we stay awake all night,
where the heavens are shallow as the sea
is now deep, and you love me.

Insônia

A lua no espelho da cômoda
está a mil milhas, ou mais
(e se olha, talvez com orgulho,
porém não sorri jamais)
muito além do sono, eu diria,
ou então só dorme de dia.

Se o Mundo a abandonasse,
ela o mandava pro inferno,
e num lago ou num espelho
faria seu lar eterno.
— Envolve em gaze e joga
tudo que te faz sofrer no

poço desse mundo inverso
onde o esquerdo é que é o direito,
onde as sombras são os corpos,
e à noite ninguém se deita,
e o céu é raso como o oceano
é profundo, e tu me amas.

The Prodigal

The brown enormous odor he lived by
was too close, with its breathing and thick hair,
for him to judge. The floor was rotten; the sty
was plastered halfway up with glass-smooth dung.
Light-lashed, self-righteous, above moving snouts,
the pigs' eyes followed him, a cheerful stare —
even to the sow that always ate her young —
till, sickening, he leaned to scratch her head.
But sometimes mornings after drinking bouts
(he hid the pints behind a two-by-four),
the sunrise glazed the barnyard mud with red;
the burning puddles seemed to reassure.
And then he thought he almost might endure
his exile yet another year or more.

But evenings the first star came to warn.
The farmer whom he worked for came at dark
to shut the cows and horses in the barn
beneath their overhanging clouds of hay,
with pitchforks, faint forked lightnings, catching light,
safe and companionable as in the Ark.
The pigs stuck out their little feet and snored.
The lantern — like the sun, going away —
laid on the mud a pacing aureole.
Carrying a bucket along a slimy board,
he felt the bats' uncertain staggering flight,
his shuddering insights, beyond his control,
touching him. But it took him a long time
finally to make his mind up to go home.

O Pródigo

O cheiro esmagador estava tão perto,
com seus pelos e bafos, que não dava
para julgá-lo. O chão era coberto
de esterco, liso como vidro. Cílios
finos, condescendentes, farejando
o tempo todo, os porcos o observavam —
até a fêmea que comia os filhos;
com nojo, ele a afagava, quando em quando.
Mas de manhã, passada a bebedeira
(e escondidas as garrafas vazias),
quando o sol avermelhava o celeiro,
ele sentia-se bem mais tranquilo.
Pensava que talvez conseguiria
viver por mais um ano ali, no exílio.

Mas a primeira estrela era um alerta.
O seu patrão vinha guardar as vacas
mais os cavalos, sempre à hora certa,
onde os forcados, sob nuvens de feno,
luziam feito relâmpagos pálidos.
Dormiam os animais, tal qual na Arca.
A lanterna — como o sol, se escondendo —
deixava atrás de si um brilho cálido
ao se afastar. Ele andava, hesitante,
com um balde, na lama escorregadia,
arrepiando-se ao roçar das asas
dos morcegos, ideias que fugiam
a seu controle. E ainda levou bastante
tempo até resolver voltar pra casa.

UMA PRIMAVERA FRIA / A COLD SPRING (1955)

Varick Street

    At night the factories
    struggle awake,
    wretched uneasy buildings
    veined with pipes
    attempt their work.
    Trying to breathe,
    the elongated nostrils
    haired with spikes
    give off such stenches, too.
And I shall sell you sell you
sell you of course, my dear, and you'll sell me.

    On certain floors
    certain wonders.
    Pale dirty light,
    some captured iceberg
    being prevented from melting.
    See the mechanical moons,
    sick, being made
    to wax and wane
    at somebody's instigation.
And I shall sell you sell you
sell you of course, my dear, and you'll sell me.

    Lights music of love
    work on. The presses
    print calendars
    I suppose; the moons
    make medicine
    or confectionery. Our bed
    shrinks from the soot

Varick Street

À noite as fábricas
despertam com esforço,
prédios inquietos infelizes
com veias de canos
tentam trabalhar.
Tomando fôlego,
as narinas alongadas
com pelos de ferro
ainda por cima fedem tanto.
E eu vou te vender te vender
é claro, meu bem, e tu vais me vender também.

Em certos andares
certas maravilhas.
Luz suja mortiça,
um *iceberg* capturado
impedido de derreter.
Veja as luas mecânicas,
mórbidas, obrigadas
a crescer e minguar
a mando de alguém.
E eu vou te vender te vender
é claro, meu bem, e tu vais me vender também.

Luzes em que atua
a música do amor. As prensas
imprimem calendários,
imagino; as luas
fazem lenitivos
ou confeitos. Nossa cama
recua da fuligem

and hapless odors
hold us close.
And I shall sell you sell you
sell you of course, my dear, and you'll sell me.

e os cheiros infaustos
nos estreitam.
E eu vou te vender te vender
é claro, meu bem, e tu vais me vender também.

Four Poems

I / Conversation

The tumult in the heart
keeps asking questions.
And then it stops and undertakes to answer
in the same tone of voice.
No one could tell the difference.

Uninnocent, these conversations start,
and then engage the senses,
only half-meaning to.
And then there is no choice,
and then there is no sense;

until a name
and all its connotations are the same.

Quatro Poemas

I / *Conversação*

O tumulto no coração
faz um monte de perguntas.
Depois para e passa a dar respostas
no mesmo tom de voz.
Impossível ver a diferença.

Desinocentes, as conversas começam,
depois envolvem os sentidos,
meio a contragosto.
Depois não há mais escolha,
depois não há mais sentido;

até que some
a diferença entre sentido e nome.

II / Rain Towards Morning

The great light cage has broken up in the air,
freeing, I think, about a million birds
whose wild ascending shadows will not be back,
and all the wires come falling down.
No cage, no frightening birds; the rain
is brightening now. The face is pale
that tried the puzzle of their prison
and solved it with an unexpected kiss,
whose freckled unsuspected hands alit.

II / *Chuva na Madrugada*

A grande gaiola de luz explodiu no ar,
libertando, creio, mais de um milhão de pássaros,
sombras que sobem, soltas, para nunca mais voltar,
e todos os fios despencam no chão.
Não há gaiola, nem pássaros assustadores; a chuva
está clareando agora. Pálido o rosto
que provou o enigma dessa prisão
e o resolveu com um beijo inesperado,
e as mãos sardentas e insuspeitas repousaram.

III / While Someone Telephones

Wasted, wasted minutes that couldn't be worse,
minutes of a barbaric condescension.
— Stare out the bathroom window at the fir-trees,
at their dark needles, accretions to no purpose
woodenly crystallized, and where two fireflies
are only lost.
Hear nothing but a train that goes by, must go by, like tension;
nothing. And wait:
maybe even now these minutes' host
emerges, some relaxed uncondescending stranger,
the heart's release.
And while the fireflies
are failing to illuminate these nightmare trees
might they not be his green gay eyes.

III / *Enquanto Alguém Dá um Telefonema*

Minutos perdidos, perdidos, não podiam ser piores,
minutos ferozmente arrogantes.
— Olha pela janela do banheiro, vê os pinheiros,
suas agulhas escuras, apêndices cristalizados
sem serventia, onde dois vaga-lumes errantes
se perderam.
Ouve só um trem que passa, tem que passar, como uma tensão;
nada. E espera:
quem sabe agora mesmo o senhor desses minutos
não surgirá, algum estranho tranquilo, sem nenhuma arrogância,
trazendo ao coração alento.
E os vaga-lumes, enquanto
não iluminam essas árvores de espanto
serão talvez seus olhos vivos, verde-cinza.

IV / O Breath

Beneath that loved   and celebrated breast;
silent, bored really   blindly veined,
grieves, maybe   lives and lets
live, passes   bets,
something moving   but invisibly,
and with what clamor   why restrained
I cannot fathom   even a ripple.
(See the thin flying   of nine black hairs
four around one   five the other nipple,
flying almost intolerably   on your own breath.)
Equivocal, but what we have in common's   bound to be there,
whatever we must own   equivalents for,
something that maybe I   could bargain with
and make a separate peace   beneath
within if   never with.

IV / *Fôlego*

Sob aquele peito   amado e célebre,
calado, no fundo entediado   com veias cegas,
sofre, talvez   viva e deixe correr
o barco, sem   pagar para ver,
algo a mover-se   mas invisível,
e com clamor   só que contido
nenhum tremor   tudo tranquilo.
(Vê o voo fino   de nove pelos negros
quatro em torno de um   cinco do outro mamilo,
voo quase insuportável   no vento do teu próprio hálito.)
Ambíguo, mas o que temos em comum   tem que estar lá,
seja lá o que havemos de ter   de equivalente,
algo com que eu talvez possa   entrar num acordo
um tratado de paz   debaixo
dentro dele já que   jamais com ele.

Invitation to Miss Marianne Moore

From Brooklyn, over the Brooklyn Bridge, on this fine morning,
    please come flying.
In a cloud of fiery pale chemicals,
    please come flying,
to the rapid rolling of thousands of small blue drums
descending out of the mackerel sky
over the glittering grandstand of harbor-water,
    please come flying.

Whistles, pennants and smoke are blowing. The ships
are signaling cordially with multitudes of flags
rising and falling like birds all over the harbor.
Enter: two rivers, gracefully bearing
countless little pellucid jellies
in cut-glass epergnes dragging with silver chains.
The flight is safe; the weather is all arranged.
The waves are running in verses this fine morning.
    Please come flying.

Come with the pointed toe of each black shoe
trailing a sapphire highlight,
with a black capeful of butterfly wings and bon-mots,
with heaven knows how many angels all riding
on the broad black brim of your hat,
    please come flying.

Bearing a musical inaudible abacus,
a slight censorious frown, and blue ribbons,
    please come flying.
Facts and skyscrapers glint in the tide; Manhattan
is all awash with morals this fine morning,
    so please come flying.

Convite a Marianne Moore

Do Brooklyn, por sobre a Brooklyn Bridge, nesta manhã tão bela,
    venha voando.
Numa clara nuvem química de fogo,
    venha voando,
ao rápido rufar de mil tambores azuis
a descer do céu encarneirado
e se espalhar sobre a arquibancada brilhante da enseada,
    venha voando.

Apitos, fumaça e flâmulas dançam ao vento. Navios
trocam sinais cordialmente com uma abundância de bandeiras
que sobem e descem como pássaros por todo o porto.
Entram dois rios, portando, graciosos,
tantas geleiazinhas translúcidas
em centros de mesa de cristal a arrastar correias de prata.
É céu de brigadeiro, conforme o combinado.
As ondas se sucedem como versos nesta manhã tão bela.
    Venha voando.

Venha traçando com o bico fino de cada sapato preto
uma trilha cor de safira,
a capa cheia de asas de borboleta e blagues,
e só Deus sabe quantos anjos encarapitados
na aba negra e larga do chapéu,
    venha voando.

Trazendo um ábaco inaudível, musical,
a fronte um pouco franzida de censura, e fitas azuis,
    venha voando.
Fatos e arranha-céus brilham na água; Manhattan
está inundada de moral e bons costumes nesta manhã tão bela,
    por isso venha voando.

UMA PRIMAVERA FRIA / A COLD SPRING (1955)

Mounting the sky with natural heroism,
above the accidents, above the malignant movies,
the taxicabs and injustices at large,
while horns are resounding in your beautiful ears
that simultaneously listen to
a soft uninvented music, fit for the musk deer,
        please come flying.

For whom the grim museums will behave
like courteous male bower-birds,
for whom the agreeable lions lie in wait
on the steps of the Public Library,
eager to rise and follow through the doors
up into the reading rooms,
        please come flying.
We can sit down and weep; we can go shopping,
or play at a game of constantly being wrong
with a priceless set of vocabularies,
or we can bravely deplore, but please
        please come flying.

With dynasties of negative constructions
darkening and dying around you,
with grammar that suddenly turns and shines
like flocks of sandpipers flying,
        please come flying.

Come like a light in the white mackerel sky,
come like a daytime comet
with a long unnebulous train of words,
from Brooklyn, over the Brooklyn Bridge, on this fine morning,
        please come flying.

Singrando os céus com heroísmo natural,
sobrevoando os acidentes, os filmes perniciosos,
todos os táxis e injustiças à solta,
enquanto as buzinas ressoam nos seus belos ouvidos
que ao mesmo tempo escutam
uma harmonia suave, incriada, digna do almiscareiro,
    venha voando.

Por quem os museus severos hão de comportar-se
como corteses tangarás,
por quem os simpáticos leões aguardam
na escadaria da Biblioteca Pública,
ansiosos por seguir-lhe os passos
até as salas de leitura,
    venha voando.
Podemos chorar; podemos ir às compras,
ou jogar o jogo de estar sempre equivocadas
com nossos preciosos vocabulários,
ou, implacáveis, nos queixar, mas por favor
    venha voando.

Com dinastias de estruturas negativas
escurecendo e morrendo a sua volta,
com uma sintaxe que de súbito vira e brilha
qual maçaricos a voar em bando,
    venha voando.

Venha feito uma luz no alvo céu encarneirado,
feito um cometa à luz do dia
com uma cauda longa de palavras nem um pouco nebulosas,
do Brooklyn, por sobre a Brooklyn Bridge, nesta manhã tão bela,
    venha voando.

The Shampoo

The still explosions on the rocks,
the lichens, grow
by spreading, gray, concentric shocks.
They have arranged
to meet the rings around the moon, although
within our memories they have not changed.

And since the heavens will attend
as long on us,
you've been, dear friend,
precipitate and pragmatical;
and look what happens. For Time is
nothing if not amenable.

The shooting stars in your black hair
in bright formation
are flocking where,
so straight, so soon?
— Come, let me wash it in this big tin basin,
battered and shiny like the moon.

O Banho de Xampu

Os liquens — silenciosas explosões
nas pedras — crescem e engordam,
concêntricas, cinzentas concussões.
Têm um encontro marcado
com os halos ao redor da lua, embora
até o momento nada tenha se alterado.

E como o céu há de nos dar guarida
enquanto isso não se der,
você há de convir, amiga,
que se precipitou;
e eis no que dá. Porque o Tempo é,
mais que tudo, contemporizador.

No teu cabelo negro brilham estrelas
cadentes, arredias.
Para onde irão elas
tão cedo, resolutas?
— Vem, deixa eu lavá-lo, aqui nesta bacia
amassada e brilhante como a lua.

QUESTÕES DE VIAGEM

QUESTIONS OF TRAVEL

(1965)

Para Lota de Macedo Soares

For Lota de Macedo Soares

...O dar-vos quanto tenho e quanto posso,
Que quanto mais vos pago, mais vos devo.
— Camões

Brasil

Brazil

Arrival at Santos

Here is a coast; here is a harbor;
here, after a meager diet of horizon, is some scenery:
impractically shaped and — who knows? — self-pitying mountains,
sad and harsh beneath their frivolous greenery,

with a little church on top of one. And warehouses,
some of them painted a feeble pink, or blue,
and some tall, uncertain palms. Oh, tourist,
is this how this country is going to answer you

and your immodest demands for a different world,
and a better life, and complete comprehension
of both at last, and immediately,
after eighteen days of suspension?

Finish your breakfast. The tender is coming,
a strange and ancient craft, flying a strange and brilliant rag.
So that's the flag. I never saw it before.
I somehow never thought of there being a flag,

but of course there was, all along. And coins, I presume,
and paper money; they remain to be seen.
And gingerly now we climb down the ladder backward,
myself and a fellow passenger named Miss Breen,

descending into the midst of twenty-six freighters
waiting to be loaded with green coffee beans.
Please, boy, do be more careful with that boat hook!
Watch out! Oh! It has caught Miss Breen's

skirt! There! Miss Breen is about seventy,
a retired police lieutenant, six feet tall,

Chegada em Santos

Eis uma costa; eis um porto;
após uma dieta frugal de horizonte, uma paisagem:
morros de formas nada práticas, cheios — quem sabe? — de autocomiseração,
tristes e agrestes sob a frívola folhagem,

uma igrejinha no alto de um deles. E armazéns,
alguns em tons débeis de rosa, ou de azul,
e umas palmeiras, altas e inseguras. Ah, turista,
então é isso que este país tão longe ao sul

tem a oferecer a quem procura nada menos
que um mundo diferente, uma vida melhor, e o imediato
e definitivo entendimento de ambos
após dezoito dias de hiato?

Termine o desjejum. Lá vem o navio-tênder,
uma estranha e antiga embarcação,
com um trapo estranho e colorido ao vento.
A bandeira. Primeira vez que a vejo. Eu tinha a impressão

de que não havia bandeira, mas tinha que haver,
tal como cédulas e moedas — claro que sim.
E agora, cautelosas, descemos de costas a escada,
eu e uma outra passageira, Miss Breen,

num cais onde vinte e seis cargueiros aguardam
um carregamento de café que não tem mais fim.
Cuidado, moço, com esse gancho! Ah!
não é que ele fisgou a saia de Miss Breen,

coitada! Miss Breen tem uns setenta anos,
um metro e oitenta, lindos olhos azuis, bem

with beautiful bright blue eyes and a kind expression.
Her home, when she is at home, is in Glens Fall

s, New York. There. We are settled.
The customs officials will speak English, we hope,
and leave us our bourbon and cigarettes.
Ports are necessities, like postage stamps, or soap,

but they seldom seem to care what impression they make,
or, like this, only attempt, since it does not matter,
the unassertive colors of soap, or postage stamps —
wasting away like the former, slipping the way the latter

do when we mail the letters we wrote on the boat,
either because the glue here is very inferior
or because of the heat. We leave Santos at once;
we are driving to the interior.

January, 1952

simpática. É tenente de polícia aposentada.
Quando não está viajando, mora em Glen

s Falls, estado de Nova York. Bom. Conseguimos.
Na alfândega deve haver quem fale inglês e não
implique com nosso estoque de *bourbon* e cigarros.
Os portos são necessários, como os selos e o sabão,

e nem ligam para a impressão que causam.
Daí as cores mortas dos sabonetes e selos —
aqueles desmancham aos poucos, e estes desgrudam
de nossos cartões-postais antes que possam lê-los

nossos destinatários, ou porque a cola daqui
é muito ordinária, ou então por causa do calor.
Partimos de Santos imediatamente;
vamos de carro para o interior.

Janeiro de 1952

Brazil, January 1, 1502

> *...embroidered nature... tapestried landscape.*
> — Landscape into art, *by Sir Kenneth Clark*

Januaries, Nature greets our eyes
exactly as she must have greeted theirs:
every square inch filling in with foliage —
big leaves, little leaves, and giant leaves,
blue, blue-green, and olive,
with occasional lighter veins and edges,
or a satin underleaf turned over;
monster ferns
in silver-gray relief,
and flowers, too, like giant water lilies
up in the air — up, rather, in the leaves —
purple, yellow, two yellows, pink,
rust red and greenish white;
solid but airy; fresh as if just finished
and taken off the frame.

A blue-white sky, a simple web,
backing for feathery detail:
brief arcs, a pale-green broken wheel,
a few palms, swarthy, squat, but delicate;
and perching there in profile, beaks agape,
the big symbolic birds keep quiet,
each showing only half his puffed and padded,
pure-colored or spotted breast.
Still in the foreground there is Sin:
five sooty dragons near some massy rocks.
The rocks are worked with lichens, gray moonbursts
splattered and overlapping,
threatened from underneath by moss

Brasil, 1º de Janeiro de 1502

> ...natureza bordada... paisagem de tapeçaria.
> — *Landscape into art*, Sir Kenneth Clark

Janeiros, a Natureza se revela
a nossos olhos como revelou-se aos deles:
inteiramente recoberta de folhagem —
folhas grandes, pequenas, gigantescas,
azuis, verde-azulado, verde-oliva,
aqui e ali um veio ou borda mais claros,
ou um dorso de folha acetinado;
samambaias monstruosas
em relevo cinza-prata,
e flores, também, como vitórias-régias imensas
no céu — melhor, no meio das copas —
roxas, rosadas, dois tons de amarelo,
vermelho-ferrugem e branco esverdeado;
sólidas mas aéreas; frescas como se recém-pintadas
e retiradas das molduras.

Céu de um branco azulado, tela simples,
pano de fundo para plumas detalhadas:
arcos breves, roda incompleta, verde-claro,
palmeiras escuras, atarracadas, mas sutis;
e, pousadas, em perfil, bicos bem abertos,
as grandes aves simbólicas se calam,
cada uma exibindo meio peito apenas,
intumescido e acolchoado, liso ou com pintas.
Ainda em primeiro plano, o Pecado:
cinco dragões negros junto a umas pedras grandes.
São pedras ornadas de liquens, explosões lunares
cinzentas, superpostas uma à outra,
ameaçadas de baixo pelo musgo

in lovely hell-green flames,
attacked above
by scaling-ladder vines, oblique and neat,
"one leaf yes and one leaf no" (in Portuguese).
The lizards scarcely breathe; all eyes
are on the smaller, female one, back-to,
her wicked tail straight up and over,
red as a red-hot wire.

Just so the Christians, hard as nails,
tiny as nails, and glinting,
in creaking armor, came and found it all,
not unfamiliar:
no lovers' walks, no bowers,
no cherries to be picked, no lute music,
but corresponding, nevertheless,
to an old dream of wealth and luxury
already out of style when they left home —
wealth, plus a brand-new pleasure.
Directly after Mass, humming perhaps
L'Homme armé or some such tune,
they ripped away into the hanging fabric,
each out to catch an Indian for himself —
those maddening little women who kept calling,
calling to each other (or had the birds waked up?)
and retreating, always retreating, behind it.

em lindas chamas verde-inferno,
atacadas do alto
por trepadeiras como escadas, oblíquas, perfeitas,
"uma folha sim, outra não" (como se diz em português).
Os lagartos mal respiram: os olhos todos
se fixam no menor, a fêmea, de costas,
a cauda maliciosa levantada sobre o corpo,
vermelha como um fio em brasa.

E foi assim que os cristãos, duros e pequenos
como pregos de ferro, e reluzentes,
armaduras a ranger, encontraram uma cena que já era
de certo modo familiar:
nem alamedas suaves, caramanchões,
cerejeiras carregadas nem alaúdes,
mas assim mesmo algo que lembrava
um sonho antigo de riqueza e luxo
já saindo de moda lá na Europa —
riqueza, e mais um prazer novinho em folha.
Logo depois da missa, talvez cantarolando
L'Homme armé ou outro tema assim,
enlouquecidos, rasgaram a tapeçaria
e cada um foi atrás de uma índia —
aquelas mulherezinhas irritantes
gritando uma pra outra (ou foram as aves que acordaram?)
e se embrenhando, se embrenhando no desenho.

QUESTÕES DE VIAGEM / QUESTIONS OF TRAVEL (1965)   225

Questions of Travel

There are too many waterfalls here; the crowded streams
hurry too rapidly down to the sea,
and the pressure of so many clouds on the mountaintops
makes them spill over the sides in soft slow-motion,
turning to waterfalls under our very eyes.
— For if those streaks, those mile-long, shiny, tearstains,
aren't waterfalls yet,
in a quick age or so, as ages go here,
they probably will be.
But if the streams and clouds keep travelling, travelling,
the mountains look like the hulls of capsized ships,
slime-hung and barnacled.

Think of the long trip home.
Should we have stayed at home and thought of here?
Where should we be today?
Is it right to be watching strangers in a play
in this strangest of theatres?
What childishness is it that while there's a breath of life
in our bodies, we are determined to rush
to see the sun the other way around?
The tiniest green hummingbird in the world?
To stare at some inexplicable old stonework,
inexplicable and impenetrable,
at any view,
instantly seen and always, always delightful?
Oh, must we dream our dreams
and have them, too?
And have we room
for one more folded sunset, still quite warm?

But surely it would have been a pity

Questões de Viagem

Aqui há um excesso de cascatas; os rios amontoados
correm depressa demais em direção ao mar,
e são tantas nuvens a pressionar os cumes das montanhas
que elas transbordam encosta abaixo, em câmara lenta,
virando cachoeiras diante de nossos olhos.
— Porque se aqueles riscos lustrosos, quilométricos rastros de lágrimas,
ainda não são cascatas,
dentro de uma breve era (pois são breves as eras daqui)
provavelmente serão.
Mas se os rios e as nuvens continuam viajando, viajando,
então as montanhas lembram cascos de navios soçobrados,
cobertos de limo e cracas.

Pensemos na longa viagem de volta.
Devíamos ter ficado em casa pensando nas terras daqui?
Onde estaríamos hoje?
Será direito ver estranhos encenando uma peça
neste teatro tão estranho?
Que infantilidade nos impele, enquanto houver um sopro de vida
no corpo, a partir decididos a ver
o sol nascendo do outro lado?
O menor beija-flor verde do mundo?
Ficar contemplando uma antiga e inexplicável obra de cantaria,
inexplicável e impenetrável,
qualquer paisagem,
imediatamente vista e sempre, sempre deleitosa?
Ah, por que insistimos em sonhar os nossos sonhos
e vivê-los também?
E será que ainda temos lugar
para mais um pôr do sol extinto, ainda morno?

Mas certamente seria uma pena

not to have seen the trees along this road,
really exaggerated in their beauty,
not to have seen them gesturing
like noble pantomimists, robed in pink.
— Not to have had to stop for gas and heard
the sad, two-noted, wooden tune
of disparate wooden clogs
carelessly clacking over
a grease-stained filling-station floor.
(In another country the clogs would all be tested.
Each pair there would have identical pitch.)
— A pity not to have heard
the other, less primitive music of the fat brown bird
who sings above the broken gasoline pump
in a bamboo church of Jesuit baroque:
three towers, five silver crosses.
— Yes, a pity not to have pondered,
blurr'dly and inconclusively,
on what connection can exist for centuries
between the crudest wooden footwear
and, careful and finicky,
the whittled fantasies of wooden cages.
— Never to have studied history in
the weak calligraphy of songbirds' cages.
— And never to have had to listen to rain
so much like politicians' speeches:
two hours of unrelenting oratory
and then a sudden golden silence
in which the traveller takes a notebook, writes:

"Is it lack of imagination that makes us come
to imagined places, not just stay at home?
Or could Pascal have been not entirely right
about just sitting quietly in one's room?

não ter visto as árvores à beira dessa estrada,
de uma beleza realmente exagerada,
não tê-las visto gesticular
como nobres mímicos de vestes róseas.
— Não ter parado num posto de gasolina e ouvido
a melancólica melodia de madeira, com duas notas só,
de um par de tamancos descasados
pisando sonoros, descuidados,
um chão todo sujo de graxa.
(Num outro país, os tamancos seriam todos testados.
Os dois pés produziriam exatamente a mesma nota.)
— Uma pena não ter ouvido
a outra música, menos primitiva, do gordo pássaro pardo
cantando acima da bomba de gasolina quebrada
numa igreja de bambu de um barroco jesuítico:
três torres, cinco cruzes prateadas.
— Sim, uma pena não ter especulado,
confusa e inconclusivamente,
sobre a relação que existiria há séculos
entre o mais tosco calçado de madeira
e, cuidadosas, caprichosas,
as formas fantásticas das gaiolas de madeira.
— Jamais ter estudado história
na caligrafia fraca das gaiolas.
— E nunca ter ouvido essa chuva
tão parecida com discurso de político:
duas horas de oratória implacável
e de súbito um silêncio de ouro
em que a viajante abre o caderno e escreve:

*"Será falta de imaginação o que nos faz procurar
lugares imaginados tão longe do lar?
Ou Pascal se enganou quando escreveu
que é em nosso quarto que devíamos ficar?*

Continent, city, country, society:
the choice is never wide and never free.
And here, or there... No. Should we have stayed at home,
wherever that may be?"

Continente, cidade, país: não é tão sobeja
a escolha, a liberdade, quanto se deseja.
Aqui, ali... Não. Teria sido melhor ficar em casa,
onde quer que isso seja?"

Squatter's Children

On the unbreathing sides of hills
they play, a specklike girl and boy,
alone, but near a specklike house.
The sun's suspended eye
blinks casually, and then they wade
gigantic waves of light and shade.
A dancing yellow spot, a pup,
attends them. Clouds are piling up;

a storm piles up behind the house.
The children play at digging holes.
The ground is hard; they try to use
one of their father's tools,
a mattock with a broken haft
the two of them can scarcely lift.
It drops and clangs. Their laughter spreads
effulgence in the thunderheads,

weak flashes of inquiry
direct as is the puppy's bark.
But to their little, soluble,
unwarrantable ark,
apparently the rain's reply
consists of echolalia,
and Mother's voice, ugly as sin,
keeps calling to them to come in.

Children, the threshold of the storm
has slid beneath your muddy shoes;
wet and beguiled, you stand among
the mansions you may choose
out of a bigger house than yours,

Filhos de Posseiros

Na ilharga inerte do morro, à tarde,
dois pontos, menina e menino, brincando,
a sós, junto a um outro ponto, uma casa.
O sol pisca o olho de vez em quando,
e os dois atravessam enormes ondas
que se sucedem, de luz e sombra.
Um cisco amarelo os acompanha,
um cachorrinho. Atrás da montanha

nuvens de chuva crescem mais e mais.
As crianças cavam buracos. O chão
é duro; elas tentam utilizar
uma ferramenta do pai, um alvião
imenso, de cabo quebrado,
que mal conseguem erguer de tão pesado.
A ferramenta cai. As gargalhadas
iluminam as nuvens arroxeadas,

fracos lampejos interrogativos,
diretos como o latir do cachorro.
Mas para as crianças, naquele abrigo
solúvel, indesculpável, no morro,
a resposta da chuva é tão vazia
quanto uma vaga ecolalia,
e a voz da mãe, antipática e insistente,
manda que entrem imediatamente.

Crianças, o temporal foi mais ligeiro
que os seus pés enlameados a correr;
logradas, molhadas, vocês estão no meio
de muitas mansões, e podem escolher
dentre elas uma casa para ser sua,

QUESTÕES DE VIAGEM / QUESTIONS OF TRAVEL (1965)   233

whose lawfulness endures.
Its soggy documents retain
your rights in rooms of falling rain.

com direito inclusive a escritura.
Papéis molhados lhes garantem a posse
desses palácios de chuva grossa.

Manuelzinho

[Brazil. A friend of the writer is speaking.]

Half squatter, half tenant (no rent) —
a sort of inheritance; white,
in your thirties now, and supposed
to supply me with vegetables,
but you don't; or you won't; or you can't
get the idea through your brain —
the world's worst gardener since Cain.
Tilted above me, your gardens
ravish my eyes. You edge
the beds of silver cabbages
with red carnations, and lettuces
mix with alyssum. And then
umbrella ants arrive,
or it rains for a solid week
and the whole thing's ruined again
and I buy you more pounds of seeds,
imported, guaranteed,
and eventually you bring me
a mystic three-legged carrot,
or a pumpkin "bigger than the baby."

I watch you through the rain,
trotting, light, on bare feet,
up the steep paths you have made —
or your father and grandfather made —
all over my property,
with your head and back inside
a sodden burlap bag,
and feel I can't endure it
another minute; then,

Manuelzinho

[Brasil. Fala uma amiga da escritora.]

Rendeiro que veio com a terra
(mas nunca paga aluguel) —
branco, trintão, meu suposto
fornecedor de legumes,
só que não quer, ou não sabe,
fornecer nada pra mim —
o pior hortelão desde Caim.
Sua horta, lá no alto, torta,
é uma festa pros olhos. Nas beiras
dos canteiros de repolho
você planta cravos, e alface
misturada com escudinha.
Então vêm as saúvas, ou
chove uma semana inteira,
e tudo se perde outra vez
e eu lhe dou sementes aos quilos,
importadas, garantidas,
e um dia você me traz
uma cenoura mística, trípede,
ou uma abóbora "maior que um bebê".

Eu vejo você caminhando,
pés ágeis, descalços, na chuva,
subindo os caminhos íngremes
que você, ou seu pai, ou seu avô,
abriram por toda a minha terra,
cabeça e costas protegidas
por um saco de aniagem, e sinto
que não aguento mais um minuto;

indoors, beside the stove,
keep on reading a book.

You steal my telephone wires,
or someone does. You starve
your horse and yourself
and your dogs and family.
Among endless variety,
you eat boiled cabbage stalks.
And once I yelled at you
so loud to hurry up
and fetch me those potatoes
your holey hat flew off,
you jumped out of your clogs,
leaving three objects arranged
in a triangle at my feet,
as if you'd been a gardener
in a fairy tale all this time
and at the word "potatoes"
had vanished to take up your work
of fairy prince somewhere.

The strangest things happen, to you.
Your cow eats a "poison grass"
and drops dead on the spot.
Nobody else's does.
And then your father dies,
a superior old man
with a black plush hat, and a moustache
like a white spread-eagled sea gull.
The family gathers, but you,
no, you "don't think he's dead!
I look at him. He's cold.
They're burying him today.
But you know, I don't think he's dead."

238   ELIZABETH BISHOP

depois, junto à estufa, mergulho
na leitura de algum livro.

Você, ou alguém, me rouba
os fios telefônicos. Você
passa fome, e faz passar fome
seu cavalo, seu cão, sua família.
No meio de tanta fartura
você come caule de repolho.
E uma vez gritei com você
tão alto pra me trazer logo
aquelas batatas, que o seu
chapéu furado voou, e
você saiu sem os tamancos,
deixando três objetos
num triângulo a meus pés,
como se fosse um jardineiro
de alguma história de fadas,
que ao ouvir a palavra "batatas"
sumisse, pra virar príncipe
nalgum país encantado.

Tem coisas que só acontecem
com você. Sua vaca come
"capim veneno" e cai morta.
Não morre nenhuma outra vaca.
Depois quem morre é seu pai,
um velho alinhado, chapéu
de feltro preto, e um bigode
que é como asas de gaivota.
Toda a família reunida,
e você: "Ele não morreu não!
Eu olho pra ele. Está frio.
O enterro é hoje. Mas eu
acho que ele *não* morreu."

QUESTÕES DE VIAGEM / QUESTIONS OF TRAVEL (1965)   239

I give you money for the funeral
and you go and hire a bus
for the delighted mourners,
so I have to hand over some more
and then have to hear you tell me
you pray for me every night!

And then you come again,
sniffing and shivering,
hat in hand, with that wistful
face, like a child's fistful
of bluets or white violets,
improvident as the dawn,
and once more I provide
for a shot of penicillin
down at the pharmacy, or
one more bottle of
Electrical Baby Syrup.
Or, briskly, you come to settle
what we call our "accounts,"
with two old copybooks,
one with flowers on the cover,
the other with a camel.
Immediate confusion.
You've left out the decimal points.
Your columns stagger,
honeycombed with zeros.
You whisper conspiratorially;
the numbers mount to millions.
Account books? They are Dream Books.
In the kitchen we dream together
how the meek shall inherit the earth —
or several acres of mine.

With blue sugar bags on their heads,

Eu dou dinheiro pro enterro,
você vai e aluga um *ônibus*
pra satisfação geral,
e eu tenho que lhe dar mais,
e você ainda vem me dizer
que reza por mim toda noite!

Depois me aparece de novo,
fungando e tremendo, chapéu
na mão, com uma cara triste
feito um punhado de violetas
brancas em mão de criança,
negligente como a aurora,
e eu mais uma vez financio
uma injeção de penicilina
lá na farmácia, ou um vidro
de Xarope Infantil Elétrico.
Ou então, chega todo enérgico
pra "fazer as contas" comigo,
com dois cadernos velhos, um
com flores na capa, o outro
um camelo. Confusão
imediata. Você esqueceu
as vírgulas decimais.
As colunas estão tortas,
uma colmeia de zeros.
Você cochicha baixinho
que nem um conspirador;
as cifras chegam a milhões.
Contas? Que contas? São sonhos.
Na cozinha sonhamos juntos
que os mansos possuirão a terra —
ou vários hectares da minha.

Sacos de açúcar na cabeça,

carrying your lunch,
your children scuttle by me
like little moles aboveground,
or even crouch behind bushes
as if I were out to shoot them!
— Impossible to make friends,
though each will grab at once
for an orange or a piece of candy.

Twined in wisps of fog,
I see you all up there
along with Formoso, the donkey,
who brays like a pump gone dry,
then suddenly stops.
— All just standing, staring
off into fog and space.
Or coming down at night,
in silence, except for hoofs,
in dim moonlight, the horse
or Formoso stumbling after.
Between us float a few
big, soft, pale-blue,
sluggish fireflies,
the jellyfish of the air...

Patch upon patch upon patch,
your wife keeps all of you covered.
She has gone over and over
(forearmed is forewarned)
your pair of bright-blue pants
with white thread, and these days
your limbs are draped in blueprints.
You paint — heaven knows why —
the outside of the crown
and brim of your straw hat.

carregando o almoço do pai,
seus filhos correm ao me ver,
toupeirinhas fora da toca,
ou escondem-se atrás das moitas
como se eu fosse caçá-los!
— Impossível conquistá-los,
mas se trago laranja ou bala
vêm logo pegar, correndo.

Entre fiapos de bruma
vejo vocês lá no alto,
mais Formoso, o burro, que zurra
como bomba em poço sem água,
e de repente se cala.
— Todos parados, os olhares
perdidos no espaço e na névoa.
Ou então descendo, à noite,
em silêncio, fora os cascos
do cavalo ou do Formoso
vindo atrás, num vago luar.
Flutuando entre nós, passam
vaga-lumes moles, grandes,
preguiçosos, azulados,
as águas-vivas do ar...

Com um remendo aqui, outro ali,
sua mulher veste vocês todos.
Já retocou tantas vezes
(melhor que prevenir é remediar)
suas calças azul-cheguei
com linha branca, que parecem
uma cópia heliográfica.
Você pinta — só Deus sabe
por quê — a copa e a aba
do seu chapéu de palha.

Perhaps to reflect the sun?
Or perhaps when you were small,
your mother said, "Manuelzinho,
one thing: be sure you always
paint your straw hat."
One was gold for a while,
but the gold wore off, like plate.
One was bright green. Unkindly,
I called you Klorophyll Kid.
My visitors thought it was funny.
I apologize here and now.

You helpless, foolish man,
I love you all I can,
I think. Or do I?
I take off my hat, unpainted
and figurative, to you.
Again I promise to try.

É pra refletir o sol?
Ou foi sua mãe que lhe disse
quando menino: "Manuelzinho,
veja lá: nunca esqueça
de pintar o seu chapéu."
Um foi dourado uns tempos,
mas o ouro gastou. O outro
era verde vivo. Eu, maldosa,
chamei-o de "Kid Klorofila".
Meus amigos acharam graça.
Peço sinceras desculpas.

Seu tonto, seu incapaz,
gosto de você demais,
eu acho. Mas isso é gostar?
Tiro o chapéu — metafórico
e sem tinta — pra você.
De novo, prometo tentar.

Song for the Rainy Season

Hidden, oh hidden
in the high fog
the house we live in,
beneath the magnetic rock,
rain-, rainbow-ridden,
where blood-black
bromelias, lichens,
owls, and the lint
of the waterfalls cling,
familiar, unbidden.

In a dim age
of water
the brook sings loud
from a rib cage
of giant fern; vapor
climbs up the thick growth
effortlessly, turns back,
holding them both,
house and rock,
in a private cloud.

At night, on the roof,
blind drops crawl
and the ordinary brown
owl gives us proof
he can count:
five times — always five —
he stamps and takes off
after the fat frogs that,
shrilling for love,
clamber and mount.

Canção do Tempo das Chuvas

Oculta, oculta,
na névoa, na nuvem,
a casa que é nossa,
sob a rocha magnética,
exposta a chuva e arco-íris,
onde pousam corujas
e brotam bromélias
negras de sangue, liquens
e a felpa das cascatas,
vizinhas, íntimas.

Numa obscura era
de água
o riacho canta de dentro
da caixa torácica
das samambaias gigantes;
por entre a mata grossa
o vapor sobe, sem esforço,
e vira para trás, e envolve
rocha e casa
numa nuvem só nossa.

À noite, no telhado,
gotas cegas escorrem,
e a coruja canta sua copla
e nos prova
que sabe contar:
cinco vezes — sempre cinco —
bate o pé e decola
atrás das rãs gordas, que
coaxam de amor
em plena cópula.

House, open house
to the white dew
and the milk-white sunrise
kind to the eyes,
to membership
of silver fish, mouse,
bookworms,
big moths; with a wall
for the mildew's
ignorant map;

darkened and tarnished
by the warm touch
of the warm breath,
maculate, cherished,
rejoice! For a later
era will differ.
(O difference that kills,
or intimidates, much
of all our small shadowy
life!) Without water

the great rock will stare
unmagnetized, bare,
no longer wearing
rainbows or rain,
the forgiving air
and the high fog gone;
the owls will move on
and the several
waterfalls shrivel
in the steady sun.

Sítio da Alcobaçinha
Fazenda Samambaia
Petrópolis

Casa, casa aberta
para o orvalho branco
e a alvorada cor
de leite, doce à vista;
para o convívio franco
com lesma, traça,
camundongo
e mariposas grandes;
com uma parede para o mapa
ignorante do bolor;

escurecida e manchada
pelo toque cálido
e morno do hálito,
maculada, querida,
alegra-te! Que em outra era
tudo será diferente.
(Ah, diferença que mata,
ou intimida, boa parte
da nossa mínima, humilde
vida!) Sem água

a grande rocha ficará
desmagnetizada, nua
de arco-íris e chuva,
e o ar que acaricia
e a neblina
desaparecerão;
as corujas irão embora,
e todas as cascatas
hão de murchar ao sol
do eterno verão.

Sítio da Alcobacinha
Fazenda Samambaia
Petrópolis

The Armadillo

for Robert Lowell

This is the time of year
when almost every night
the frail, illegal fire balloons appear.
Climbing the mountain height,

rising toward a saint
still honored in these parts,
the paper chambers flush and fill with light
that comes and goes, like hearts.

Once up against the sky it's hard
to tell them from the stars —
planets, that is — the tinted ones:
Venus going down, or Mars,

or the pale green one. With a wind,
they flare and falter, wobble and toss;
but if it's still they steer between
the kite sticks of the Southern Cross,

receding, dwindling, solemnly
and steadily forsaking us,
or, in the downdraft from a peak,
suddenly turning dangerous.

Last night another big one fell.
It splattered like an egg of fire
against the cliff behind the house.
The flame ran down. We saw the pair

O Tatu

para Robert Lowell

Estamos no período junino,
e à noite balões de papel
surgem — frágeis, ígneos, clandestinos.
Vão subindo no céu,

rumo a um santo que aqui
ainda inspira devoção,
e se enchem de uma luz avermelhada
que pulsa, como um coração.

Lá no céu, se transformam
em pontos de luz mais ou menos
iguais às estrelas — isto é, aos planetas
coloridos, Marte ou Vênus.

Se venta, eles piscam, estrebucham;
sem vento, sobem ligeiros
rumo às varetas cruzadas
da pipa estelar do Cruzeiro

do Sul, e deixam este mundo
pra trás, solenes, altivos,
ou uma correnteza os puxa
pra baixo, e se tornam um perigo.

Ontem caiu um grande aqui perto
na encosta de pedra nua.
Quebrou como um ovo de fogo.
As chamas desceram. Vimos duas

of owls who nest there flying up
and up, their whirling black-and-white
stained bright pink underneath, until
they shrieked up out of sight.

The ancient owls' nest must have burned.
Hastily, all alone,
a glistening armadillo left the scene,
rose-flecked, head down, tail down,

and then a baby rabbit jumped out,
short-eared, to our surprise.
So soft! — a handful of intangible ash
with fixed, ignited eyes.

Too pretty, dreamlike mimicry!
O falling fire and piercing cry
and panic, and a weak mailed fist
clenched ignorant against the sky!

corujas fugindo do ninho,
os dorsos das asas ariscas
tingidas de um rosa vivo,
guinchando até sumirem de vista.

O velho ninho se incendiara.
Sozinho, em polvorosa,
um tatu reluzente fugiu,
cabisbaixo, salpicado de rosa,

depois um ser de orelhas curtas,
por estranho que pareça, um coelho.
Tão macio! — pura cinza intangível
com olhos fixos, dois pontos vermelhos.

Ah, mimetismo frágil, onírico!
Fogo caindo, um escarcéu
e um punho cerrado, ignorante
e débil, voltado contra o céu!

The Riverman

[*A man in a remote Amazonian village decides to become a* sacaca, *a witch doctor who works with water spirits. The river dolphin is believed to have supernatural powers; Luandinha is a river spirit associated with the moon; and the* pirarucú *is a fish weighing up to four hundred pounds. These and other details on which this poem is based are from* Amazon town, *by Charles Wagley.*]

I got up in the night
for the Dolphin spoke to me.
He grunted beneath my window;
hid by the river mist,
but I glimpsed him — a man like myself.
I threw off my blanket, sweating;
I even tore off my shirt.
I got out of my hammock
and went through the window naked.
My wife slept and snored.
Hearing the Dolphin ahead,
I went down to the river
and the moon was burning bright
as the gasoline-lamp mantle
with the flame turned up too high,
just before it begins to scorch.
I went down to the river.
I heard the Dolphin sigh
as he slid into the water.
I stood there listening
till he called from far outstream.
I waded into the river
and suddenly a door
in the water opened inward,
groaning a little, with water
bulging above the lintel.

O Ribeirinho

[Numa remota aldeia amazônica, um homem resolve se tornar um "sacaca", um curandeiro que trabalha com os espíritos das águas. O boto é um ser a que se atribuem poderes sobrenaturais; Luandinha é um espírito do rio associado à lua; e o pirarucu é um peixe que chega a pesar duzentos quilos. Essas informações, bem como outras em que se baseia o poema, foram extraídas de *Amazon town*, de Charles Wagley.]

Acordei no meio da noite
porque o Boto me chamou.
Rosnou à minha janela,
oculto na bruma do rio,
mas eu o vi — um homem como eu.
Me descobri, suando em bicas;
tirei até a camisa.
Levantei da minha rede,
saí nu pela janela.
A minha mulher roncava.
Seguindo os passos do Boto,
fui andando até o rio.
A lua brilhava igual
a um candeeiro quando a chama
está tão alta que começa
a chamuscar a camisa.
Fui andando até o rio.
Ouvi o Boto suspirar
na hora que caiu n'água.
Fiquei parado, escutando,
até ele chamar lá de longe.
Fui penetrando no rio
e de repente uma porta
abriu-se pra dentro, rangendo
um pouquinho, com o dintel
todo coberto de água.

I looked back at my house,
white as a piece of washing
forgotten on the bank,
and I thought once of my wife,
but I knew what I was doing.

They gave me a shell of cachaça
and decorated cigars.
The smoke rose like mist
through the water, and our breaths
didn't make any bubbles.
We drank cachaça *and smoked*
the green cheroots. The room
filled with gray-green smoke
and my head couldn't have been dizzier.
Then a tall, beautiful serpent
in elegant white satin,
with her big eyes green and gold
like the lights on the river steamers —
yes, Luandinha, none other —
entered and greeted me.
She complimented me
in a language I didn't know;
but when she blew cigar smoke
into my ears and nostrils
I understood, like a dog,
although I can't speak it yet.
They showed me room after room
and took me from here to Belém
and back again in a minute.
In fact, I'm not sure where I went,
but miles, under the river.

Three times now I've been there.
I don't eat fish any more.

Olhei pra trás. Vi minha casa,
branca que nem um lençol
esquecido à beira-rio,
pensei na minha mulher,
mas eu estava decidido.

Me deram uma cumbuca
de cachaça e um charuto.
O fumo subia na água
feito névoa, e respirávamos
sem formar nenhuma bolha.
Tomamos cachaça e fumamos
aqueles charutos verdes.
A sala se encheu de fumaça
esverdeada, e fiquei tonto.
Então uma cobra bonita,
faceira, de cetim branco,
olhões dourados e verdes
como os faróis de um gaiola —
ela mesma, a Luandinha —
entrou e me deu bom-dia.
Falou comigo umas coisas
nalguma língua estrangeira;
mas quando soprou fumaça
nos meus ouvidos, na hora
entendi, feito um cachorro,
mesmo sem saber falar.
Me mostraram as salas todas,
me levaram até Belém
e voltamos num minuto.
Nem sei direito aonde fui,
mas fui longe, e por den'd'água.

Três vezes já estive lá.
Eu parei de comer peixe.

There is fine mud on my scalp
and I know from smelling my comb
that the river smells in my hair.
My hands and feet are cold.
I look yellow, my wife says,
and she brews me stinking teas
I throw out, behind her back.
Every moonlit night
I'm to go back again.
I know some things already,
but it will take years of study,
it is all so difficult.
They gave me a mottled rattle
and a pale-green coral twig
and some special weeds like smoke.
(They're under my canoe.)
When the moon shines on the river,
oh, faster than you can think it
we travel upstream and downstream,
we journey from here to there,
under the floating canoes,
right through the wicker traps,
when the moon shines on the river
and Luandinha gives a party.
Three times now I've attended.
Her rooms shine like silver
with the light from overhead,
a steady steam of light
like at the cinema.

I need a virgin mirror
no one's ever looked at,
that's never looked back at anyone,
to flash up the spirits' eyes
and help me recognize them.

Tenho lama na cabeça
e quando cheiro meu pente
sinto os odores do rio.
Meus pés e mãos estão frios.
Minha mulher me acha amarelo,
me dá uns chás fedorentos
que eu jogo fora escondido.
Toda noite de luar
eu volto lá outra vez.
Tem coisas que já aprendi,
mas vou ter que estudar anos,
que é tudo muito difícil.
Me deram um chocalho mosqueado
e um galho de coral verde
e umas ervas feito fumo.
(Guardo tudo na canoa.)
Quando o rio se enluara,
ah, nós viajamos depressa,
rio acima, rio abaixo,
pra tudo quanto é lugar,
por debaixo das canoas,
atravessando os puçás,
quando o rio se enluara
e Luandinha dá festa.
Três vezes já estive lá.
As salas brilham prateadas
com uma luz que vem de cima,
um rio de luz constante,
igualzinho no cinema.

Preciso de um espelho virgem
um que ninguém nunca olhou,
que nunca olhou pra ninguém,
pra olhar nos olhos dos espíritos
e reconhecer cada um.

The storekeeper offered me
a box of little mirrors,
but each time I picked one up
a neighbor looked over my shoulder
and then that one was spoiled —
spoiled, that is, for anything
but the girls to look at their mouths in,
to examine their teeth and smiles.

Why shouldn't I be ambitious?
I sincerely desire to be
a serious sacaca
like Fortunato Pombo,
or Lúcio, or even
the great Joaquim Sacaca.
Look, it stands to reason
that everything we need
can be obtained from the river.
It drains the jungles; it draws
from trees and plants and rocks
from half around the world,
it draws from the very heart
of the earth the remedy
for each of the diseases —
one just has to know how to find it.
But everything must be there
in that magic mud, beneath
the multitudes of fish,
deadly or innocent,
the giant pirarucús,
the turtles and crocodiles,
tree trunks and sunk canoes,
with the crayfish, with the worms
with tiny electric eyes
turning on and off and on.

Na loja me deram uma caixa
cheia de espelhos novos,
mas cada um que eu pegava
alguém trás de mim se mirava
e pronto, estragava o espelho,
que agora só servia mesmo
pra moça ficar se olhando,
vendo os dentes e o sorriso.

Sou ambicioso, sim,
quero mesmo me tornar
um *sacaca* de verdade,
como Fortunato Pombo,
ou Lúcio, quem sabe até
o grande Joaquim Sacaca.
Pois veja só: tudo aquilo
de que a gente necessita
é no rio que a gente pega.
O rio rasga a floresta;
das plantas e pedras do mundo
ele retira os remédios
saídos do fundo da terra
que curam todos os males,
toda doença que existe —
é só saber procurar.
Mas esses remédios se encontram
no meio do lodo mágico,
debaixo dos peixes todos,
uns mansos, outros mortais,
pirarucus gigantescos,
tartarugas, jacarés,
troncos, canoas perdidas,
pitus e surucuranas
de olhinhos acende-apaga
como lâmpadas elétricas.

The river breathes in salt
and breathes it out again,
and all is sweetness there
in the deep, enchanted silt.

When the moon burns white
and the river makes that sound
like a primus pumped up high —
that fast, high whispering
like a hundred people at once —
I'll be there below,
as the turtle rattle hisses
and the coral gives the sign,
travelling fast as a wish,
with my magic cloak of fish
swerving as I swerve,
following the veins,
the river's long, long veins,
to find the pure elixirs.
Godfathers and cousins,
your canoes are over my head;
I hear your voices talking.
You can peer down and down
or dredge the river bottom
but never, never catch me.
When the moon shines and the river
lies across the earth
and sucks it like a child,
then I will go to work
to get you health and money.
The Dolphin singled me out;
Luandinha seconded it.

O rio respira sal,
inspira e depois expira,
e lá no fundo encantado
tudo é macio e doce.

Quando a lua brilha branca
e o rio faz aquele som
de chama de fogão a gás —
aquele chiado que lembra
cem pessoas cochichando —
eu hei de estar lá no fundo,
o chocalho chocalhando,
o coral dando sinal,
voando feito o desejo,
meu manto de peixe mágico
esvoaçando atrás de mim,
seguindo as veias compridas,
as veias compridas do rio,
em busca dos elixires.
Meus padrinhos, meus primos,
ouço vocês conversando
dentro das suas canoas.
Podem olhar cá pra baixo,
podem até dragar o fundo
que nunca vão me encontrar.
Quando a lua brilha branca
e o rio mama nas tetas
da terra feito um neném,
eu trabalho pra vocês
terem saúde e dinheiro.
O Boto me escolheu,
e Luandinha deu fé.

The Burglar of Babylon

On the fair green hills of Rio
  There grows a fearful stain:
The poor who come to Rio
  And can't go home again.

On the hills a million people,
  A million sparrows, nest,
Like a confused migration
  That's had to light and rest,

Building its nests, or houses,
  Out of nothing at all, or air.
You'd think a breath would end them,
  They perch so lightly there.

But they cling and spread like lichen,
  And the people come and come.
There's one hill called the Chicken,
  And one called Catacomb;

There's the hill of Kerosene,
  And the hill of the Skeleton,
The hill of Astonishment,
  And the hill of Babylon.

Micuçú* was a burglar and killer,
  An enemy of society.
He had escaped three times
  From the worst penitentiary.

* Micuçú (mē coo-soo) is the folk name of a deadly snake, in the north.

264   ELIZABETH BISHOP

O Ladrão da Babilônia

Nos morros verdes do Rio
    Há uma mancha a se espalhar:
São os pobres que vêm pro Rio
    E não têm como voltar.

São milhares, são milhões,
    São aves de arribação,
Que constroem ninhos frágeis
    De madeira e papelão,

Parecem tão leves que um sopro
    Os faria desabar.
Porém grudam feito liquens,
    Sempre a se multiplicar.

Pois cada vez vem mais gente.
    Tem o morro da Macumba,
Tem o morro da Galinha,
    E o morro da Catacumba;

Tem o morro do Querosene,
    O Esqueleto, o da Congonha,
Tem o morro do Pasmado
    E o morro da Babilônia.

Micuçu* era ladrão
    E assassino sanguinário.
Tinha fugido três vezes
    Da pior penitenciária.

* Nome popular de uma cobra da Região Norte cujo veneno é mortal.

They don't know how many he murdered
    (Though they say he never raped),
And he wounded two policemen
    This last time he escaped.

They said, "He'll go to his auntie,
    Who raised him like a son.
She has a little drink shop
    On the hill of Babylon."

He did go straight to his auntie,
    And he drank a final beer.
He told her, "The soldiers are coming,
    And I've got to disappear.

"Ninety years they gave me.
    Who wants to live that long?
I'll settle for ninety hours,
    On the hill of Babylon.

"Don't tell anyone you saw me.
    I'll run as long as I can.
You were good to me, and I love you,
    But I'm a doomed man."

Going out, he met a mulata
    Carrying water on her head.
"If you say you saw me, daughter,
    You're just as good as dead."

There are caves up there, and hideouts,
    And an old fort, falling down.
They used to watch for Frenchmen
    From the hill of Babylon.

Dizem que nunca estuprava,
 (Mas matou uns quatro ou mais).
Da última vez que escapou
 Feriu dois policiais.

Disseram: "Ele vai atrás da tia,
 Que criou o sem-vergonha.
Ela tem uma birosca
 No morro da Babilônia."

E foi mesmo lá na tia,
 Beber e se despedir:
"Eu tenho que me mandar,
 Os home tão vindo aí.

"Eu peguei noventa anos.
 Nem quero viver tudo isso!
Só quero noventa minutos,
 Uma cerveja e um chouriço.

"Brigado por tudo, tia,
 A senhora foi muito legal.
Vou tentar fugir dos home,
 Mas sei que eu vou me dar mal."

Encontrou uma mulata
 Logo na primeira esquina.
"Se tu contar que me viu
 Tu vai morrer, viu, minha fia?"

Lá no alto tem caverna,
 Tem esconderijo bom,
Tem um forte abandonado
 Do tempo de Villegaignon.

Below him was the ocean.
    It reached far up the sky,
Flat as a wall, and on it
    Were freighters passing by,

Or climbing the wall, and climbing
    Till each looked like a fly,
And then fell over and vanished;
    And he knew he was going to die.

He could hear the goats baa-baa-ing,
    He could hear the babies cry;
Fluttering kites strained upward;
    And he knew he was going to die.

A buzzard flapped so near him
    He could see its naked neck.
He waved his arms and shouted,
    "Not yet, my son, not yet!"

An Army helicopter
    Came nosing around and in.
He could see two men inside it,
    But they never spotted him.

The soldiers were all over,
    On all sides of the hill,
And right against the skyline
    A row of them, small and still.

Children peeked out of windows,
    And men in the drink shop swore,
And spat a little cachaça
    At the light cracks in the floor.

Micuçu olhava o mar
    E o céu, liso como um muro.
Viu um navio se afastando,
    Virando um pontinho escuro,

Feito uma mosca, um mosquito,
    Até desaparecer
Por detrás do horizonte.
    E pensou: "Eu vou morrer."

Ouvia berro de cabra,
    Ouvia choro de bebê,
Via pipa rabeando
    E pensava: "Eu vou morrer."

Urubu voou bem baixo,
    Micuçu gritou: "Péra aí",
Acenando com o braço,
    "Que eu ainda não morri!"

Veio helicóptero do Exército
    Bem atrás do urubu.
Lá dentro ele viu dois homens
    Que não viram Micuçu.

Logo depois começou
    Uma barulheira medonha.
Eram os soldados subindo
    O morro da Babilônia.

Das janelas dos barracos,
    As crianças espiavam.
Nas biroscas, os fregueses
    Bebiam pinga e xingavam.

But the soldiers were nervous, even
    With tommy guns in hand,
And one of them, in a panic,
    Shot the officer in command.

He hit him in three places;
    The other shots went wild.
The soldier had hysterics
    And sobbed like a little child.

The dying man said, "Finish
    The job we came here for."
He committed his soul to God
    And his sons to the Governor.

They ran and got a priest,
    And he died in hope of Heaven
— A man from Pernambuco,
    The youngest of eleven.

They wanted to stop the search,
    But the Army said, "No, go on,"
So the soldiers swarmed again
    Up the hill of Babylon.

Rich people in apartments
    Watched through binoculars
As long as the daylight lasted.
    And all night, under the stars,

Micuçú hid in the grasses
    Or sat in a little tree,
Listening for sounds, and staring
    At the lighthouse out at sea.

Mas os soldados tinham medo
    Do terrível meliante.
Um deles, num acesso de pânico,
    Metralhou o comandante.

Três dos tiros acertaram,
    Os outros tiraram fino.
O soldado ficou histérico:
    Chorava feito um menino.

O oficial deu suas ordens,
    Virou pro lado, suspirou,
Entregou a alma a Deus
    E os filhos ao governador.

Buscaram depressa um padre,
    Que lhe deu a extrema-unção.
— Ele era de Pernambuco,
    O mais moço de onze irmãos.

Queriam parar a busca,
    Mas o Exército não quis.
E os soldados continuaram
    À procura do infeliz.

Os ricos, nos apartamentos,
    Sem a menor cerimônia,
Apontavam seus binóculos
    Pro morro da Babilônia.

Depois, à noite, no mato,
    Micuçu ficou de vigília,
De ouvido atento, olhando
    Pro farol lá longe, na ilha,

And the lighthouse stared back at him,
  Till finally it was dawn.
He was soaked with dew, and hungry,
  On the hill of Babylon.

The yellow sun was ugly,
  Like a raw egg on a plate —
Slick from the sea. He cursed it,
  For he knew it sealed his fate.

He saw the long white beaches
  And people going to swim,
With towels and beach umbrellas,
  But the soldiers were after him.

Far, far below, the people
  Were little colored spots,
And the heads of those in swimming
  Were floating coconuts.

He heard the peanut vendor
  Go peep-peep on his whistle,
And the man that sells umbrellas
  Swinging his watchman's rattle.

Women with market baskets
  Stood on the corners and talked,
Then went on their way to market,
  Gazing up as they walked.

The rich with their binoculars
  Were back again, and many
Were standing on the rooftops,
  Among TV antennae.

Que olhava pra ele também.
      Depois dessa noite de insônia
Estava com frio e com fome,
      No morro da Babilônia.

O sol nasceu amarelo,
      Feio que nem um ovo cru.
Aquele sol desgraçado
      Era o fim de Micuçu.

Ele via as praias brancas,
      Os banhistas bem-dormidos
Com barracas e toalhas.
      Mas ele era um foragido.

A praia era um formigueiro:
      Toda a areia fervilhava,
E as cabeças dentro d'água
      Eram cocos que boiavam.

Micuçu ouviu o pregão
      Do vendedor de barraca,
E o homem do amendoim
      Rodando sua matraca.

Mulheres que iam à feira
      Paravam um pouco na esquina
Pra conversar com as vizinhas,
      E às vezes olhavam pra cima.

Os ricos, com seus binóculos,
      Voltaram às janelas abertas.
Uns subiam à cobertura
      Para assistir mais de perto.

QUESTÕES DE VIAGEM / QUESTIONS OF TRAVEL (1965)   273

It was early, eight or eight-thirty.
    He saw a soldier climb,
Looking right at him. He fired,
    And missed for the last time.

He could hear the soldier panting,
    Though he never got very near.
Micuçú dashed for shelter.
    But he got it, behind the ear.

He heard the babies crying
    Far, far away in his head,
And the mongrels barking and barking
    Then Micuçú was dead.

He had a Taurus revolver,
    And just the clothes he had on,
With two contos in the pockets,
    On the hill of Babylon.

The police and the populace
    Heaved a sigh of relief,
But behind the counter his auntie
    Wiped her eyes in grief.

"We have always been respected.
    My shop is honest and clean.
I loved him, but from a baby
    Micuçú was always mean.

"We have always been respected.
    His sister has a job.
Both of us gave him money.
    Why did he have to rob?

Micuçu viu um soldado —
    Isso foi às oito e dez —
E tentou dar um tiro nele.
    Errou pela última vez.

Micuçu ouvia o soldado
    Ofegante, esbaforido.
Tentou se embrenhar no mato.
    Levou uma bala no ouvido.

Ouviu um bebê chorando
    E sua vista escureceu.
Um vira-lata latiu.
    Então Micuçu morreu.

Tinha um revólver Taurus
    E mais as roupas do corpo,
Com dois contos no bolso.
    Foi tudo que acharam com o morto.

A polícia e a população
    Respiraram aliviadas.
Porém, na birosca, a tia
    Chorava desesperada.

"Eu criei ele direito,
    Com carinho, com amô.
Mas não sei, desde pequeno
    Micuçu nunca prestô.

"Eu e a irmã dava dinheiro,
    Nunca faltou nada, não.
Por que foi que esse menino
    Cismou de virar ladrão?

"I raised him to be honest,
        Even here, in Babylon slum."
The customers had another,
        Looking serious and glum.

But one of them said to another,
        When he got outside the door,
"He wasn't much of a burglar,
        He got caught six times — or more."

This morning the little soldiers
        Are on Babylon hill again;
Their gun barrels and helmets
        Shine in a gentle rain.

Micuçú is buried already.
        They're after another two,
But they say they aren't as dangerous
        As the poor Micuçú.

On the fair green hills of Rio
        There grows a fearful stain:
The poor who come to Rio
        And can't go home again.

There's the hill of Kerosene,
        And the hill of the Skeleton,
The hill of Astonishment,
        And the hill of Babylon.

"Eu criei ele direito,
      Mesmo aqui, nessa favela."
No balcão os homens bebiam,
      Sérios, sem olhar pra ela.

Mas já fora da birosca
      Comentou um dos fregueses:
"Ele era um ladrão de merda.
      Foi pego mais de seis vezes."

Hoje está chovendo fino
      E estão de volta os soldados,
Com fuzis-metralhadoras
      E capacetes molhados.

Vieram dar mais uma batida,
      Só que é outro o criminoso.
Mas o pobre Micuçu —
      Dizem — era mais perigoso.

Nos morros verdes do Rio
      Há uma mancha a se espalhar:
São os pobres que vêm pro Rio
      E não têm como voltar.

Tem o morro do Querosene,
      O Esqueleto, o da Congonha,
Tem o morro do Pasmado
      E o morro da Babilônia.

QUESTÕES DE VIAGEM / QUESTIONS OF TRAVEL (1965)   277

Outros lugares

Elsewhere

Sestina

September rain falls on the house.
In the failing light, the old grandmother
sits in the kitchen with the child
beside the Little Marvel Stove,
reading the jokes from the almanac,
laughing and talking to hide her tears.

She thinks that her equinoctial tears
and the rain that beats on the roof of the house
were both foretold by the almanac,
but only known to a grandmother.
The iron kettle sings on the stove.
She cuts some bread and says to the child,

It's time for tea now; but the child
is watching the teakettle's small hard tears
dance like mad on the hot black stove,
the way the rain must dance on the house.
Tidying up, the old grandmother
hangs up the clever almanac

on its string. Birdlike, the almanac
hovers half open above the child,
hovers above the old grandmother
and her teacup full of dark brown tears.
She shivers and says she thinks the house
feels chilly, and puts more wood in the stove.

It was to be, *says the Marvel Stove.*
I know what I know, *says the almanac.*
With crayons the child draws a rigid house
and a winding pathway. Then the child

Sextina

Cai a chuva de setembro sobre a casa.
À luz de fim de tarde, a velha avó
está à mesa da cozinha com a menina,
ambas sentadas ao pé do fogão,
lendo as piadas que vêm no almanaque,
rindo e falando para ocultar as lágrimas.

A avó imagina que as suas lágrimas
outonais e a chuva a cair na casa
foram ambas previstas pelo almanaque,
mas reveladas apenas para a avó.
Canta a chaleira de ferro no fogão.
A avó corta o pão e diz à menina:

É hora do chá; porém a menina
assiste à dança das pequenas lágrimas
duras da chaleira que caem no fogão,
tal como a chuva há de dançar sobre a casa.
Arrumando a cozinha, a velha avó
pendura no barbante o almanaque

sábio. Como um pássaro, o almanaque
paira entreaberto acima da menina,
paira sobre a xícara da velha avó,
cheia de escuras, de pesadas lágrimas.
Ela arrepia-se, e diz que aquela casa
está fria, e põe mais lenha no fogão.

Tinha de ser, sentencia o fogão.
Eu sei o que sei, afirma o almanaque.
Surge, tosca e rígida, uma casa
no papel em que desenha a menina,

puts in a man with buttons like tears
and shows it proudly to the grandmother.

But secretly, while the grandmother
busies herself about the stove,
the little moons fall down like tears
from between the pages of the almanac
into the flower bed the child
has carefully placed in the front of the house.

Time to plant tears, *says the almanac.*
The grandmother sings to the marvellous stove
and the child draws another inscrutable house.

e um homem com botões em forma de lágrimas.
Ela mostra, orgulhosa, o desenho à avó.

Mas em segredo, enquanto a velha avó
está arrumando, ocupada, o fogão,
as luazinhas caem como lágrimas
das páginas abertas do almanaque
exatamente no canteiro que a menina
teve o cuidado de pôr em frente à casa.

Tempo de plantar lágrimas, diz o almanaque.
Enquanto a avó cantarola para o fogão,
a menina faz outra inescrutável casa.

First Death in Nova Scotia

In the cold, cold parlor
my mother laid out Arthur
beneath the chromographs:
Edward, Prince of Wales,
with Princess Alexandra,
and King George with Queen Mary.
Below them on the table
stood a stuffed loon
shot and stuffed by Uncle
Arthur, Arthur's father.

Since Uncle Arthur fired
a bullet into him,
he hadn't said a word.
He kept his own counsel
on his white, frozen lake,
the marble-topped table.
His breast was deep and white,
cold and caressable;
his eyes were red glass,
much to be desired.

"Come," said my mother,
"Come and say good-bye
to your little cousin Arthur."
I was lifted up and given
one lily of the valley
to put in Arthur's hand.
Arthur's coffin was
a little frosted cake,
and the red-eyed loon eyed it
from his white, frozen lake.

Primeira Morte na Nova Escócia

Na sala fria, tão fria,
mamãe instalou o Arthur
junto à parede dos cromos:
Eduardo, príncipe de Gales,
com a princesa Alexandra,
o rei Jorge e a rainha Maria.
Logo embaixo, sobre a mesa,
um mergulhão empalhado,
abatido pelo tio
Arthur, pai do Arthurzinho.

Desde que o tio Arthur
acertou-o com um tiro
que ele não dizia nada.
Agora ficava quietinho
no seu lago congelado,
a mesa de mármore branco.
Seu peito era branco, fofo,
frio e bom de acariciar;
os olhos, de vidro vermelho,
eram muito cobiçáveis.

"Venha", disse minha mãe,
"Venha aqui se despedir
do seu primo, o Arthurzinho."
Me levantaram no colo,
me deram um lírio-do-vale
pra pôr na mão do Arthur.
O caixão dele era igual
a um bolo com glacê,
e o mergulhão, com seus olhos
vermelhos, o espiava.

Arthur was very small.
He was all white, like a doll
that hadn't been painted yet.
Jack Frost had started to paint him
the way he always painted
the Maple Leaf (Forever).
He had just begun on his hair,
a few red strokes, and then
Jack Frost had dropped the brush
and left him white, forever.

The gracious royal couples
were warm in red and ermine;
their feet were well wrapped up
in the ladies' ermine trains.
They invited Arthur to be
the smallest page at court.
But how could Arthur go,
clutching his tiny lily,
with his eyes shut up so tight
and the roads deep in snow?

O Arthur era pequenino.
Branco feito um boneco
que ainda não foi pintado.
O inverno mal começara
a pintá-lo, como fazia
com a folha do bordo em outubro.
Deu só umas pinceladas
vermelhas no seu cabelo,
mas logo largou o pincel,
deixando-o branco pra sempre.

Nas fotos, os reis e príncipes
estavam bem agasalhados
em púrpura, em arminho.
Convidavam o primo Arthur
a ser pajem lá na corte,
o menorzinho de todos.
Mas como era que ele ia
assim de olhos fechados,
o lírio na mão, e as estradas
todas cobertas de neve?

Filling Station

Oh, but it is dirty!
— this little filling station,
oil-soaked, oil-permeated
to a disturbing, over-all
black translucency.
Be careful with that match!

Father wears a dirty,
oil-soaked monkey suit
that cuts him under the arms
and several quick and saucy
and greasy sons assist him
(it's a family filling station),
all quite thoroughly dirty.

Do they live in the station?
It has a cement porch
behind the pumps, and on it
a set of crushed and grease-
impregnated wickerwork;
on the wicker sofa
a dirty dog, quite comfy.

Some comic books provide
the only note of color —
of certain color. They lie
upon a big dim doily
draping a taboret
(part of the set), beside
a big hirsute begonia.

Why the extraneous plant?

Posto de Gasolina

Ah, mas como ele é sujo!
— esse posto de gasolina,
impregnado de óleo,
até ficar de um negrume
transluzente, assustador.
Cuidado com esse fósforo!

O pai usa um macacão
sujo, impregnado de óleo,
que o aperta nas axilas,
e o ajudam vários filhos
respondões, rápidos, sujos
(o posto é de uma família),
de graxa, todos imundos.

Será que moram no posto?
Atrás das bombas se vê
uma varanda de cimento,
com mobília de palhinha
amassada e suja de graxa;
no sofá, um cachorro
bem sujo se refestela.

Há revistas em quadrinhos —
o único toque de cor
bem definida — largadas
sobre o caminho de mesa
que enfeita um banquinho (o qual
combina com os outros móveis),
e uma begônia hirsuta.

Por que essa planta deslocada?

Why the taboret?
Why, oh why, the doily?
(Embroidered in daisy stitch
with marguerites, I think,
and heavy with gray crochet.)

Somebody embroidered the doily.
Somebody waters the plant,
or oils it, maybe. Somebody
arranges the rows of cans
so that they softly say:
ESSO—SO—SO—SO
to high-strung automobiles.
Somebody loves us all.

Por que o banquinho? Por quê,
por que o caminho de mesa?
(Bordado em ponto de cruz
com margaridas, creio eu,
e um pesado crochê cinzento.)

Alguém bordou esse pano.
Alguém põe água na planta,
ou óleo, sei lá. Alguém
dispõe as latas de modo
a fazê-las sussurrar:
ESSO—SO—SO—SO
pros automóveis nervosos.
Alguém nos ama, a nós todos.

Sandpiper

The roaring alongside he takes for granted,
and that every so often the world is bound to shake.
He runs, he runs to the south, finical, awkward,
in a state of controlled panic, a student of Blake.

The beach hisses like fat. On his left, a sheet
of interrupting water comes and goes
and glazes over his dark and brittle feet.
He runs, he runs straight through it, watching his toes.

— Watching, rather, the spaces of sand between them,
where (no detail too small) the Atlantic drains
rapidly backwards and downwards. As he runs,
he stares at the dragging grains.

The world is a mist. And then the world is
minute and vast and clear. The tide
is higher or lower. He couldn't tell you which.
His beak is focussed; he is preoccupied,

looking for something, something, something.
Poor bird, he is obsessed!
The millions of grains are black, white, tan, and gray,
mixed with quartz grains, rose and amethyst.

Maçarico

Já nem percebe o rugido constante a seu lado,
nem se espanta que de vez em quando o mundo estremeça.
Ele corre, corre para o sul, luxento, desajeitado,
sempre num pânico controlado, um discípulo de Blake.

A praia chia como se fosse gordura.
Um lençol d'água vem e vai, e nesse espaço
interrompido passam seus pés frágeis e escuros.
Ele corre, atravessando tudo, corre olhando para baixo.

— Mais exatamente, para os espaços de areia entre os pés,
onde (todo detalhe é importante) o Atlântico escorre
para trás e para baixo, rápido, vez após vez.
Ele observa os grãos arrastados enquanto corre.

O mundo é bruma. E logo o mundo vira
um panorama imenso e detalhado.
Maré alta ou baixa — ele nem desconfia.
Seu bico fica imóvel; está concentrado,

procurando alguma coisa, alguma coisa.
Pobre ave, com sua ideia fixa!
Os grãos de areia são milhões, pretos, brancos, âmbar, cobre,
 junto com grãos de quartzo, rosa e ametista.

Visits to St. Elizabeths

[1950]

This is the house of Bedlam.

This is the man
that lies in the house of Bedlam.

This is the time
of the tragic man
that lies in the house of Bedlam.

This is a wristwatch
telling the time
of the talkative man
that lies in the house of Bedlam.

This is a sailor
wearing the watch
that tells the time
of the honored man
that lies in the house of Bedlam.

This is the roadstead all of board
reached by the sailor
wearing the watch
that tells the time
of the old, brave man
that lies in the house of Bedlam.

These are the years and the walls of the ward,
the winds and clouds of the sea of board
sailed by the sailor

Visitas a St. Elizabeths

[1950]

Esta é a casa de orates.

Este é o homem
que mora na casa de orates.

Este é o tempo
do homem trágico
que mora na casa de orates.

Este é um relógio de pulso
que marca o tempo
do homem tagarela
que mora na casa de orates.

Este é um marujo
que usa o relógio
que marca o tempo
do homem honrado
que mora na casa de orates.

Esta é a angra de tábuas
onde aportou o marujo
que usa o relógio
que marca o tempo
do velho valente
que mora na casa de orates.

Estes são os anos e as paredes do hospital,
os ventos e nuvens do mar de tábuas
onde velejou o marujo

wearing the watch
that tells the time
of the cranky man
that lies in the house of Bedlam.

This is a Jew in a newspaper hat
that dances weeping down the ward
over the creaking sea of board
beyond the sailor
winding his watch
that tells the time
of the cruel man
that lies in the house of Bedlam.

This is a world of books gone flat.
This is a Jew in a newspaper hat
that dances weeping down the ward
over the creaking sea of board
of the batty sailor
that winds his watch
that tells the time
of the busy man
that lies in the house of Bedlam.

This is a boy that pats the floor
to see if the world is there, is flat,
for the widowed Jew in the newspaper hat
that dances weeping down the ward
waltzing the length of a weaving board
by the silent sailor
that hears his watch
that ticks the time
of the tedious man
that lies in the house of Bedlam.

que usa o relógio
que marca o tempo
do velho ranzinza
que mora na casa de orates.

Este é um judeu com um chapéu de jornal
que dança chorando pelo hospital,
no mar de tábuas que rangem
passando pelo marujo
que dá corda no relógio
que marca o tempo
do homem cruel
que mora na casa de orates.

Este é um mundo em que os livros se achataram.
Este é um judeu com um chapéu de jornal
que dança chorando pelo hospital,
no mar de tábuas, que rangem,
do marujo maluco
que dá corda no relógio
que marca o tempo
do homem ocupado
que mora na casa de orates.

Este é um garoto que apalpa o soalho
para ver se o mundo existe e é achatado,
para o judeu viúvo com chapéu de jornal
que valsa chorando pelo hospital
pisando as tábuas, que balançam,
passando pelo marujo
que escuta o relógio
que conta o tempo
do chato
que mora na casa de orates.

These are the years and the walls and the door
that shut on a boy that pats the floor
to feel if the world is there and flat.
This is a Jew in a newspaper hat
that dances joyfully down the ward
into the parting seas of board
past the staring sailor
that shakes his watch
that tells the time
of the poet, the man
that lies in the house of Bedlam.

This is the soldier home from the war.
These are the years and the walls and the door
that shut on a boy that pats the floor
to see if the world is round or flat.
This is a Jew in a newspaper hat
that dances carefully down the ward,
walking the plank of a coffin board
with the crazy sailor
that shows his watch
that tells the time
of the wretched man
that lies in the house of Bedlam.

Estes são os anos e as portas e as muralhas
que encerram um garoto que apalpa o soalho
para sentir se o mundo existe e é achatado.
Este é um judeu com chapéu de jornal
que dança alegre pelo hospital
num mar de tábuas a se abrir quando ele passa
pelo marujo simplório
que sacode o relógio
que marca o tempo
do poeta, do homem
que mora na casa de orates.

Este é o soldado voltando das batalhas.
Estes são os anos e as portas e as muralhas
que encerram um garoto que apalpa o soalho
para ver se o mundo é redondo ou achatado.
Este é um judeu com chapéu de jornal
que dança cuidadoso pelo hospital,
pisando as tábuas de um caixão
com o marujo louco
que mostra o relógio
que marca o tempo
do desgraçado
que mora na casa de orates.

OBRAS DISPERSAS*

UNCOLLECTED WORK

(1969)

---

* Poemas não incluídos nos livros anteriores, recolhidos em *The complete poems* (1969).

Rainy Season; Sub-Tropics

Giant Toad

I am too big, too big by far. Pity me.

My eyes bulge and hurt. They are my one great beauty, even so. They see too much, above, below, and yet there is not much to see. The rain has stopped. The mist is gathering on my skin in drops. The drops run down my back, run from the corners of my downturned mouth, run down my sides and drip beneath my belly. Perhaps the droplets on my mottled hide are pretty, like dewdrops, silver on a moldering leaf? They chill me through and through. I feel my colors changing now, my pigments gradually shudder and shift over.

Now I shall get beneath that overhanging ledge. Slowly. Hop. Two or three times more, silently. That was too far. I'm standing up. The lichen's gray, and rough to my front feet. Get down. Turn facing out, it's safer. Don't breathe until the snail gets by. But we go travelling the same weathers.

Swallow the air and mouthfuls of cold mist. Give voice, just once. O how it echoed from the rock! What a profound, angelic bell I rang!

I live, I breathe, by swallowing. Once, some naughty children picked me up, me and two brothers. They set us down again somewhere and in our mouths they put lit cigarettes. We could not help but smoke them, to the end. I thought it was the death of me, but when I was entirely filled with smoke, when my slack mouth was burning, and all my tripes were hot and dry, they let us go. But I was sick for days.

I have big shoulders, like a boxer. They are not muscle, however, and their color is dark. They are my sacs of poison, the almost unused poison that I bear, my burden and my great responsibility. Big wings of poison, folded on my back. Beware, I am an angel in disguise; my wings are evil, but not deadly. If I will it, the poison could break through, blue-black, and dangerous to all. Blue-black fumes would rise upon the air. Beware, you frivolous crab.

Tempo das Chuvas; Subtrópicos

Sapo Gigante

Sou muito grande, grande demais. Tenham dó de mim.

Meus olhos saltados doem. São minha única grande beleza, assim mesmo. Veem demais, acima, abaixo, e no entanto não há muito que ver. A chuva parou. A névoa se condensa em gotas sobre a minha pele. As gotas escorrem pelas minhas costas, escorrem dos cantos da minha boca voltada para baixo, escorrem pelos lados do meu corpo e pingam sob meu ventre. Quem sabe essas gotículas no meu couro pintalgado não são belas, como orvalho, prata numa folha apodrecida? Elas me gelam, até o cerne de mim. Sinto minhas cores mudando, os pigmentos aos poucos estremecem e mudam de lugar.

Agora vou para baixo daquela plataforma de pedra. Devagar. Um pulo. Mais dois ou três, em silêncio. Fui longe demais. Estou em pé. O líquen é cinzento, e áspero para minhas patas dianteiras. Abaixo-me. Viro-me de costas para a pedra, por precaução. Só respiro depois que passa o caracol. Porém nós dois navegamos os mesmos ares.

Engolir o ar e bocadas de névoa fria. Soltar a voz, uma vez só. Ah, como ecoou na rocha! Que sino profundo e angelical eu tangi!

Eu vivo, eu respiro, engolindo. Uma vez uns meninos endiabrados me pegaram, a mim e dois irmãos meus. Eles nos puseram em algum lugar e nas nossas bocas enfiaram cigarros acesos. Fomos obrigados a fumar, até o fim. Pensei que fosse morrer, mas quando fiquei totalmente cheio de fumaça, quando minha boca frouxa começou a queimar, e todas as minhas tripas ficaram quentes e secas, eles nos deixaram ir embora. Porém fiquei doente vários dias.

Tenho ombros largos, como um lutador de boxe. Só que eles não contêm músculo, e sua cor é escura. São meus sacos de veneno, o veneno que carrego e quase nunca uso, meu fardo e minha grande responsabilidade. Grandes asas de veneno, dobradas nas minhas costas. Cuidado, sou um anjo disfarçado; minhas asas são maléficas, mas não mortais. Se eu quiser, faço o veneno sair delas, azul quase negro, perigoso para todos. Eflúvios de um azul quase negro subiriam no ar. Cuidado, frívolo caranguejo.

Strayed Crab

This is not my home. How did I get so far from water? It must be over that way somewhere.

I am the color of wine, of tinta. The inside of my powerful right claw is saffron-yellow. See, I see it now; I wave it like a flag. I am dapper and elegant; I move with great precision, cleverly managing all my smaller yellow claws. I believe in the oblique, the indirect approach, and I keep my feelings to myself.

But on this strange, smooth surface I am making too much noise. I wasn't meant for this. If I maneuver a bit and keep a sharp lookout, I shall find my pool again. Watch out for my right claw, all passersby! This place is too hard. The rain has stopped, and it is damp, but still not wet enough to please me.

My eyes are good, though small; my shell is tough and tight. In my own pool are many small gray fish. I see right through them. Only their large eyes are opaque, and twitch at me. They are hard to catch, but I, I catch them quickly in my arms and eat them up.

What is that big soft monster, like a yellow cloud, stifling and warm? What is it doing? It pats my back. Out, claw. There, I have frightened it away. It's sitting down, pretending nothing's happened. I'll skirt it. It's still pretending not to see me. Out of my way, O monster. I own a pool, all the little fish swim in it, and all the skittering waterbugs that smell like rotten apples.

Cheer up, O grievous snail. I tap your shell, encouragingly, not that you will ever know about it.

And I want nothing to do with you, either, sulking toad. Imagine, at least four times my size and yet so vulnerable... I could open your belly with my claw. You glare and bulge, a watchdog near my pool; you make a loud and hollow noise. I do not care for such stupidity. I admire compression, lightness, and agility, all rare in this loose world.

Caranguejo Desgarrado

Aqui não é a minha casa. Como fui parar tão longe da água? Deve ser para lá.

Sou cor de vinho, de tinta. Minha poderosa garra direita por dentro é amarelo-açafrão. Olhe, eu a vejo agora; aceno com ela, como se fosse uma bandeira. Sou gracioso e elegante; meus movimentos são de grande precisão, e manejo com muita destreza todas as minhas garras amarelas menores. Creio nas abordagens oblíquas, indiretas, e guardo meus sentimentos para mim.

Mas nesta superfície estranha, lisa, faço barulho demais. Não fui feito para isto. Se eu manobrar um pouco e ficar de olho atento, hei de reencontrar minha poça. Cuidado com minha garra direita, passantes! Este lugar é duro demais. A chuva parou, e está úmido, mas ainda não como eu gosto.

Meus olhos são bons, ainda que pequenos; minha couraça é dura e justa. Na minha poça há muitos peixinhos cinzentos. Meu olhar os vara de lado a lado. Apenas seus olhos grandes são opacos, e piscam para mim. São difíceis de pegar; eu, porém, eu os agarro rapidamente com meus braços e os devoro.

Que monstro é aquele, grande e mole, feito uma nuvem amarela, sufocante e quente? O que está fazendo? Tateando-me as costas. Vamos, minha garra. Pronto, afugentei-o. Ele está se sentando, fingindo que nada aconteceu. Vou contorná-lo. Continua fingindo não me ver. Saia da minha frente, ó monstro. Sou dono de uma poça, de todos os peixinhos que nela nadam, e de todas as baratas-d'água que deslizam na superfície e cheiram a maçãs podres.

Ânimo, ó caracol lastimoso. Tateio a sua concha, para animá-lo, se bem que você nunca há de percebê-lo.

Também nada quero com você, sapo-jururu. Imagine só, pelo menos quatro vezes maior que eu, e no entanto tão vulnerável... Posso abrir o seu ventre com a minha garra. Você parece um cão de guarda perto da minha poça, com esse olhar parado e esse corpanzil; você faz um barulho alto e oco. Não me interessa essa estupidez. Admiro a compressão, a rapidez e a agilidade, coisas raras neste mundo frouxo.

Giant Snail

The rain has stopped. The waterfall will roar like that all night. I have come out to take a walk and feed. My body — foot, that is — is wet and cold and covered with sharp gravel. It is white, the size of a dinner plate. I have set myself a goal, a certain rock, but it may well be dawn before I get there. Although I move ghostlike and my floating edges barely graze the ground, I am heavy, heavy, heavy. My white muscles are already tired. I give the impression of mysterious ease, but it is only with the greatest effort of my will that I can rise above the smallest stones and sticks. And I must not let myself be distracted by those rough spears of grass. Don't touch them. Draw back. Withdrawal is always best.

The rain has stopped. The waterfall makes such a noise! (And what if I fall over it?) The mountains of black rock give off such clouds of steam! Shiny streamers are hanging down their sides. When this occurs, we have a saying that the Snail Gods have come down in haste. I could never descend such steep escarpments, much less dream of climbing them.

That toad was too big, too, like me. His eyes beseeched my love. Our proportions horrify our neighbors.

Rest a minute; relax. Flattened to the ground, my body is like a pallid, decomposing leaf. What's that tapping on my shell? Nothing. Let's go on.

My sides move in rhythmic waves, just off the ground, from front to back, the wake of a ship, wax-white water, or a slowly melting floe. I am cold, cold, cold as ice. My blind, white bull's head was a Cretan scare-head; degenerate, my four horns that can't attack. The sides of my mouth are now my hands. They press the earth and suck it hard. Ah, but I know my shell is beautiful, and high, and glazed, and shining. I know it well, although I have not seen it. Its curled white lip is of the finest enamel. Inside, it is as smooth as silk, and I, I fill it to perfection.

My wide wake shines, now it is growing dark. I leave a lovely opalescent ribbon: I know this.

But O! I am too big. I feel it. Pity me.

If and when I reach the rock, I shall go into a certain crack there for the night. The waterfall below will vibrate through my shell and body all night long. In that steady pulsing I can rest. All night I shall be like a sleeping ear.

Caracol Gigante

A chuva parou. A cachoeira vai rugir desse jeito a noite inteira. Saí para dar uma volta e comer. Meu corpo — isto é, meu pé — é úmido e frio, todo coberto de cascalho que espeta. É branco, do tamanho de um prato. Fixei uma meta, uma certa pedra, mas é possível que eu só chegue lá bem depois que o dia nascer. Embora eu deslize como um fantasma e minhas bordas mal toquem no chão, a flutuar, sou pesado, pesado, pesado. Meus músculos brancos já estão exaustos. Dou uma impressão de facilidade misteriosa, mas é só com o máximo esforço de minha vontade que consigo erguer-me acima das menores pedras e gravetos. E não posso deixar que me distraiam aquelas lâminas ásperas de capim. Não tocar nelas. Recuar. O recolhimento é sempre a melhor saída.

A chuva parou. A cachoeira faz tanto barulho! (E se eu cair nela?) As montanhas de rocha negra emitem tamanhas nuvens de vapor! Serpentinas reluzentes pendem dos lados delas. Quando isso acontece, temos um ditado segundo o qual são os Deuses dos Caracóis que descem apressados. Já eu nunca poderia descer penhascos tão íngremes, muito menos sonhar em subi-los.

Aquele sapo era grande demais, também, tal como eu. Seus olhos suplicavam meu amor. Nosso tamanho horroriza os que nos cercam.

Descansar um minuto; relaxar. Achatado contra o chão, meu corpo é como uma folha clara, em decomposição. O que é que bate na minha concha? Nada. Vamos em frente.

Meus lados se movem em ondas ritmadas, um pouquinho acima do chão, da frente para trás, como a esteira de um navio, água branca como cera, ou uma banquisa a derreter-se lentamente. Sou frio, frio, frio como o gelo. Minha cabeça cega e branca de touro era um espantalho em Creta; degenerados, esses meus quatro chifres incapazes de atacar. Os cantos da minha boca são agora as minhas mãos. Elas apertam-se contra a terra e a sugam com força. Ah, mas sei que minha concha é bela, e alta, e vitrificada, e reluzente. Sei isso muito bem, embora nunca a tenha visto. Seu lábio branco e espiralado é do mais fino esmalte. Por dentro, é lisa como a seda, e eu, ah, eu a encho por completo.

A larga trilha que vou largando brilha, agora que já está escurecendo. Deixo atrás de mim uma linda fita opalescente: isso eu sei.

Mas ai! sou grande demais. Sinto que sou. Tenham dó de mim.

Quando eu chegar à pedra, se lá chegar, vou entrar numa certa fenda que há nela para ali passar a noite. A cachoeira vai vibrar minha concha e meu corpo a noite toda. É com esse latejar constante que descanso. A noite inteira serei como um ouvido que dorme.

Going to the Bakery

[Rio de Janeiro]

Instead of gazing at the sea
the way she does on other nights,
the moon looks down the Avenida
Copacabana at the sights,

new to her but ordinary.
She leans on the slack trolley wires.
Below, the tracks slither between
lines of head-to-tail parked cars.

(The tin hides have the iridescence
of dying, flaccid toy balloons.)
The tracks end in a puddle of mercury;
the wires, at the moon's

magnetic instances, take off
to snarl in distant nebulae.
The bakery lights are dim. Beneath
our rationed electricity,

the round cakes look about to faint —
each turns up a glazed white eye.
The gooey tarts are red and sore.
Buy, buy, what shall I buy?

Now flour is adulterated
with cornmeal, the loaves of bread
lie like yellow-fever victims
laid out in a crowded ward.

Ida à Padaria

[Rio de Janeiro]

Esta noite a lua contempla
a Avenida Copacabana
em vez de olhar para o mar,
e as coisas mais cotidianas

são novas pra ela. Debruça-se
sobre os fios frouxos dos bondes.
Lá embaixo, os trilhos se esgueiram
até se fundirem ao longe

(entre carros estacionados
que lembram balões coloridos
já murchos e moribundos);
os fios, pela lua atraídos,

somem numa nebulosa
longínqua. A padaria
está imersa na meia-luz —
estamos racionando energia.

Os bolos, de olhar esgazeado,
parecem que vão desmaiar.
as tortas, gosmentas, vermelhas,
doem. O que devo comprar?

Misturam milho à farinha
e as bisnagas ficam doentias —
pacientes de febre amarela
amontoados na enfermaria.

The baker, sickly too, suggests
the "milk rolls," since they still are warm
and made with milk, he says. They feel
like a baby on the arm.

Under the false-almond tree's
leathery leaves, a childish puta
dances, feverish as an atom:
chá-cha, chá-cha, chá-cha...

In front of my apartment house
a black man sits in a black shade,
lifting his shirt to show a bandage
on his black, invisible side.

Fumes of cachaça knock me over,
like gas fumes from an auto-crash.
He speaks in perfect gibberish.
The bandage glares up, white and fresh.

I give him seven cents in my
terrific money, say "Good night"
from force of habit. Oh, mean habit!
Not one word more apt or bright?

O padeiro, doente, sugere
"pães de leite" em vez de bolo.
Eu compro, e é como levar
um bebezinho no colo.

Sob a falsa amendoeira
uma puta ainda menina
dança um chá-chá-chá, girando
como um átomo na esquina.

À sombra negra do meu prédio
um negro levanta a camisa
pra mostrar um curativo
cobrindo negra ferida.

Com um bafo de cachaça
potente feito uma bazuca
aponta a bandagem branca
e me diz coisas malucas.

Dou-lhe dinheiro e boa-noite,
por força do hábito. Ah!
Não haveria uma palavra
mais relevante pra lhe dar?

Under the Window: Ouro Prêto

for Lilli Correia de Araújo

The conversations are simple: about food,
or, "When my mother combs my hair it hurts."
"Women." "Women!" Women in red dresses

and plastic sandals, carrying their almost
invisible babies — muffled to the eyes
in all the heat — unwrap them, lower them,

and give them drinks of water lovingly
from dirty hands, here where there used to be
a fountain, here where all the world still stops.

The water used to run out of the mouths
of three green soapstone faces. (One face laughed
and one face cried; the middle one just looked.

Patched up with plaster, they're in the museum.)
It runs now from a single iron pipe,
a strong and ropy stream. "Cold." "Cold as ice,"

all have agreed for several centuries.
Donkeys agree, and dogs, and the neat little
bottle-green swallows dare to dip and taste.

Here comes that old man with the stick and sack,
meandering again. He stops and fumbles.
He finally gets out his enamelled mug.

Here comes some laundry tied up in a sheet,

Pela Janela: Ouro Preto

para Lilli Correia de Araújo

Conversas singelas: fala-se de comida,
Ou: "Quando minha mãe me penteia, machuca."
"Mulheres." "Mulheres!" Mulheres com vestidos

vermelhos, sandálias plásticas, e bebês
quase invisíveis — agasalhados, só os olhos
de fora, no calorão — que elas desembrulham

e levam até a água, e dão de beber
com mãos sujas e amorosas, aqui onde antes
havia uma fonte, e onde todos ainda param.

A água esguichava das bocas de três caras
de pedra-sabão. (Uma ria, uma chorava,
e a do meio só olhava. Hoje, remendadas

com gesso, estão guardadas no museu.) A água
escorre agora de um simples cano de ferro,
um fluxo espesso e forte. "Está fria." "Gelada",

todos concordam há séculos — os cães e os burros,
e as andorinhas verde-garrafa, elegantes,
ousam um mergulho rápido, só pra provar.

Lá vem de novo o velho de bastão e saco,
com seu passo sinuoso. Para, remexe
e finalmente encontra o caneco de esmalte.

Lá vem uma trouxa amarrada num lençol,

all on its own, three feet above the ground.
Oh, no — a small black boy is underneath.

Six donkeys come behind their "godmother"
— the one who wears a fringe of orange wool
with wooly balls above her eyes, and bells.

They veer toward the water as a matter
of course, until the drover's mare trots up,
her whiplash-blinded eye on the off side.

A big new truck, Mercedes-Benz, arrives
to overawe them all. The body's painted
with throbbing rosebuds and the bumper says

HERE AM I FOR WHOM YOU HAVE BEEN WAITING.
The driver and assistant driver wash
their faces, necks, and chests. They wash their feet,

their shoes, and put them back together again.
Meanwhile, another, older truck grinds up
in a blue cloud of burning oil. It has

a syphilitic nose. Nevertheless,
its gallant driver tells the passersby
NOT MUCH MONEY BUT IT IS AMUSING.

"She's been in labor now two days." "Transistors
cost much too much." "For lunch we took advantage
of the poor duck the dog decapitated."

The seven ages of man are talkative
and soiled and thirsty.
                              Oil has seeped into
the margins of the ditch of standing water

andando sozinha, um metro acima do chão.
Ah — tem um negrinho escondido embaixo dela.

Seis burros se aproximam, atrás da madrinha
— ela é a da franja de lã alaranjada
sobre os olhos, com borlas, e sinos também.

Seguem naturalmente rumo à água, até
que a égua do tropeiro se achega, trotando,
o olho direito vazado por um chicote.

Um caminhão Mercedes-Benz, enorme e novo,
chega e domina a cena. Na carroceria
botões de rosa brilham, enquanto o para-choque

anuncia: CHEGOU QUEM VOCÊ ESPERAVA.
O motorista e o ajudante lavam o rosto,
o peito, o pescoço. Lavam os pés, os sapatos,

depois se recompõem. Enquanto isso, um outro
caminhão, mais velho, chega resfolegando
numa nuvem azul de óleo diesel. Tem

nariz de sifilítico. O motorista,
apesar disso, não perde a pose e proclama:
DINHEIRO NÃO TENHO, MAS ME DIVIRTO À BEÇA.

"Ela está em trabalho de parto faz dois dias."
"Um transístor está caro." "O pato que o cachorro
decapitou, a gente aproveitou no almoço."

Jovens, maduros e velhos querem falar,
e se lavar, e beber.
                        Nas águas paradas
da valeta um pouco de óleo se espalhou,

and flashes or looks upward brokenly,
like bits of mirror — no, more blue than that:
like tatters of the Morpho butterfly.

e brilha, ou pisca, em lampejos partidos, como
cacos de espelho — não, é mais azul que isso:
como os farrapos de uma borboleta *Morpho*.

GEOGRAFIA III

GEOGRAPHY III

(1976)

Para Alice Methfessel
For Alice Methfessel

In the Waiting Room

In Worcester, Massachusetts,
I went with Aunt Consuelo
to keep her dentist's appointment
and sat and waited for her
in the dentist's waiting room.
It was winter. It got dark
early. The waiting room
was full of grown-up people,
arctics and overcoats,
lamps and magazines.
My aunt was inside
what seemed like a long time
and while I waited I read
the National Geographic
(I could read) and carefully
studied the photographs:
the inside of a volcano,
black, and full of ashes;
then it was spilling over
in rivulets of fire.
Osa and Martin Johnson
dressed in riding breeches,
laced boots, and pith helmets.
A dead man slung on a pole
— "Long Pig," the caption said.
Babies with pointed heads
wound round and round with string;
black, naked women with necks
wound round and round with wire
like the necks of light bulbs.
Their breasts were horrifying.
I read it right straight through.

320   ELIZABETH BISHOP

Na Sala de Espera

Em Worcester, Massachusetts,
fui com a tia Consuelo
ao dentista, acompanhá-la,
e fiquei na sala de espera,
sentada, esperando por ela.
Era inverno. Escurecia
bem cedo. A sala de espera
estava cheia de adultos
de galocha e sobretudo,
abajures e revistas.
Minha tia parecia
que nunca mais ia sair,
e enquanto esperava eu lia
a *National Geographic*
(pois eu já sabia ler)
e olhava as fotografias:
um vulcão visto por dentro,
negro, e cheio de cinzas;
depois ele aparecia
jorrando riachos de fogo.
Osa e Martin Johnson
com trajes de montaria,
com botas e capacetes.
Um homem morto num espeto
— "Antropófagos", a legenda.
Bebês com cabeças pontudas
com espirais de barbante;
mulheres negras e nuas
com espirais no pescoço
tal como se fossem lâmpadas.
Seus peitos eram medonhos.
Li a revista todinha,

GEOGRAFIA III / GEOGRAPHY III (1976)   321

I was too shy to stop.
And then I looked at the cover:
the yellow margins; the date.
Suddenly, from inside,
came an oh! of pain
— Aunt Consuelo's voice —
not very loud or long.
I wasn't at all surprised;
even then I knew she was
a foolish, timid woman.
I might have been embarrassed,
but wasn't. What took me
completely by surprise
was that it was me:
my voice, in my mouth.
Without thinking at all
I was my foolish aunt,
I — we — were falling, falling,
our eyes glued to the cover
of the National Geographic,
February, 1918.

I said to myself: three days
and you'll be seven years old.
I was saying it to stop
the sensation of falling off
the round, turning world
into cold, blue-black space.
But I felt: you are an I,
you are an Elizabeth,
you are one of them.
Why should you be one, too?
I scarcely dared to look
to see what it was I was.
I gave a sidelong glance

sem coragem de parar.
Então olhei para a capa:
a borda amarela, a data.
De repente, lá de dentro
veio um grito, *ai!*, de dor
— voz da tia Consuelo —
não muito alto, nem comprido.
Eu não me surpreendi:
já sabia que ela era
uma mulher boba e medrosa.
Não senti vergonha alguma,
embora tivesse motivo.
O que me espantou por completo
foi sentir que era *eu*:
minha voz, na minha boca.
Sem pensar, eu era agora
a boboca da minha tia,
eu — nós — caíamos, olhando
a capa da *National Geographic*
de fevereiro de mil
novecentos e dezoito.

Eu pensei: daqui a três dias
você vai fazer sete anos,
pra afastar a sensação
de estar caindo, caindo
do mundo redondo, a rodar,
no espaço escuro e gelado.
Mas pensei: você é um *eu*,
você é uma *Elizabeth*,
você é uma *delas*, também.
Mas por quê, por *quê*? Eu mal
tinha coragem de olhar
para ver o que eu era, mesmo.
Dei uma olhada de esguelha

GEOGRAFIA III / GEOGRAPHY III (1976)

— I couldn't look any higher —
at shadowy gray knees,
trousers and skirts and boots
and different pairs of hands
lying under the lamps.
I knew that nothing stranger
had ever happened, that nothing
stranger could ever happen.
Why should I be my aunt,
or me, or anyone?
What similarities —
boots, hands, the family voice
I felt in my throat, or even
the National Geographic
and those awful hanging breasts —
held us all together
or made us all just one?
How — I didn't know any
word for it — how "unlikely"...
How had I come to be here,
like them, and overhear
a cry of pain that could have
got loud and worse but hadn't?

The waiting room was bright
and too hot. It was sliding
beneath a big black wave,
another, and another.

Then I was back in it.
The War was on. Outside,
in Worcester, Massachusetts,
were night and slush and cold,
and it was still the fifth
of February, 1918.

— não dava pra ver mais de cima —
naqueles joelhos cinzentos,
calças e saias e botas
e pares de mãos diferentes
pousadas sob os abajures.
Eu sabia: nada tão estranho
jamais acontecera, e nunca
voltaria a acontecer.
Por que eu era minha tia,
ou eu, ou quem quer que fosse?
Que semelhanças — as botas,
as mãos, a voz da família
que eu sentia na garganta,
ou a *National Geographic*
e os peitos caídos, horrendos —
nos mantinham todas juntas
ou nos tornavam uma só?
Que coisa — eu não conhecia
a palavra — mais "improvável"...
Como eu fora parar ali,
como elas, pra escutar
um grito de dor que podia
ter sido maior, mas não foi?

A sala de espera era clara
e quente demais. Deslizava
sob uma onda grande e negra,
e outra, e outra, e mais outra.

E voltei à sala. Era tempo
de guerra. Lá fora, em Worcester,
Massachusetts, estava úmido,
escuro e frio, e ainda era cinco
de fevereiro de mil
novecentos e dezoito.

GEOGRAFIA III / GEOGRAPHY III (1976)   325

Crusoe in England

A new volcano has erupted,
the papers say, and last week I was reading
where some ship saw an island being born:
at first a breath of steam, ten miles away;
and then a black fleck — basalt, probably —
rose in the mate's binoculars
and caught on the horizon like a fly.
They named it. But my poor old island's still
un-rediscovered, un-renamable.
None of the books has ever got it right.

Well, I had fifty-two
miserable, small volcanoes I could climb
with a few slithery strides —
volcanoes dead as ash heaps.
I used to sit on the edge of the highest one
and count the others standing up,
naked and leaden, with their heads blown off.
I'd think that if they were the size
I thought volcanoes should be, then I had
become a giant;
and if I had become a giant,
I couldn't bear to think what size
the goats and turtles were,
or the gulls, or the over-lapping rollers
— a glittering hexagon of rollers
closing and closing in, but never quite,
glittering and glittering, though the sky
was mostly overcast.

My island seemed to be
a sort of cloud-dump. All the hemisphere's

Crusoé na Inglaterra

Um vulcão novo entrou em erupção,
dizem os jornais, e li na semana passada
que viram de um navio uma ilha nascer:
primeiro uma fumaça, a dez milhas de distância;
depois um ponto negro — basalto, é quase certo —
surgiu no binóculo do imediato
e cravou no horizonte feito uma mosca.
Deram-lhe um nome. Mas a minha pobre ilha
não foi redescoberta nem rebatizada.
Todos os livros erram quando falam nela.

Pois eu tinha cinquenta e dois
vulcõezinhos vagabundos que eu subia
com uns poucos passos incertos —
vulcões mortos como montes de cinzas.
Sentado à beira do mais alto deles
eu contava os outros, eretos,
nus, cor de chumbo, decapitados.
E eu pensava: se eles fossem do tamanho
que um vulcão devia ter, então
eu seria um gigante;
e se eu fosse um gigante,
nem era bom pensar de que tamanho
seriam as cabras e as tartarugas
e as gaivotas, e as ondas sobrepostas
— um hexágono de ondas reluzentes
quase quebrando, sem jamais quebrar,
brilhando, brilhando, embora o céu
ficasse quase sempre nublado.

Minha ilha era uma espécie
de monturo de nuvens. As nuvens usadas

GEOGRAFIA III / GEOGRAPHY III (1976)   327

left-over clouds arrived and hung
above the craters — their parched throats
were hot to touch.
Was that why it rained so much?
And why sometimes the whole place hissed?
The turtles lumbered by, high-domed,
hissing like teakettles.
(And I'd have given years, or taken a few,
for any sort of kettle, of course.)
The folds of lava, running out to sea,
would hiss. I'd turn. And then they'd prove
to be more turtles.
The beaches were all lava, variegated,
black, red, and white, and gray;
the marbled colors made a fine display.
And I had waterspouts. Oh,
half a dozen at a time, far out,
they'd come and go, advancing and retreating,
their heads in cloud, their feet in moving patches
of scuffed-up white.
Glass chimneys, flexible, attenuated,
sacerdotal beings of glass... I watched
the water spiral up in them like smoke.
Beautiful, yes, but not much company.

I often gave way to self-pity.
"Do I deserve this? I suppose I must.
I wouldn't be here otherwise. Was there
a moment when I actually chose this?
I don't remember, but there could have been."
What's wrong about self-pity, anyway?
With my legs dangling down familiarly
over a crater's edge, I told myself
"Pity should begin at home." So the more
pity I felt, the more I felt at home.

do hemisfério iam todos para lá, e pairavam
sobre as crateras — suas gargantas sedentas
estavam sempre quentes.
Era por isso que chovia tanto?
E que às vezes toda a ilha silvava?
Passavam as tartarugas, bojudas, pesadas,
silvando como chaleiras.
(E por uma chaleira de verdade, é claro,
eu daria meia vida, ou tirava a de alguém.)
Também a lava, escorrendo para o mar,
silvava. Eu olhava. E via
que era só mais tartarugas.
As praias eram pura lava, multicor,
preta, vermelha e branca, e cinza;
as cores se mesclavam como mármore; era belo.
Eu tinha trombas-d'água também. Ah,
meia dúzia ao mesmo tempo, ao longe,
iam e vinham, avançavam e recuavam,
as cabeças nas nuvens, os pés em manchas móveis
de um branco fosco.
Chaminés de vidro, flexíveis, translúcidas,
seres sacerdotais de vidro... eu via a água
subindo nelas em espirais como fumaça.
Bonitas, sim. Mas não me faziam companhia.

De vez em quando eu tinha dó de mim.
"Eu mereço isso? Pelo visto, sim.
Senão eu não estaria aqui. Teria havido
um momento em que fiz esta opção?
Não me lembro, mas é possível, sim."
E que mal faz ter pena de si próprio?
Sentado à beira de uma cratera conhecida,
balançando as pernas, eu dizia a mim mesmo:
"Piedade começa em casa." Assim, quanto mais
eu tinha dó de mim, mais em casa me sentia.

The sun set in the sea; the same odd sun
rose from the sea,
and there was one of it and one of me.
The island had one kind of everything:
one tree snail, a bright violet-blue
with a thin shell, crept over everything,
over the one variety of tree,
a sooty, scrub affair.
Snail shells lay under these in drifts
and, at a distance,
you'd swear that they were beds of irises.
There was one kind of berry, a dark red.
I tried it, one by one, and hours apart.
Sub-acid, and not bad, no ill effects;
and so I made home-brew. I'd drink
the awful, fizzy, stinging stuff
that went straight to my head
and play my home-made flute
(I think it had the weirdest scale on earth)
and, dizzy, whoop and dance among the goats.
Home-made, home-made! But aren't we all?
I felt a deep affection for
the smallest of my island industries.
No, not exactly, since the smallest was
a miserable philosophy.

Because I didn't know enough.
Why didn't I know enough of something?
Greek drama or astronomy? The books
I'd read were full of blanks;
the poems — well, I tried
reciting to my iris-beds,
"They flash upon that inward eye,
which is the bliss..." The bliss of what?
One of the first things that I did
when I got back was look it up.

No mar, o sol se punha; o mesmo sol
no mar nascia,
e o sol era um só, e eu era só um.
De cada coisa a ilha tinha um tipo:
um caracol, violeta-azulado vivo,
de concha fina, que subia em tudo,
nas árvores, todas do mesmo tipo,
escuras e raquíticas.
Lençóis de conchas se formavam à sombra delas;
quem os visse de longe
jurava que era um canteiro de íris.
Havia um tipo de frutinha, rubra, escura.
Provei, uma por uma, de hora em hora.
Um pouco azeda, nada má, nenhum efeito mau;
com elas fiz uma bebida fermentada. Eu tomava
a beberagem horrível, efervescente, ardida,
que subia direto à cabeça,
depois tocava minha flauta feita em casa
(com a escala musical mais doida do mundo)
e, tonto, dançava e gritava entre as cabras.
Feito em casa, feito em casa! E quem não é?
A menor das minhas indústrias insulares
me inspirava uma emoção profunda.
Não, não é verdade; a menor de todas
era uma filosofia infeliz.

Pois eu sabia muito pouco.
Por que eu não entendia bem de alguma coisa?
Teatro grego, astronomia? Os livros
que eu lera estavam cheios de lacunas;
os poemas — bem que eu tentava
recitar para os meus canteiros de íris.
"Seu lume brilha no olho interior
que é a ventura..." A ventura do quê?
Uma das primeiras coisas que fiz
quando voltei foi consultar o livro.

GEOGRAFIA III / GEOGRAPHY III (1976)   331

The island smelled of goat and guano.
The goats were white, so were the gulls,
and both too tame, or else they thought
I was a goat, too, or a gull.
Baa, baa, baa and shriek, shriek, shriek,
baa... shriek... baa... I still can't shake
them from my ears; they're hurting now.
The questioning shrieks, the equivocal replies
over a ground of hissing rain
and hissing, ambulating turtles
got on my nerves.

When all the gulls flew up at once, they sounded
like a big tree in a strong wind, its leaves.
I'd shut my eyes and think about a tree,
an oak, say, with real shade, somewhere.
I'd heard of cattle getting island-sick.
I thought the goats were.
One billy-goat would stand on the volcano
I'd christened Mont d'Espoir or Mount Despair
(I'd time enough to play with names),
and bleat and bleat, and sniff the air.
I'd grab his beard and look at him.
His pupils, horizontal, narrowed up
and expressed nothing, or a little malice.
I got so tired of the very colors!
One day I dyed a baby goat bright red
with my red berries, just to see
something a little different.
And then his mother wouldn't recognize him.

Dreams were the worst. Of course I dreamed of food
and love, but they were pleasant rather
than otherwise. But then I'd dream of things
like slitting a baby's throat, mistaking it

A ilha cheirava a cabra e a guano.
As cabras eram brancas, brancas as gaivotas,
umas e outras mansas, ou então pensavam
que eu fosse uma cabra também, ou uma gaivota.
Béé, bée, béé e *quii, quii, quii,*
béé... quii... béé... até hoje os barulhos
me acompanham, e me doem nos ouvidos.
Os guinchos perguntando, os balidos se esquivando,
e ao fundo o silvo da chuva
e o silvo das tartarugas, se arrastando sem parar,
me davam nos nervos.

Quando as gaivotas levantavam voo ao mesmo tempo,
o som lembrava uma árvore em vento forte, as folhas.
De olhos fechados, eu pensava numa árvore
com sombra de verdade, um carvalho, por exemplo.
Dizem que o gado enjoa da ilha para onde o levam.
Era o caso das cabras, eu achava.
Havia um bode que subia no vulcão
que eu batizara *Mont d'Espoir* ou *Mount Despair*
(eu tinha tempo para brincar com nomes)
e balia, e balia, e cheirava o ar.
Eu o agarrava pela barba e o olhava nos olhos.
As pupilas contraíam-se, na horizontal,
e nada expressavam, só um pouco de malícia.
Até das cores eu enjoava!
Uma vez tingi um cabrito de vermelho vivo
com minhas frutas silvestres, só para ver
alguma coisa um pouco diferente.
E a mãe depois não o reconheceu.

O pior eram os sonhos. Sonhos com comida
e amor, é claro, mas esses eram até
agradáveis. Pior era sonhar
que eu cortava o pescoço de um bebê,

for a baby goat. I'd have
nightmares of other islands
stretching away from mine, infinities
of islands, islands spawning islands,
like frogs' eggs turning into polliwogs
of islands, knowing that I had to live
on each and every one, eventually,
for ages, registering their flora,
their fauna, their geography.

Just when I thought I couldn't stand it
another minute longer, Friday came.
(Accounts of that have everything all wrong.)
Friday was nice.
Friday was nice, and we were friends.
If only he had been a woman!
I wanted to propagate my kind,
and so did he, I think, poor boy.
He'd pet the baby goats sometimes,
and race with them, or carry one around.
— Pretty to watch; he had a pretty body.

And then one day they came and took us off.

Now I live here, another island,
that doesn't seem like one, but who decides?
My blood was full of them; my brain
bred islands. But that archipelago
has petered out. I'm old.
I'm bored, too, drinking my real tea,
surrounded by uninteresting lumber.
The knife there on the shelf —
it reeked of meaning, like a crucifix.
It lived. How many years did I
beg it, implore it, not to break?

334   ELIZABETH BISHOP

pensando que fosse um cabrito. Havia
um pesadelo em que entravam outras ilhas
que se estendiam da minha, infinidades
delas, ilhas gerando ilhas,
como ovos de rãs virando girinos
de ilhas, e eu sabia que era a minha sina
viver em cada uma, todas elas,
por muitas eras, registrando sua fauna,
sua flora, sua geografia.

Quando pensei que não aguentava mais
nem um minuto, chegou Sexta-Feira.
(Os relatos desse encontro estão errados.)
Sexta-Feira era bom.
Sexta-Feira era bom, e ficamos amigos.
Ah, se ele fosse mulher!
Eu queria propagar a minha espécie,
e ele também, creio eu, pobre rapaz.
Às vezes brincava com os cabritos,
corria com eles, ou levava um no colo.
— Bonita cena; ele era bonito de corpo.

E então um dia vieram e nos levaram embora.

Agora moro aqui, numa outra ilha,
que nem parece ilha, mas quem sou eu para dizer?
Meu sangue estava cheio delas; meu cérebro
gerava ilhas. Mas esse arquipélago
morreu aos poucos. Envelheci.
Entediado, tomo chá de verdade,
cercado por coisas sem nenhuma graça.
Aquela faca ali na prateleira —
era tão prenhe de significado quanto um crucifixo.
Era uma coisa viva. Quantos anos não passei
pedindo a ela, implorando, que não quebrasse?

GEOGRAFIA III / GEOGRAPHY III (1976)   335

I knew each nick and scratch by heart,
the bluish blade, the broken tip,
the lines of wood-grain on the handle...
Now it won't look at me at all.
The living soul has dribbled away.
My eyes rest on it and pass on.

The local museum's asked me to
leave everything to them:
the flute, the knife, the shrivelled shoes,
my shedding goatskin trousers
(moths have got in the fur),
the parasol that took me such a time
remembering the way the ribs should go.
It still will work but, folded up,
looks like a plucked and skinny fowl.
How can anyone want such things?
— And Friday, my dear Friday, died of measles
seventeen years ago come March.

Eu conhecia de cor cada arranhão,
a lâmina azulada, a ponta quebrada,
os veios da madeira do cabo...
Agora ela nem olha mais para mim.
Sua alma viva esboroou-se.
Meus olhos pousam nela e seguem adiante.

O museu daqui me pediu
que eu lhe deixasse tudo em testamento:
a flauta, a faca, esses sapatos murchos,
as calças de camurça a descascar
(o couro está cheio de traças),
a sombrinha que me deu tanto trabalho
lembrar para que lado viram as varetas.
Ainda funciona, mas dobrada como está
parece uma galinha magra depenada.
Como que alguém pode querer coisas assim?
— E Sexta-Feira, meu querido Sexta-Feira, morreu de sarampo,
vai fazer dezessete anos agora em março.

Night City

[From the plane]

No foot could endure it,
shoes are too thin.
Broken glass, broken bottles,
heaps of them burn.

Over those fires
no one could walk:
those flaring acids
and variegated bloods.

The city burns tears.
A gathered lake
of aquamarine
begins to smoke.

The city burns guilt.
— For guilt-disposal
the central heat
must be this intense.

Diaphanous lymph,
bright turgid blood,
spatter outward
in clots of gold

to where run, molten,
in the dark environs
green and luminous
silicate rivers.

Cidade Noturna

[Do alto do avião]

Não há pé que aguente,
sapato que resista.
Cacos de copos quebrados,
em pilhas, pegando fogo.

Ninguém seria capaz
de andar sobre essas fogueiras:
esses ácidos ardentes
e sangues variegados.

A cidade queima lágrimas.
Um lago acumulado
de tom azul-claro
começa a fumegar.

A cidade queima culpa.
— O incinerador de culpas
opera com a mais
extrema temperatura.

A linfa diáfana,
o sangue rubro e túrgido,
respingam ao redor
em coágulos dourados

até lá onde escorrem,
liquefeitos no escuro,
verdes e luminosos,
rios de silicato.

GEOGRAFIA III / GEOGRAPHY III (1976)   339

A pool of bitumen
one tycoon
wept by himself,
a blackened moon.

Another cried
a skyscraper up.
Look! Incandescent,
its wires drip.

The conflagration
fights for air
in a dread vacuum.
The sky is dead.

(Still, there are creatures,
careful ones, overhead.
They set down their feet, they walk
green, red; green, red.)

Uma poça de betume
que um único magnata
chorou por conta própria,
uma lua tisnada.

Já um outro chorou
um arranha-céu inteiro.
Vejam só! Incandescente,
seus fios a gotejar.

Essa conflagração
arqueja com esforço
num vácuo terrível.
O céu está morto.

(No entanto, lá no alto,
criaturas prudentes
caminham, passos medidos,
verde, vermelho, verde.)

The Moose

for Grace Bulmer Bowers

From narrow provinces
of fish and bread and tea,
home of the long tides
where the bay leaves the sea
twice a day and takes
the herrings long rides,

where if the river
enters or retreats
in a wall of brown foam
depends on if it meets
the bay coming in,
the bay not at home;

where, silted red,
sometimes the sun sets
facing a red sea,
and others, veins the flats'
lavender, rich mud
in burning rivulets;

on red, gravelly roads,
down rows of sugar maples,
past clapboard farmhouses
and neat, clapboard churches,
bleached, ridged as clamshells,
past twin silver birches,

through late afternoon
a bus journeys west,

O Alce

para Grace Bulmer Bowers

Vindo de estreitas províncias,
de peixe, de pão e de chá,
terra de marés bem longas
onde duas vezes por dia
foge do mar a baía
e leva os arenques pra longe,

onde entra ou sai o rio
num muro de espuma parda
dependendo de ele encontrar
a baía dentro de casa
ou de o rio constatar
que a baía saiu;

onde, rubro de aluvião,
às vezes o sol se põe
em frente a um mar vermelho,
e às vezes encobre o tom
arroxeado do lodo
com riachos de puro fogo;

por estradas de cascalho
ladeadas de bordos e bétulas,
passando por casas e igrejas
revestidas de sarrafos
caiados, que lembram as ranhuras
que há nas conchas das amêijoas,

um ônibus, num fim de tarde,
vai seguindo para o oeste,

the windshield flashing pink,
pink glancing off of metal,
brushing the dented flank
of blue, beat-up enamel;

down hollows, up rises,
and waits, patient, while
a lone traveller gives
kisses and embraces
to seven relatives
and a collie supervises.

Goodbye to the elms,
to the farm, to the dog.
The bus starts. The light
grows richer; the fog,
shifting, salty, thin,
comes closing in.

Its cold, round crystals
form and slide and settle
in the white hens' feathers,
in gray glazed cabbages,
on the cabbage roses
and lupins like apostles;

the sweet peas cling
to their wet white string
on the whitewashed fences;
bumblebees creep
inside the foxgloves,
and evening commences.

One stop at Bass River.
Then the Economies —

com reflexos cor-de-rosa
nos vidros e nos cromados,
tocando de leve o azul
do esmalte amarrotado;

desce encosta, sobe morro,
e fica esperando, paciente,
enquanto uma passageira
que vai viajar sozinha,
sob o olhar de um cachorro,
beija e abraça seis parentes.

Adeus aos olmos, ao cão,
adeus à fazenda. O ônibus
dá a partida. Na estrada,
aos poucos a luz suaviza-se;
desce uma cerração
fina, indistinta, salgada,

cristais redondos e frios
que brotam nas penas brancas
das galinhas, e debruam
cem-folhas, repolhos pardos
e tremoceiros a postos
como se fossem apóstolos.

Enquanto as ervilhas-de-cheiro
se apegam às cercas caiadas
com seu fio alvo e úmido
e as mamangabas se enfiam
nas flores das dedaleiras,
vai se adensando o crepúsculo.

Uma parada em Bass River.
Então as Economies —

Lower, Middle, Upper;
Five Islands, Five Houses,
where a woman shakes a tablecloth
out after supper.

A pale flickering. Gone.
The Tantramar marshes
and the smell of salt hay.
An iron bridge trembles
and a loose plank rattles
but doesn't give way.

On the left, a red light
swims through the dark:
a ship's port lantern.
Two rubber boots show,
illuminated, solemn.
A dog gives one bark.

A woman climbs in
with two market bags,
brisk, freckled, elderly.
"A grand night. Yes, sir,
all the way to Boston."
She regards us amicably.

Moonlight as we enter
the New Brunswick woods,
hairy, scratchy, splintery;
moonlight and mist
caught in them like lamb's wool
on bushes in a pasture.

The passengers lie back.
Snores. Some long sighs.

Lower, Middle e Upper;
Five Islands; e em Five Houses
uma mulher sacode uma toalha
de mesa, espalhando migalhas.

Um brilho breve — sumiu.
É o brejo de Tantramar.
Cheiro de feno salgado.
A ponte de ferro estremece,
uma prancha chacoalha alto,
porém não sai do lugar.

À esquerda, um ponto vermelho
dança na escuridão:
é um farol de bombordo.
Surgem à luz, imponentes,
duas botas de borracha.
Late, uma vez só, um cão.

Entra uma mulher trazendo
duas sacolas de compras,
sardenta, lépida, idosa.
"Bela noite. Sim, senhor,
estou indo direto até Boston."
Olha pra nós, amistosa.

Nas matas de New Brunswick,
ásperas e desgrenhadas,
ficam presos pelo caminho
fiapos de névoa e luar,
feito lã de carneiros
em galhos cheios de espinhos.

Os passageiros relaxam.
Uns roncam. Outros suspiram.

GEOGRAFIA III / GEOGRAPHY III (1976)

A dreamy divagation
begins in the night,
a gentle, auditory,
slow hallucination...

In the creakings and noises,
an old conversation
— not concerning us,
but recognizable, somewhere,
back in the bus:
Grandparents' voices

uninterruptedly
talking, in Eternity:
names being mentioned,
things cleared up finally;
what he said, what she said,
who got pensioned;

deaths, deaths and sicknesses;
the year he remarried;
the year (something) happened.
She died in childbirth.
That was the son lost
when the schooner foundered.

He took to drink. Yes.
She went to the bad.
When Amos began to pray
even in the store and
finally the family had
to put him away.

"Yes..." that peculiar
affirmative. "Yes..."

348　ELIZABETH BISHOP

Começa uma divagação
suave, no meio da noite,
um som vago, bem lento
como uma alucinação...

Nos rangidos e ruídos,
uma conversa antiga
— que não diz respeito a nós,
reconhecível, porém,
vindo do banco de trás:
São vozes velhas, de avós

falando, uma fala eterna,
uma fala ininterrupta,
finalmente esclarecendo
antigos mistérios; citando
nomes, quem disse o quê,
quem ganhou pensão de quanto;

casamentos, mortes, doenças;
ele tinha saúde frágil;
foi o ano em que (o quê?) aconteceu.
E ela morreu de parto
quando nasceu o menino
que depois morreu no naufrágio.

Ele passou a beber.
É. Ela caiu na vida.
O Amos deu de rezar
até quando estava na loja,
e a coisa chegou a um ponto
que o jeito foi internar.

"É..." pronunciado de um modo
muito peculiar. "É..."

GEOGRAFIA III / GEOGRAPHY III (1976)   349

A sharp, indrawn breath,
half groan, half acceptance,
that means "Life's like that.
We know it (also death)."

Talking the way they talked
in the old featherbed,
peacefully, on and on,
dim lamplight in the hall,
down in the kitchen, the dog
tucked in her shawl.

Now, it's all right now
even to fall asleep
just as on all those nights.
— Suddenly the bus driver
stops with a jolt,
turns off his lights.

A moose has come out of
the impenetrable wood
and stands there, looms, rather,
in the middle of the road.
It approaches; it sniffs at
the bus's hot hood.

Towering, antlerless,
high as a church,
homely as a house
(or, safe as houses).
A man's voice assures us
"Perfectly harmless..."

Some of the passengers
exclaim in whispers,

Um som aspirado, forte,
um gemido resignado,
que quer dizer: "É, a vida
é assim (e também a morte)."

Falando como falavam
no velho colchão de penas,
bem baixinho, sem parar,
lampião aceso na entrada,
e na cozinha a cadela
dormindo, enrodilhada.

Agora dá até pra dormir
como numa daquelas noites.
— Mas eis que o motorista
freia de supetão,
e o ônibus todo mergulha
na completa escuridão.

Um alce acaba de emergir
da floresta impenetrável,
e seu vulto majestoso
se planta no meio da estrada.
Fareja o capô quente
do ônibus silencioso.

Sem chifres, imponentes,
alto como uma igreja,
simples como uma casa
(ou, como uma casa, tranquilo).
Uma voz de homem garante:
"Totalmente inofensivo..."

Alguns passageiros exclamam
em sussurros, com cautela,

childishly, softly,
"Sure are big creatures."
"It's awful plain."
"Look! It's a she!"

Taking her time,
she looks the bus over,
grand, otherworldly.
Why, why do we feel
(we all feel) this sweet
sensation of joy?

"Curious creatures,"
says our quiet driver,
rolling his r's.
"Look at that, would you."
Then he shifts gears.
For a moment longer,

by craning backward,
the moose can be seen
on the moonlit macadam;
then there's a dim
smell of moose, an acrid
smell of gasoline.

como se fossem crianças:
"Mas que bicho enorme, hein."
"Ele é feio de dar dó."
"Não é *ele*, não! Olha — é *ela*!"

Com toda a calma do mundo
ela examina o ônibus,
magnífica, numinosa.
Por quê, por que nos domina
(a todos) uma alegria
imensa, deliciosa?

"Bicho mais curioso",
diz o nosso motorista,
com sua fala rascante.
"Olha só." Engata a marcha,
em seguida dá a partida.
E por mais alguns instantes,

virando a cabeça pra trás
ainda se pode vê-la
ao luar, já pequenina;
então há um cheiro indistinto
de alce, e um outro cheiro,
acre, de gasolina.

12 O'Clock News

gooseneck
lamp

As you all know, tonight is the night of the full moon, half the world over. But here the moon seems to hang motionless in the sky. It gives very little light; it could be dead. Visibility is poor. Nevertheless, we shall try to give you some idea of the lay of the land and the present situation.

typewriter

The escarpment that rises abruptly from the central plain is in heavy shadow, but the elaborate terracing of its southern glacis gleams faintly in the dim light, like fish scales. What endless labor those small, peculiarly shaped terraces represent! And yet, on them the welfare of this tiny principality depends.

pile of mss.

A slight landslide occurred in the northwest about an hour ago. The exposed soil appears to be of poor quality: almost white, calcareous, and shaly. There are believed to have been no casualties.

typed sheet

Almost due north, our aerial reconnaissance reports the discovery of a large rectangular "field," hitherto unknown to us, obviously man-made. It is dark-speckled. An airstrip? A cemetery?

envelopes

In this small, backward country, one of the most backward left in the world today, communications are crude and "industrialization" and its products almost nonexistent. Strange to say, however, signboards are on a truly gigantic scale.

Jornal da Meia-Noite

luminária de haste flexível

Como todos vocês sabem, hoje é noite de lua cheia em metade do mundo. Mas aqui a lua parece pairar imóvel no céu. Ela emite muito pouca luz; é como se estivesse morta. A visibilidade está baixa. Assim mesmo, vamos tentar dar a vocês uma ideia da paisagem e da situação atual.

máquina de escrever

A escarpa que se eleva abruptamente da planície central está imersa na escuridão, porém a complexa estrutura de terraços da encosta sul brilha fracamente na luz tênue, como escamas de peixe. Que trabalheira infinita representam esses pequenos terraços de forma curiosa! E no entanto é deles que depende a prosperidade deste minúsculo principado.

pilha de manuscritos

Um pequeno deslizamento de terra ocorreu no noroeste há cerca de uma hora. O solo exposto parece ser de má qualidade: quase branco, calcário e xistoso. Ao que parece, não houve vítimas.

folha datilografada

Quase diretamente ao norte, nossa equipe de reconhecimento aéreo descobriu um extenso "campo" retangular, até então desconhecido para nós, sem dúvida artificial. Ele é coberto de manchas escuras. Uma pista de pouso? Um cemitério?

envelopes

Neste país pequeno e atrasado, um dos mais atrasados que ainda restam no mundo de hoje, as comunicações são precárias, a "industrialização" e seus produtos são quase inexistentes. Curiosamente, porém, as tabuletas atingem proporções gigantescas.

We have also received reports of a mysterious, oddly shaped, black structure, at an undisclosed distance to the east. Its presence was revealed only because its highly polished surface catches such feeble moonlight as prevails. The natural resources of the country being far from completely known to us, there is the possibility that this may be, or may contain, some powerful and terrifying "secret weapon." On the other hand, given what we do know, or have learned from our anthropologists and sociologists about this people, it may well be nothing more than a numen, or a great altar recently erected to one of their gods, to which, in their present historical state of superstition and helplessness, they attribute magical powers, and may even regard as a "savior," one last hope of rescue from their grave difficulties.

ink-bottle

At last! One of the elusive natives has been spotted! He appears to be — rather, to have been — a unicyclist-courier, who may have met his end by falling from the height of the escarpment because of the deceptive illumination. Alive, he would have been small, but undoubtedly proud and erect, with the thick, bristling black hair typical of the indigenes.

typewriter eraser

From our superior vantage point, we can clearly see into a sort of dugout, possibly a shell crater, a "nest" of soldiers. They lie heaped together, wearing the camouflage "battle dress" intended for "winter warfare." They are in hideously contorted positions, all dead. We can make out at least eight bodies. These uniforms were designed to be used in guerrilla warfare on the country's one snow-covered mountain peak. The fact that these poor soldiers are wearing them here, on the plain, gives further proof, if proof were necessary, either of the childishness and hopeless impracticality of this inscrutable people, our opponents, or of the sad corruption of their leaders.

ashtray

Também recebemos informações a respeito da existência de uma misteriosa estrutura, de cor negra e forma estranha, a uma distância ainda não divulgada, para os lados do leste. A presença dessa estrutura só foi detectada porque sua superfície perfeitamente lisa reflete o parco luar existente. Como ainda estamos longe de conhecer por completo os recursos naturais da região, existe a possibilidade de que o objeto em questão seja, ou contenha, alguma "arma secreta" poderosa e aterradora. Por outro lado, levando-se em conta o que *já* sabemos, ou o que nos informam nossos antropólogos e sociólogos a respeito desse povo, talvez não seja nada mais do que um *numen*, ou um grande altar recentemente construído em homenagem a um de seus deuses, ao qual, no seu atual estágio histórico de superstição e impotência, o povo atribui poderes mágicos, e talvez mesmo encare como um "salvador", uma derradeira esperança de escapar das suas sérias dificuldades.

vidro de tinta

Finalmente! Um dos ariscos nativos foi avistado! Tudo indica que se trata — ou melhor, tratava-se — de um mensageiro-mononociclista, que encontrou a morte ao despencar do alto do precipício, devido às traiçoeiras condições de luminosidade. Vivo, seria de baixa estatura, mas certamente teria porte ereto e orgulhoso, com os cabelos fartos, negros e espetados que são característicos desses indígenas.

borracha para máquina de escrever

Do nosso ponto de observação privilegiado, podemos enxergar com clareza o interior de uma espécie de trincheira, talvez uma cratera aberta por um obus, um "ninho" de soldados. Jazem amontoados uns sobre os outros, com o "traje de combate" utilizado para "batalhas no inverno". Seus corpos encontram-se em posições horrivelmente contorcidas, todos mortos. Podemos contar ao menos oito cadáveres. Esses uniformes destinam-se a ser utilizados em operações de guerrilha no único pico de montanha coberto de neve que há em todo o país. O fato de que esses pobres soldados estão usando tais uniformes *aqui*, na planície, seria mais uma prova, se tal ainda fosse necessário, ou da infantilidade e da irremediável falta de senso prático desse povo inescrutável, nossos adversários, ou da lamentável corrupção de seus líderes.

cinzeiro

Poem

About the size of an old-style dollar bill,
American or Canadian,
mostly the same whites, gray greens, and steel grays
— this little painting (a sketch for a larger one?)
has never earned any money in its life.
Useless and free, it has spent seventy years
as a minor family relic
handed along collaterally to owners
who looked at it sometimes, or didn't bother to.

It must be Nova Scotia; only there
does one see gabled wooden houses
painted that awful shade of brown.
The other houses, the bits that show, are white.
Elm trees, low hills, a thin church steeple
— that gray-blue wisp — or is it? In the foreground
a water meadow with some tiny cows,
two brushstrokes each, but confidently cows;
two minuscule white geese in the blue water,
back-to-back, feeding, and a slanting stick.
Up closer, a wild iris, white and yellow,
fresh-squiggled from the tube.
The air is fresh and cold; cold early spring
clear as gray glass; a half inch of blue sky
below the steel-gray storm clouds.
(They were the artist's specialty.)
A specklike bird is flying to the left.
Or is it a flyspeck looking like a bird?

Heavens, I recognize the place, I know it!
It's behind — I can almost remember the farmer's name
His barn backed on that meadow. There it is,
titanium white, one dab. The hint of steeple,

Poema

Mais ou menos do tamanho de uma nota antiga de um dólar
americano ou canadense,
basicamente os mesmos tons de branco, verde-cinza e cinza-aço
— essa pequena pintura (estudo para outra maior?)
jamais ganhou dinheiro na vida.
Inútil e livre, viveu setenta anos
como uma relíquia de família sem valor
passada adiante a proprietários
que ora olhavam para ela às vezes, ora nem isso.

Deve ser a Nova Escócia; só lá
há casas de madeira com cumeeiras
pintadas desse tom horrendo de marrom.
As outras casas, o que delas se vê, são brancas.
Olmos, morros baixos, um fino pináculo de igreja
— aquele traço azulado — ou não? No primeiro plano
uma várzea com vaquinhas mínimas,
duas pinceladas cada, mas são vacas com certeza;
dois minúsculos gansos brancos na água azul,
um de costas para o outro, comendo, e um pau inclinado.
Mais de perto, um íris silvestre, branco e amarelo,
recém-espremido do tubo de tinta.
O ar é limpo e frio; início de primavera, fria
e límpida como um vidro cinzento; um centímetro de céu azul
sob as nuvens carregadas cinza-aço.
(Elas eram o forte deste artista.)
Uma ave que parece um cocô de mosca voa para a esquerda.
Ou será um cocô de mosca que parece uma ave?

Meu Deus, reconheço este lugar, eu estive lá!
Fica atrás — quase recordo o nome do fazendeiro.
Essa várzea ficava atrás do celeiro. Lá está ele,
branco de titânio, uma pincelada. O esboço de pináculo,

filaments of brush-hairs, barely there,
must be the Presbyterian church.
Would that be Miss Gillespie's house?
Those particular geese and cows
are naturally before my time.

A sketch done in an hour, "in one breath,"
once taken from a trunk and handed over.
Would you like this? I'll probably never
have room to hang these things again.
Your Uncle George, no, mine, my Uncle George,
he'd be your great-uncle, left them all with Mother
when he went back to England.
You know, he was quite famous, an R.A....

I never knew him. We both knew this place,
apparently, this literal small backwater,
looked at it long enough to memorize it,
our years apart. How strange. And it's still loved,
or its memory is (it must have changed a lot).
Our visions coincided — "visions" is
too serious a word — our looks, two looks:
art "copying from life" and life itself,
life and the memory of it so compressed
they've turned into each other. Which is which?
Life and the memory of it cramped,
dim, on a piece of Bristol board,
dim, but how live, how touching in detail
— the little that we get for free,
the little of our earthly trust. Not much.
About the size of our abidance
along with theirs: the munching cows,
the iris, crisp and shivering, the water
still standing from spring freshets,
the yet-to-be-dismantled elms, the geese.

filamentos de pincel, quase invisíveis,
deve ser a igreja presbiteriana.
E aquilo lá, seria a casa da sra. Gillespie?
Aqueles gansos e vacas específicos
não são, é claro, do meu tempo.

Um esboço feito em uma hora, "num só fôlego",
tirado de um baú e dado a alguém.
Quer pra você? Acho que eu nunca mais
vou ter espaço pra pendurar essas coisas.
O seu tio George, não, era meu tio,
de você seria tio-avô, deixou tudo com a mamãe
quando voltou pra Inglaterra.
Ele era até famoso, sabe, da Real Academia...

Não o conheci. Nós dois conhecemos este lugar,
ao que parece, esse pequeno cafundó,
e o contemplamos o bastante para guardá-lo na memória,
em duas épocas diversas. É estranho. E ele ainda é amado,
ou melhor, sua lembrança (o lugar terá mudado muito).
Nossas visões coincidiram — "visões" é
uma palavra séria demais — nossos olhares, dois olhares:
a arte "copiando o real" e o próprio real,
a vida e sua memória de tal forma comprimidas
que uma vira a outra. Qual é qual?
A vida e sua memória amontoadas,
vagas, num pedaço de cartolina,
vagas, mas tão vivas, tão tocantes em detalhe
— o pouco que ganhamos de graça,
o pouco que o mundo nos confere. Pouco, mesmo.
Mais ou menos do tamanho de nossa permanência
e da deles: das vacas a pastar,
dos íris, nítidos, a estremecer, da água
ainda fresca do degelo primaveril,
os olmos ainda não derrubados, os gansos.

GEOGRAFIA III / GEOGRAPHY III (1976) 361

One Art

The art of losing isn't hard to master;
so many things seem filled with the intent
to be lost that their loss is no disaster.

Lose something every day. Accept the fluster
of lost door keys, the hour badly spent.
The art of losing isn't hard to master.

Then practice losing farther, losing faster:
places, and names, and where it was you meant
to travel. None of these will bring disaster.

I lost my mother's watch. And look! my last, or
next-to-last, of three loved houses went.
The art of losing isn't hard to master.

I lost two cities, lovely ones. And, vaster,
some realms I owned, two rivers, a continent.
I miss them, but it wasn't a disaster.

— Even losing you (the joking voice, a gesture
I love) I shan't have lied. It's evident
the art of losing's not too hard to master
though it may look like (Write it!) like disaster.

Uma Arte

A arte de perder não é nenhum mistério;
tantas coisas contêm em si o acidente
de perdê-las, que perder não é nada sério.

Perca um pouquinho a cada dia. Aceite, austero,
a chave perdida, a hora gasta bestamente.
A arte de perder não é nenhum mistério.

Depois perca mais rápido, com mais critério:
lugares, nomes, a escala subsequente
da viagem não feita. Nada disso é sério.

Perdi o relógio de mamãe. Ah! e nem quero
lembrar a perda de três casas excelentes.
A arte de perder não é nenhum mistério.

Perdi duas cidades lindas. E um império
que era meu, dois rios, e mais um continente.
Tenho saudade deles. Mas não é nada sério.

— Mesmo perder você (a voz, o ar etéreo
que eu amo) não muda nada. Pois é evidente
que a arte de perder não chega a ser mistério
por muito que pareça (*Escreve!*) muito sério.

The End of March

for John Malcolm Brinnin and Bill Read: Duxbury

It was cold and windy, scarcely the day
to take a walk on that long beach.
Everything was withdrawn as far as possible,
indrawn: the tide far out, the ocean shrunken,
seabirds in ones or twos.
The rackety, icy, offshore wind
numbed our faces on one side;
disrupted the formation
of a lone flight of Canada geese;
and blew back the low, inaudible rollers
in upright, steely mist.

The sky was darker than the water
— it was the color of mutton-fat jade.
Along the wet sand, in rubber boots, we followed
a track of big dog-prints (so big
they were more like lion-prints). Then we came on
lengths and lengths, endless, of wet white string,
looping up to the tide-line, down to the water,
over and over. Finally, they did end:
a thick white snarl, man-size, awash,
rising on every wave, a sodden ghost,
falling back, sodden, giving up the ghost...
A kite string? — But no kite.

I wanted to get as far as my proto-dream-house,
my crypto-dream-house, that crooked box
set up on pilings, shingled green,
a sort of artichoke of a house, but greener
(boiled with bicarbonate of soda?),
protected from spring tides by a palisade

Fim de Março

para John Malcolm Brinnin e Bill Read: Duxbury

Fazia frio, ventava, não era um dia bom
pra caminhar naquela praia grande.
Tudo se recolhera ao máximo,
ensimesmado: maré baixa, mar retraído,
aves a sós ou aos pares.
O vento gélido, estrepitoso,
entorpecia um lado só do rosto;
atrapalhava a formação
de uma solitária revoada de gansos-do-canadá;
e levantava água das ondas baixas, inaudíveis,
formando uma férrea muralha de neblina.

O céu estava mais escuro que o mar
— o mar tinha cor de jade leitoso.
Pela areia úmida, com botas de borracha, seguíamos
umas pegadas de cachorro (mas tão grandes
que mais pareciam pegadas de leão). E achamos
uma linha branca, dando voltas e mais voltas, infindável,
molhada, chegando à linha da maré, até a água,
mais e mais. Até que enfim terminou:
um emaranhado espesso, do tamanho de um homem,
subindo a cada onda, um fantasma encharcado,
depois descendo outra vez, encharcado, batendo as botas...
Linha de papagaio? — Mas papagaio não havia.

Queria ir até a casa de meus sonhos, a original
e secreta, aquela caixa torta sobre estacas,
toda coberta de sarrafos verdes,
uma casa-alcachofra, só que mais verde ainda
(cozida em bicarbonato de sódio?),
protegida das marés da primavera por uma paliçada

GEOGRAFIA III / GEOGRAPHY III (1976)   365

of — are they railroad ties?
(Many things about this place are dubious.)
I'd like to retire there and do nothing,
or nothing much, forever, in two bare rooms:
look through binoculars, read boring books,
old, long, long books, and write down useless notes,
talk to myself, and, foggy days,
watch the droplets slipping, heavy with light.
At night, a grog à l'américaine.
I'd blaze it with a kitchen match
and lovely diaphanous blue flame
would waver, doubled in the window.
There must be a stove; there is a chimney,
askew, but braced with wires,
and electricity, possibly
— at least, at the back another wire
limply leashes the whole affair
to something off behind the dunes.
A light to read by — perfect! But — impossible.
And that day the wind was much too cold
even to get that far,
and of course the house was boarded up.

On the way back our faces froze on the other side.
The sun came out for just a minute.
For just a minute, set in their bezels of sand,
the drab, damp, scattered stones
were multi-colored,
and all those high enough threw out long shadows,
individual shadows, then pulled them in again.
They could have been teasing the lion sun,
except that now he was behind them
— a sun who'd walked the beach the last low tide,
making those big, majestic paw-prints,
who perhaps had batted a kite out of the sky to play with.

de... serão dormentes de ferrovia?
(Neste lugar há muitas coisas dúbias.)
Queria aposentar-me lá e não fazer *nada*,
ou quase nada, pra todo o sempre, em dois aposentos nus:
olhar no meu binóculo, ler livros chatos,
livros imensos, velhos, e tomar notas inúteis,
falar sozinha, e, em dias de neblina,
ver as gotinhas escorrendo, pesadas de luz.
À noite, um *grog à l'américaine*,
flambado com um fósforo de cozinha,
e uma linda chama azul, diáfana,
se elevaria, com seu duplo na janela.
Tem que haver uma estufa; já *existe* a chaminé,
torta, mas apoiada em arames,
e eletricidade, talvez
— há pelo menos um fio que sai dos fundos
e liga frouxamente a casa toda
a alguma coisa atrás das dunas.
Uma luz de leitura — perfeito! Porém — impossível.
E nesse dia o vento estava frio demais
pra irmos até lá,
e a casa, é claro, estava fechada, com tábuas pregadas na porta.

Na volta, o vento congelava o outro lado do rosto.
O sol saiu por um minuto apenas.
Por um minuto, em seus engastes de areia,
as pedras pardas, úmidas, espalhadas na praia
ficaram furta-cor,
e as maiores delas projetaram sombras longas,
separadas, e depois as recolheram.
Talvez provocassem o sol-leão,
só que ele agora estava por detrás delas
— um sol que andara pela praia na última vazante,
deixando aquelas pegadas grandes, majestosas,
e derrubara do céu um papagaio pra brincar com ele.

GEOGRAFIA III / GEOGRAPHY III (1976) 367

Five Flights Up

Still dark.
The unknown bird sits on his usual branch.
The little dog next door barks in his sleep
inquiringly, just once.
Perhaps in his sleep, too, the bird inquires
once or twice, quavering.
Questions — if that is what they are —
answered directly, simply,
by day itself.

Enormous morning, ponderous, meticulous;
gray light streaking each bare branch,
each single twig, along one side,
making another tree, of glassy veins...
The bird still sits there. Now he seems to yawn.

The little black dog runs in his yard.
His owner's voice arises, stern,
"You ought to be ashamed!"
What has he done?
He bounces cheerfully up and down;
he rushes in circles in the fallen leaves.

Obviously, he has no sense of shame.
He and the bird know everything is answered,
all taken care of,
no need to ask again.
— Yesterday brought to today so lightly!
(A yesterday I find almost impossible to lift.)

Cinco Andares Acima

Escuro ainda.
O pássaro desconhecido está em seu galho de sempre.
O cachorrinho do vizinho late dormindo
em tom de pergunta, uma vez só.
Talvez dormindo, também, o pássaro indaga
uma ou duas vezes, com um vibrato.
Perguntas — se é isso o que são —
respondidas de modo simples, direto,
pelo próprio dia.

Manhã enorme, ponderosa, meticulosa;
luz cinza riscando cada galho nu,
cada ramo fino, ao longo de um lado,
criando uma árvore outra, de veios vítreos...
O pássaro continua lá. Agora parece bocejar.

O cachorrinho preto corre em seu quintal.
A voz do dono se eleva, severa:
"Você não tem vergonha?"
O que foi que ele fez?
Ele saltita alegre pra cima e pra baixo;
corre em círculos sobre as folhas caídas.

Claro está que ele não tem vergonha alguma.
Ele e o pássaro sabem que tudo foi respondido,
tudo resolvido,
não é preciso perguntar de novo.
— Ontem se fez hoje com tal leveza!
(Um ontem pra mim quase impossível de levantar.)

GEOGRAFIA III / GEOGRAPHY III (1976) 369

POEMAS NOVOS E DISPERSOS

NEW AND UNCOLLECTED POEMS

(1978-79)

Santarém

Of course I may be remembering it all wrong
after, after — how many years?

That golden evening I really wanted to go no farther;
more than anything else I wanted to stay awhile
in that conflux of two great rivers, Tapajós, Amazon,
grandly, silently flowing, flowing east.
Suddenly there'd been houses, people, and lots of mongrel
riverboats skittering back and forth
under a sky of gorgeous, under-lit clouds,
with everything gilded, burnished along one side,
and everything bright, cheerful, casual — or so it looked.
I liked the place; I liked the idea of the place.
Two rivers. Hadn't two rivers sprung
from the Garden of Eden? No, that was four
and they'd diverged. Here only two
and coming together. Even if one were tempted
to literary interpretations
such as: life / death, right / wrong, male / female
— such notions would have resolved, dissolved, straight off
in that watery, dazzling dialectic.

In front of the church, the Cathedral, rather,
there was a modest promenade and a belvedere
about to fall into the river,
stubby palms, flamboyants like pans of embers,
buildings one story high, stucco, blue or yellow,
and one house faced with azulejos, buttercup yellow.
The street was deep in dark-gold river sand
damp from the ritual afternoon rain,
and teams of zebus plodded, gentle, proud,
and blue, with down-curved horns and hanging ears,

Santarém

Claro que eu posso estar lembrando tudo errado
depois de — quantos anos mesmo?

Naquela tarde dourada eu não queria seguir viagem;
queria mais que tudo era ficar um tempo
ali na confluência de dois grandes rios, Tapajós, Amazonas,
fluindo, majestosos, silenciosos, para o leste.
De repente haviam surgido casas, pessoas e um monte de
barcos vira-latas zanzando de um lado pro outro
sob um céu de nuvens lindas, iluminadas por baixo,
tudo dourado, brunido em um dos lados,
tudo claro, alegre, descontraído — pelo menos parecia.
Gostei do lugar; gostei da ideia do lugar.
Dois rios. No Jardim do Éden
não brotavam dois rios? Não, eram quatro,
e divergiam. Aqui, só dois,
e se juntando. Mesmo perante a tentação
de alguma interpretação literária
do tipo vida / morte, certo / errado, macho / fêmea
— tais conceitos se teriam resolvido, dissolvido, de imediato
naquela aquática, deslumbrante dialética.

À frente da igreja, aliás catedral, havia
um passeio modesto, e um belveder
quase despencando no rio,
palmeiras cotós, flamboiãs em brasa viva,
prédios de um só andar, rebocados, azuis ou amarelos,
e uma casa com fachada de azulejos, de um amarelo esmaecido.
Uma camada espessa de areia ouro-escuro recobria a rua,
areia ainda úmida da chuva ritual de toda tarde,
e parelhas de zebus passavam, mansos, orgulhosos
e *azuis*, chifres virados pra baixo e orelhas pendentes,

pulling carts with solid wheels.
The zebus' hooves, the people's feet
waded in golden sand,
dampered by golden sand,
so that almost the only sounds
were creaks and shush, shush, shush.

Two rivers full of crazy shipping — people
all apparently changing their minds, embarking,
disembarking, rowing clumsy dories.
(After the Civil War some Southern families
came here; here they could still own slaves.
They left occasional blue eyes, English names,
and oars. No other place, no one
on all the Amazon's four thousand miles
does anything but paddle.)
A dozen or so young nuns, white-habited,
waved gaily from an old stern-wheeler
getting up steam, already hung with hammocks
— off to their mission, days and days away
up God knows what lost tributary.
Side-wheelers, countless wobbling dugouts...
A cow stood up in one, quite calm,
chewing her cud while being ferried,
tipping, wobbling, somewhere, to be married.
A river schooner with raked masts
and violet-colored sails tacked in so close
her bowsprit seemed to touch the church

(Cathedral, rather!). A week or so before
there'd been a thunderstorm and the Cathedral'd
been struck by lightning. One tower had
a widening zigzag crack all the way down.
It was a miracle. The priest's house right next door
had been struck, too, and his brass bed

puxando carros com rodas de madeira maciça.
Os cascos dos zebus, os pés das pessoas
afundavam na areia dourada,
amortecidos pela areia dourada,
e quase não se ouvia outro som
que não rangidos e *xof, xof, xof.*

Dois rios cheios de uma miscelânea de barcos — gente
sempre mudando de ideia, embarcando,
desembarcando, em barquinhos desajeitados.
(Após a Guerra de Secessão, umas famílias sulistas
vieram para cá, onde podiam ainda ter escravos.
Deixaram olhos azuis aqui e ali, nomes ingleses,
e remos de verdade, com toletes. Em todo o resto do Amazonas,
em seis mil quilômetros de rio,
só se usam remos curtos, soltos.)
Umas dez freiras, de hábito branco,
acenavam alegres de um velho gaiola
ganhando velocidade, já cheio de redes armadas
— indo pra alguma missão, a muitos dias dali,
só Deus sabe em que afluente perdido.
Tantos gaiolas, tantas pirogas oscilantes...
Numa barca balouçante, uma vaca
ruminava tranquila enquanto a transportavam
a algum lugar, para casá-la.
Uma escuna de mastros inclinados
e velas violeta guinou tão de repente
que o gurupés pareceu roçar na igreja

(não, catedral!). Coisa de uma semana antes,
numa tempestade, a catedral fora atingida
por um raio. Uma das torres rachou
em ziguezague de alto a baixo.
Foi um milagre. A casa do padre, bem ao lado,
também foi atingida, e a cama de latão

(*the only one in town*) *galvanized black.*
Graças a deus — *he'd been in Belém.*

In the blue pharmacy the pharmacist
had hung an empty wasps' nest from a shelf:
small, exquisite, clean matte white,
and hard as stucco. I admired it
so much he gave it to me.
Then — my ship's whistle blew. I couldn't stay.
Back on board, a fellow-passenger, Mr. Swan,
Dutch, the retiring head of Philips Electric,
really a very nice old man,
who wanted to see the Amazon before he died,
asked, "What's that ugly thing?"

1978

(a única da cidade) ficou galvanizada, negra.
Graças a deus — ele estava em Belém.

Na farmácia azul, o farmacêutico havia pendurado
uma casa de marimbondo vazia numa prateleira:
pequena, delicada, de um branco fosco e limpo,
dura como estuque. Tanto admirei-a
que a ganhei de presente.
Então — soou o apito do meu barco. Impossível ficar.
De volta a bordo, um companheiro de viagem, o senhor Swan,
holandês, ex-diretor da Philips Electric,
um velhinho até muito simpático,
decidido a ver o Amazonas antes de morrer,
me perguntou: "Que coisa feia é essa?"

1978

North Haven

in memoriam: Robert Lowell

I can make out the rigging of a schooner
a mile off; I can count
the new cones on the spruce. It is so still
the pale bay wears a milky skin, the sky
no clouds, except for one long, carded horse's-tail.

The islands haven't shifted since last summer,
even if I like to pretend they have
— drifting, in a dreamy sort of way,
a little north, a little south or sidewise,
and that they're free within the blue frontiers of bay.

This month, our favorite one is full of flowers:
Buttercups, Red Clover, Purple Vetch,
Hawkweed still burning, Daisies pied, Eyebright,
the Fragrant Bedstraw's incandescent stars,
and more, returned, to paint the meadows with delight.

The Goldfinches are back, or others like them,
and the White-throated Sparrow's five-note song,
pleading and pleading, brings tears to the eyes.
Nature repeats herself, or almost does:
repeat, repeat, repeat; revise, revise, revise.

Years ago, you told me it was here
(in 1932?) you first "discovered girls"
and learned to sail, and learned to kiss.
You had "such fun," you said, that classic summer.
("Fun"— it always seemed to leave you at a loss...)

North Haven

in memoriam: Robert Lowell

Enxergo o cordame de uma escuna
a mais de um quilômetro; conto
as pinhas novas no espruce. Tudo está tão parado
que a baía clara tem uma superfície leitosa, no céu
não há nuvens, salvo uma só, um longo rabo de cavalo.

As ilhas continuam onde estavam no verão passado,
embora me agrade pensar que elas mudaram de lugar
— que flutuaram, sonolentas, erradias,
um pouco para o norte, para o sul ou para os lados,
e que são livres, dentro das fronteiras azuis da baía.

Este mês, a nossa favorita está toda florida:
ranúnculos, trevos, vícias, eufrásias,
as estrelas incandescentes do gálio perfumado,
hieráceas ainda ardendo, margaridas variegadas,
e outras mais, voltaram, para pintar de delícias o prado.

Voltaram os pintassilgos, ou outros parecidos com eles,
e o pardal-de-papo-branco, com seu canto de cinco notas,
implorando, implorando, dá vontade de chorar.
A natureza se repete, ou quase isso:
repetir, repetir, repetir; revisar, revisar, revisar.

Anos atrás, você me disse: foi aqui
(em 1932?) que você "descobriu as *meninas*"
e aprendeu a velejar, e a beijar a namorada.
Foi "divertido", você disse, aquele verão clássico.
("Divertir-se" para você era sempre uma coisa complicada...)

POEMAS NOVOS E DISPERSOS / NEW AND UNCOLLECTED POEMS (1978-79)

You left North Haven, anchored in its rock,
afloat in mystic blue... And now — you've left
for good. You can't derange, or re-arrange,
your poems again. (But the Sparrows can their song.)
The words won't change again. Sad friend, you cannot change.

1978

Você deixou North Haven ancorada em sua pedra,
flutuando em azul místico... E agora — você partiu
para sempre. Não pode mais reformar,
nem deformar, os seus poemas. (Mas os pássaros mudam seus cantos.)
As palavras não mudam. Meu triste amigo, você não pode mais mudar.

1978

Pink Dog

[Rio de Janeiro]

The sun is blazing and the sky is blue.
Umbrellas clothe the beach in every hue.
Naked, you trot across the avenue.

Oh, never have I seen a dog so bare!
Naked and pink, without a single hair...
Startled, the passersby draw back and stare.

Of course they're mortally afraid of rabies.
You are not mad; you have a case of scabies
but look intelligent. Where are your babies?

(A nursing mother, by those hanging teats.)
In what slum have you hidden them, poor bitch,
while you go begging, living by your wits?

Didn't you know? It's been in all the papers,
to solve this problem, how they deal with beggars?
They take and throw them in the tidal rivers.

Yes, idiots, paralytics, parasites
go bobbing in the ebbing sewage, nights
out in the suburbs, where there are no lights.

If they do this to anyone who begs,
drugged, drunk, or sober, with or without legs,
what would they do to sick, four-leggèd dogs?

In the cafés and on the sidewalk corners
the joke is going round that all the beggars
who can afford them now wear life preservers.

Cadela Rosada

[Rio de Janeiro]

Sol forte, céu azul. O Rio sua.
Praia apinhada de barracas. Nua,
passo apressado, você cruza a rua.

Nunca vi um cão tão nu, tão sem nada,
sem pelo, pele tão avermelhada...
Quem a vê até troca de calçada.

Têm medo da raiva. Mas isso não
é hidrofobia — é sarna. O olhar é são
e esperto. E os seus filhotes, onde estão?

(Tetas cheias de leite.) Em que favela
você os escondeu, em que ruela,
pra viver sua vida de cadela?

Você não sabia? Deu no jornal:
pra resolver o problema social,
estão jogando os mendigos num canal.

E não são só pedintes os lançados
no rio da Guarda: idiotas, aleijados,
vagabundos, alcoólatras, drogados.

Se fazem isso com gente, os estúpidos,
com pernetas ou bípedes, sem escrúpulos,
o que não fariam com um quadrúpede?

A piada mais contada hoje em dia
é que os mendigos, em vez de comida,
andam comprando boias salva-vidas.

In your condition you would not be able
even to float, much less to dog-paddle.
Now look, the practical, the sensible

solution is to wear a fantasía.*
Tonight you simply can't afford to be a-
n eyesore. But no one will ever see a

dog in máscara *this time of year.*
Ash Wednesday'll come but Carnival is here.
What sambas can you dance? What will you wear?

They say that Carnival's degenerating
— radios, Americans, or something,
have ruined it completely. They're just talking.

Carnival is always wonderful!
A depilated dog would not look well.
Dress up! Dress up and dance at Carnival!

1979

* *Carnival costume.*

Você, no estado em que está, com esses peitos,
jogada no rio, afundava feito
parafuso. Falando sério: o jeito

mesmo é vestir alguma fantasia.
Não dá pra você ficar por aí à
toa com essa cara. Você devia

pôr uma máscara qualquer. Que tal?
Até a Quarta-Feira, é carnaval!
Dance um samba! Abaixo o baixo-astral!

Dizem que o carnaval está acabando,
culpa do rádio, dos americanos...
Dizem a mesma bobagem todo ano.

O carnaval está cada vez melhor!
Agora, um cão pelado é mesmo um horror...
Vamos, se fantasie! A-lá-lá-ô...!

1979

Sonnet

Caught — the bubble
in the spirit-level,
a creature divided;
and the compass needle
wobbling and wavering,
undecided.
Freed — the broken
thermometer's mercury
running away;
and the rainbow-bird
from the narrow bevel
of the empty mirror,
flying wherever
it feels like, gay!

1979

Soneto

Cativas — a bolha
no interior do nível,
um ser dividido;
na bússola, a agulha
oscila, em terrível
irresolução.
Libertos — o azougue,
quebrado o termômetro,
escorre no chão;
o pássaro-íris
pula do bisel
do espelho vazio,
e voa no céu
sem rumo, feliz!

1979

POEMAS DISPERSOS*

UNCOLLECTED POEMS

(1983)

* Poemas não incluídos nos livros anteriores, recolhidos em *The complete poems* (1983). (N. T.)

Exchanging Hats

Unfunny uncles who insist
in trying on a lady's hat,
— oh, even if the joke falls flat,
we share your slight transvestite twist

in spite of our embarrassment.
Costume and custom are complex.
The headgear of the other sex
inspires us to experiment.

Anandrous aunts, who, at the beach
with paper plates upon your laps,
keep putting on the yachtsmen's caps
with exhibitionistic screech,

the visors hanging o'er the ear
so that the golden anchors drag,
— the tides of fashion never lag.
Such caps may not be worn next year.

Or you who don the paper plate
itself, and put some grapes upon it,
or sport the Indian's feather bonnet,
— perversities may aggravate

the natural madness of the hatter.
And if the opera hats collapse
and crowns grow draughty, then, perhaps,
he thinks what might a miter matter?

Unfunny uncle, you who wore a
hat too big, or one too many,

Chapéus Trocados

Tio desengraçado, a quem deu na veneta
meter na cabeça um chapéu de mulher,
embora sem graça, dá sempre prazer
o seu travestismo discreto e zureta,

que até nos constrange, e causa impaciência.
Pois não se discute costume, nem gosto.
Por isso é que as roupas do sexo oposto
inspiram essa espécie de experiência.

Ó tia anândrica, que lá na praia
resolve provar um boné de iatista
e dá um grito agudo, exibicionista,
até que os olhares de todos atraia,

a aba até o brinco — aproveite bem,
que a moda e as marés estão sempre mudando,
e esse boné que você está ostentando
talvez não se use no ano que vem.

E a quem parecer engraçado um cocar,
ou prato de uvas bancando sombreiro,
é recomendável que pense primeiro
que tais perversões podem bem agravar

loucuras que haja do lado de dentro.
E quando por fim desmorona a cartola,
expondo aos ventos mais frios a cachola,
que tal um barrete vermelho no centro?

Tio desengraçado, no seu chapéu-coco
maior que a cabeça, ou nos dois que você

tell us, can't you, are there any
stars inside your black fedora?

Aunt exemplary and slim,
with avernal eyes, we wonder
what slow changes they see under
their vast, shady, turned-down brim.

1956

pôs um sobre o outro, o que é que se vê?
Há estrelas, talvez, nesse seu domo oco?

Ó tia exemplar, com suas formas esguias,
seus olhos avernos e desassombrados
que lentas mudanças verão, ocultados
sob abas enormes, pesadas, sombrias?

1956

APÊNDICE I:
POEMA INÉDITO EM MANUSCRITO

APPENDIX I:
UNPUBLISHED MANUSCRIPT POEM

It is marvellous to wake up together
At the same minute; marvellous to hear
The rain begin suddenly all over the roof,
To feel the air suddenly clear
As if electricity had passed through it
From a black mesh of wires in the sky.
All over the roof the rain hisses,
And below, the light falling of kisses.

An electrical storm is coming or moving away;
It is the prickling air that wakes us up.
If lightening struck the house now, it would run
From the four blue china balls on top
Down the roof and down the rods all around us,
And we imagine dreamily
How the whole house caught in a bird-cage of lightning
Would be quite delightful rather than frightening;

And from the same simplified point of view
Of night and lying flat on one's back
All things might change equally easily,
Since always to warn us there must be these black
Electrical wires dangling. Without surprise
The world might change to something quite different,
 As the air changes or the lightning comes without our blinking,
Change as our kisses are changing without our thinking.

"É Maravilhoso Despertar Juntas..."

É maravilhoso despertar juntas
No mesmo minuto; maravilhoso ouvir
A chuva começando de repente a crepitar no telhado,
Sentir o ar limpo de repente
Como se percorrido pela eletricidade
Numa rede negra de fios no céu.
No telhado, a chuva cai, tamborilando,
E cá embaixo, caem beijos brandos.

Uma tempestade está chegando ou indo embora;
É o ar carregado que nos desperta.
Se um raio caísse na casa agora, desceria
Das quatro bolas azuis de porcelana lá no alto,
Se espalhando pelo telhado e os para-raios a nossa volta,
E imaginamos, sonhadoras,
Que a casa inteira, uma gaiola de energia elétrica,
Seria muito agradável, e nada tétrica.

E do mesmo ponto de vista simplificado
Da noite, e de estar deitadas,
Todas as coisas poderiam mudar com igual facilidade,
Pois por esses fios elétricos negros
Seríamos sempre alertadas. Sem surpresa,
O mundo poderia virar algo muito diferente.
   Tal como o ar muda ou o relâmpago cai sem piscarmos,
Como estão mudando nossos beijos sem pensarmos.

Notas do tradutor

O CAVALHEIRO DE SHALOTT (pp. 80-3)

O título alude a "The Lady of Shalott", poema narrativo de Alfred Tennyson. Eis o argumento: a dama de Shalott vive isolada num castelo situado numa ilha no meio de um rio que corre em direção a Camelot, a lendária capital do rei Artur. Ela passa os dias tecendo e vendo o que acontece no rio e às suas margens através de um espelho colocado à sua frente. Segundo uma maldição cujo sentido exato ela desconhece, é-lhe proibido olhar em direção a Camelot. Porém um dia Sir Lancelote passa por perto da ilha; a dama de Shalott não resiste à sua beleza, levanta-se do tear e olha para ele, na direção de Camelot. Na mesma hora o espelho racha, e ela exclama: "A maldição desceu sobre mim!". Em seguida, toma um barco que encontra na ilha, deita-se no fundo dele e começa a cantar, deixando que a correnteza a leve para Camelot. Quando o barco chega à cidade, ela está morta.

O HOMEM-MARIPOSA (pp. 88-91)

A nota de rodapé da autora diz: "Erro de impressão em jornal, em vez de *'mammoth'*". Ao ser dividida no final da linha, a palavra *mammoth* ("mamute") virou *man-moth* (literalmente, "mariposa-homem"). O curioso erro tipográfico inspirou a Bishop este poema. O "terceiro trilho" mencionado na quinta estrofe é o trilho eletrificado do metrô, que pode eletrocutar uma pessoa que entre em contato com ele.

O AMOR DORME (pp. 92-7)

O trecho iniciado com a referência aos "céus de copo d'água" é talvez uma alusão a uma brincadeira comum nos tempos da infância de Bishop: pós especiais eram colocados em copos ou potes d'água e davam origem a coloridas formações cristalinas semelhantes a estalactites e estalagmites.

UM MILAGRE MATINAL (pp. 98-101)

Inspirado num incidente que ocorreu em 1935 e registrado num caderno sob o título "Um pequeno milagre": certa manhã Bishop constatou que tinha esquecido de comprar pão, e "tinha apenas uma migalha seca para o café da manhã". Nesse momento, providencialmente, uma mulher bateu à sua porta e lhe deu de presente algumas fatias de pão (Millier, 1993, pp. 79-80). Muitos anos depois, em 1967, ela comentaria numa carta: "Não me incomodei, porque acho que é óbvio, se bem que eu nunca tinha pensado nisso conscientemente, quando dois críticos diferentes observaram que 'A miracle for breakfast' referia-se à missa" (Bishop, 1995, p. 526).

A ERVA (pp. 102-5)

Segundo Bishop, este poema se baseia em "Love unknown", de George Herbert, em que há uma imagem semelhante: um coração é lançado numa fonte onde cai uma cascata de sangue que emerge de uma rocha.

O INCRÉU (pp. 106-7)

A epígrafe é uma citação de John Bunyan (1628-88), pregador puritano inglês, cuja obra mais famosa é *The pilgrim's progress*. O trecho citado por Bishop é de um escrito bem menos conhecido, *The life and death of Mr. Badman,* um diálogo entre Mr. Wiseman (sr. Sábio) e Mr. Attentive (sr. Atento). Curiosamente, porém, o contexto não diz respeito à descrença, e sim ao alcoolismo. O sr. Sábio acaba de expor as "quatro coisas que, se fossem bem consideradas, fariam com que a embriaguez fosse execrada nos pensamentos dos Filhos dos homens", e seu interlocutor retruca: ATENTO. Porém o pior de tudo é que ela também prepara o homem para o fogo eterno.

SÁBIO. Sim, e de tal modo estupefaz e entorpece a alma, que o homem que muito se entrega à Embriaguez quase nunca se recupera para Deus. Dizei-me, já tereis visto um velho beberrão converter-se? Não, não, ele dorme até morrer, ainda que durma no alto de um Mastro, e por maiores que sejam seus perigos e por mais próximas que estejam a Morte e a Danação, nem assim desperta de seu sono. Assim, homem nenhum que ainda guarde algum respeito pelo Crédito, a Saúde, a Vida ou a Salvação há de tornar-se ébrio.

O texto completo de *The life and death of Mr. Badman* pode ser encontrado em <http://digital. library.upenn.edu/webbin/gutbook/lookup?num=1986>.

PARIS, 7 DA MANHÃ (pp. 114-7)

Em 1935, Bishop morou com Louise Crane em Paris num apartamento de sete cômodos (58 Rue de Vaugirard) que pertencia a amigos da mãe de Crane. No apartamento havia uma coleção de relógios antigos.

QUAI D'ORLÉANS (pp. 118-9)

Margaret Miller, colega de Bishop em Vassar, foi uma de suas primeiras namoradas. Miller e Bishop viajavam de carro na França, com Louise Crane ao volante, quando sofreram um acidente em que Miller — que estudava pintura — perdeu o braço direito. Quando Miller saiu do hospital, as três moças moraram num apartamento na Île St. Louis, perto do Quai d'Orléans; o poema foi escrito nesse período.

FLÓRIDA (pp. 124-7)

Na década de 1930, Bishop morou alguns anos em Key West, Flórida, onde chegou a comprar uma casa.

GALOS (pp. 128-37)

A forma do poema — estrofes de três versos, cada um mais longo que o anterior, todos rimando entre si — foi tomada emprestada do poema "Wishes to his (supposed) mistress", de Richard Crashaw (1613?-49), poeta metafísico inglês (Millier, 1993, p. 159). As expressões "entre os guardas" e "para ver o fim" aparecem entre aspas por serem citações bíblicas. Jesus acaba de ser preso, e "Pedro o seguia de longe até o pátio do sumo sacerdote; e, entrando, sentou-se entre os guardas, para ver o fim" (Mateus 26, 58). Segue-se a cena a que o poema faz alusão: Pedro nega conhecer Jesus três vezes, e o galo canta logo depois.

PEQUENO EXERCÍCIO (pp. 138-9)

Tom Wanning, amigo de Bishop, é o único homem com quem é possível que ela tenha tido um relacionamento amoroso mais sério.

COOTCHIE (pp. 148-9)

Em Key West, Bishop passou uns tempos numa pensão, onde também moravam "dona Lula" e sua criada, Cootchie.

CANÇÕES PARA UMA CANTORA DE COR (pp. 150-9)

Numa entrevista de 1966, Bishop comentou a respeito deste grupo de poemas: "Eu tinha esperança que algum dia alguém os musicasse. Acho que eu tinha em mente Billie Holiday" (Monteiro, 1996, p. 24). Na década de 1930, a poeta chegou a conhecer a cantora. Quando, em 1965, foi acusada de racismo por jornalistas cariocas, Bishop mandou uma carta furiosa aos jornais defendendo-se da acusação e citando a quarta seção das "Canções", a qual seria, segundo a autora, "uma profecia, ou prece, no sentido de que algum dia a justiça há de triunfar para os negros nos Estados Unidos" (Millier, 1993, pp. 364-5).

ANÁFORA (pp. 160-1)

Marjorie Carr Stevens foi a companheira de Bishop no período em que ela morou em Key West, na Flórida. A dedicatória não aparece na primeira publicação do poema, porém foi acrescentada após a morte de Marjorie, ocorrida em 1959. Em sua análise, Kalstone (1989, pp. 95-9) observa que a forma do soneto duplo faz com que um dos sentidos do título seja a relação anafórica entre as duas partes do poema.

UMA PRIMAVERA FRIA (pp. 164-7)

A dedicatória do livro é à dra. Anny Baumann, médica, amiga e correspondente de Bishop por muitos anos.

O cenário do poema é a fazenda da física Jane Dewey — filha do filósofo John Dewey e uma das melhores amigas de Bishop — em Havre de Grace, Maryland, onde a poeta passou algumas temporadas.

MAIS DE 2000 ILUSTRAÇÕES E UMA CONCORDÂNCIA COMPLETA (pp. 168-73)

O termo *concordância* aqui deve ser entendido no sentido de "índice alfabético de vocábulos apresentados nos contextos em que aparecem (num trecho, num autor, numa época etc.)" (*Dicionário Houaiss da língua portuguesa*, 1ª ed.). Nos países protestantes é comum as bíblias de família trazerem em apêndice uma seção de concordância fartamente ilustrada. O poema alude às viagens que Bishop fez com sua amiga Louise Crane pela Europa e pelo Norte da África em 1936.

A BAÍA (pp. 174-7)

Millier (1993, p. 195) observa que a origem do poema parece estar numa carta a Robert Lowell de 15 de janeiro de 1948, escrita em Key West, em que Bishop descreve a baía Garrison: "A água parece gasolina azul — o porto daqui é sempre uma bagunça, uns barquinhos horrorosos todos amontoados, mas com esponjas penduradas, e sempre alguns semiafundados ou quebrados desde o último furacão. Me lembra um pouco a minha escrivaninha" (Bishop, 1995, p. 154). O aniversário da poeta era 8 de fevereiro.

SONHO DE VERÃO (pp. 178-81)

Bishop passou o verão de 1947 na Nova Escócia, e com a companheira Marjorie Stevens ficou seis semanas numa pensão familiar de uma família escocesa em BritonCove, na ilha de Cape Breton. O poema "Cape Breton" também alude à mesma temporada.

NO PESQUEIRO (pp. 182-7)

Escrito com base em anotações feitas numa viagem à Nova Escócia em 1946, a sua primeira ida a Great Village desde a morte de sua mãe.

O PRÓDIGO (pp. 194-5)

Um soneto duplo, tal como "Anáfora". A ideia do poema teria vindo a Bishop numa visita à Nova Escócia em 1946, quando "um dos enteados da minha tia me ofereceu uma dose de rum, na pocilga, por volta das nove da manhã" (Bishop, 1995, p. 527). Millier (1993, p. 230) lembra também que pouco antes de escrever o poema, em 1950, a poeta passara por uma séria crise de alcoolismo.

VARICK STREET (pp. 196-9)

Rua de Manhattan, do bairro onde Bishop morou na década de 1940. Segundo a autora, o texto do poema foi quase todo sonhado, inclusive o refrão. Naquela época, havia fábricas nesse trecho da cidade.

QUATRO POEMAS — IV / FÔLEGO (pp. 206-7)

Millier (1993, pp. 231-2) observa que neste poema Bishop tenta reproduzir, através do ritmo e da pontuação, os efeitos da asma, doença que a atormentou durante toda a vida.

CONVITE A MARIANNE MOORE (pp. 208-11)

O poema é uma paráfrase livre de "Alberto Rojas Jiménez viene volando", de Pablo Neruda, uma elegia para um poeta que morreu afogado (Goldensohn, 1992, p. 136). Bishop conheceu o poeta chileno pessoalmente em 1942, no México, onde ele ocupava um cargo diplomático. Eis as primeiras estrofes do poema de Neruda:

> *Entre plumas que asustan, entre noches,*
> *entre magnolias, entre telegramas,*
> *entre el viento del Sur y el Oeste marino,*
> *vienes volando.*

> *Bajo las tumbas, bajo las cenizas,*
> *bajo los caracoles congelados,*
> *bajo las últimas aguas terrestres,*
> *vienes volando.*

Apesar de simpatizar pessoalmente com Neruda, Bishop escreve para Marianne Moore que a poesia dele "não é o tipo de poesia que eu gosto — nem você, aliás: muito, muito solta, imagens surrealistas etc." (Bishop, 1995, p. 114). De fato, no poema de Bishop, as imagens são bem menos "soltas" e "surrealistas" que no de Neruda. Mas muitos anos depois, em 1966, ela reconhece numa entrevista: "Acho que fui influenciada por [Neruda] até certo ponto (como no meu 'Convite a Marianne Moore')" (Monteiro, 1996, p. 19; Millier, 1993, pp. 165-6). O poema foi escrito para alegrar Moore quando esta se encontrava deprimida após a morte de sua mãe, com quem ela morara a vida inteira.

O BANHO DE XAMPU (pp. 212-3)

Em depoimento a Fountain e Brazeau, Ashley Brown conta: "Lembro-me bem de Elizabeth lavando o cabelo de Lota. Vi as duas quando estava chegando ao terraço em Petrópolis num dia de sol. [...] Elizabeth levava a coisa muito a sério. Lota adorava. Era um ritual que Elizabeth transformou num poema" (Fountain & Brazeau, p. 142).

Leitores de algumas regiões do Brasil talvez estranhem a convivência de formas da segunda pessoa com formas da terceira nesta tradução (como em outras). É que optei por utilizar as formas do português falado no Rio de Janeiro sempre que tentei reproduzir em nosso idioma o tom coloquial do original.

CHEGADA EM SANTOS (pp. 218-21)

O terceiro verso da primeira estrofe remete a uma passagem numa das primeiras cartas escritas por Bishop no Brasil, para Marianne Moore, datada de 14 de fevereiro de 1952: "Passo a maior parte do tempo na casa de veraneio da minha amiga Lota em Petrópolis [...]. Além de uma profusão de montanhas nada práticas, e nuvens que entram e saem pela janela do quarto da gente, tem cascatas, orquídeas [...]" (Bishop, 1995, p. 242).

BRASIL, 1º DE JANEIRO DE 1502 (pp. 222-5)

A epígrafe é de um historiador da arte inglês, Kenneth MacKenzie Clark (1903-83). Quando estava terminando o poema, em novembro de 1959, Bishop escreveu uma carta à sua tia Grace: "Ver os lagartos fazendo amor é uma das nossas distrações mais tranquilas aqui! — o macho persegue a fêmea, levantando e abaixando a cabeça e inflando e esvaziando o papo feito um balão — ele normalmente é muito maior e mais feio. A fêmea sai correndo e, quando está bem-humorada, levanta a cauda, dobrando-a sobre o dorso, como se fosse um fio — é de um vermelho vivo, quase tom de néon, por baixo. Mas o macho quase nunca consegue alcançá-la" (Millier, 1993, pp. 301-2).

FILHOS DE POSSEIROS E MANUELZINHO (pp. 232-45)

As crianças do primeiro poema são os filhos de Manuelzinho, que vivia de favor no terreno de Lota em Petrópolis e a ela prestava serviços. Comenta Bishop numa carta de 1956: "É tudo verdade — isso de ele [Manuelzinho] fretar um ônibus para ir ao enterro do pai etc." (Bishop, 1995, p. 340).

PRIMEIRA MORTE NA NOVA ESCÓCIA (pp. 284-7)

Poema baseado numa lembrança da infância. O nome verdadeiro do "primo Arthur" era Frank (Millier, 1993, p. 4).

POSTO DE GASOLINA (pp. 288-91)

Poucas horas antes de morrer, Bishop escreve uma carta em que protesta contra a inserção de notas de rodapé em poemas de sua autoria a serem incluídos numa antologia para ser utilizada por alunos universitários. Na carta, ela observa a respeito deste poema: "Eu deixaria os alunos descobrirem — aliás, EU MESMA digo [no poema] — que as latas podem ficar numa posição tal que elas parecem dizer *so-so-so* etc.; quer dizer, acho que *isto* não precisa ser explicado. Por outro lado, muitos alunos podem perfeitamente não saber que *so-so-so* era — talvez ainda seja em alguns lugares — a expressão usada para acalmar cavalos" (Bishop, 1995, p. 698).

VISITAS A ST. ELIZABETHS (pp. 294-9)

St. Elizabeths era o hospital psiquiátrico em que o poeta Ezra Pound ficou internado de 1946 a 1958, quando uma junta médica concluiu que ele era "louco e mentalmente incapaz de ser julgado". Pound tinha sido preso como traidor pelo exército americano por ter trabalhado para o regime de Mussolini, fazendo propaganda (muitas vezes de caráter virulentamente antissemita) contra os Estados Unidos na Rádio Roma durante a guerra. No hospital, Pound escrevia e recebia visitantes, muitos deles poetas, inclusive Bishop (entre 1949 e 1950). O poema foi escrito em 1956.

PELA JANELA: OURO PRETO (pp. 313-7)

Lilli Correia de Araújo era a proprietária da Pousada do Chico Rey, em Ouro Preto, onde Bishop se hospedou várias vezes entre as décadas de 1950 e 1970.

GEOGRAFIA III (p. 319)

A dedicatória do livro é a Alice Methfessel, última companheira e herdeira de Bishop.

NA SALA DE ESPERA (pp. 320-5)

Baseado numa lembrança de infância. O nome verdadeiro da "tia Consuelo" era Florence. Osa e Martin Johnson eram exploradores famosos na época por suas viagens à África, à Nova Guiné e a Bornéu (Millier, 1993, p. 25). Em 1935, Bishop escreve a Marianne Moore: "A senhora teria visto o filme de Martin Johnson chamado *Baboons* [Babuínos]? [...] Se a senhora ainda não viu, gostaria de ir comigo uma tarde esta semana?" (Bishop, 1995, p. 42).

O ALCE (pp. 342-53)

Grace Bulmer Bowers era a tia predileta de Bishop. Em 1956, a autora comenta numa carta a ela que escreveu este poema, o qual lhe é dedicado. "Quando for publicado, eu lhe mando um exemplar", promete. O poema só é concluído e publicado em 1972, quando então Bishop cumpre a promessa. A baía de Fundy, mencionada nas primeiras estrofes, fica entre a Nova Escócia e New Brunswick, e é famosa por suas marés, as de maior amplitude no mundo, chegando a vinte metros.

POEMA (pp. 358-61)

Outro poema inspirado — tal como "Uma pintura grande e feia", de 25 anos antes — por uma pintura de seu tio-avô materno.

UMA ARTE (pp. 362-3)

As "três casas" mencionadas foram identificadas pela autora: "uma em Key West, uma em Petrópolis [...] e uma *em* Ouro Preto" (Monteiro, 1996, p. 73).

O FIM DE MARÇO (pp. 364-7)

John Malcolm Brinnin, poeta e crítico que Bishop conheceu em 1949, tornou-se seu amigo e correspondente; tinha uma casa de praia em Duxbury, na costa de Massachusetts, onde a poeta frequentemente se hospedava; Bill Read era o companheiro de Brinnin.

NORTH HAVEN (pp. 378-81)

Robert Lowell (1917-77), poeta norte-americano, foi um dos melhores amigos de Bishop. North Haven é uma ilha em Maine onde Bishop teve uma casa nos seus últimos anos de vida. A costa de Maine estava associada à imagem de Lowell, pois os dois tiveram um encontro memorável em Stonington, na mesma região, no final da década de 1940.

CADELA ROSADA (pp. 382-5)

O episódio do rio da Guarda ocorreu em agosto de 1962. Amado Ribeiro, repórter do jornal carioca *Última Hora* (eternizado por Nelson Rodrigues em *O beijo no asfalto,* em que aparece como personagem com seu nome verdadeiro), publicou uma matéria que afirmava que mendigos estariam sendo torturados e mortos, sendo seus cadáveres lançados no rio da Guarda, em Itaguaí (na época, divisa dos estados da Guanabara e do Rio de Janeiro). A denúncia, que teve enorme repercussão, tinha claras implicações políticas — o governador da Guanabara, Carlos Lacerda, era o candidato natural da UDN à Presidência da República, e *Última Hora* era dirigida por Samuel Wainer, inimigo político de Lacerda. A questão da mendicância estava na ordem do dia, pois havia recentemente passado da alçada policial para a da Secretaria do Serviço Social, então chefiada por Sandra Cavalcanti.

SONETO (pp. 386-7)

A última palavra do poema original, *gay,* tem o significado tradicional de "alegre", "animado", além do mais recente de "homossexual". É possível que a autora tivesse em mente uma discreta alusão ao homossexualismo, mas não fui capaz de reproduzir esse efeito na tradução.

"É MARAVILHOSO DESPERTAR JUNTAS..." (pp. 396-7)

Poema escrito provavelmente no início da década de 1940, em Key West. Não foi publicado por Bishop em vida, mas a autora entregou uma cópia datilografada do poema a sua amiga de Ouro Preto, Linda Nemer, no início da década de 1970. Junto com esse texto, Bishop confiou a Nemer seus cadernos de Key West, contendo muitos poemas inacabados e inéditos. Nemer mostrou esse material à pesquisadora Lorrie Goldensohn em 1986, e Goldensohn publicou o poema em seu livro *Elizabeth Bishop: the biography of a poet* (Nova York: Columbia University Press, 1992). Saiu pela primeira vez numa coletânea de poemas de Bishop em *Edgar Allan Poe & The Juke-Box* (Nova York: Farrar, Straus and Giroux, 2006; org. por Alice Quinn).

1ª EDIÇÃO [2012] 5 reimpressões

ESTA OBRA FOI COMPOSTA POR ACOMTE EM
DANTE E IMPRESSA PELA GEOGRÁFICA EM OFSETE SOBRE PAPEL
PÓLEN SOFT DA SUZANO S.A. PARA A
EDITORA SCHWARCZ EM JULHO DE 2021

A marca FSC® é a garantia de que a madeira utilizada na fabricação do papel deste livro provém de florestas que foram gerenciadas de maneira ambientalmente correta, socialmente justa e economicamente viável, além de outras fontes de origem controlada.